LK 94

UNE SAISON

A

AIX-LES-BAINS

(SAVOIE).

PARIS. — IMPRIMÉ PAR PLON FRÈRES
RUE DE VAUGIRARD, 36.

UNE SAISON
À
AIX-LES-BAINS

PAR AMÉDÉE ACHARD

ILLUSTRÉ PAR

EUGÈNE GINAIN

Arrivée à Aix-les-Bains.

PARIS
ERNEST BOURDIN, ÉDITEUR
49, RUE DE SEINE SAINT-GERMAIN.

AVANT-PROPOS

Entre la France et l'Italie, à égale distance de Naples et de Paris, et suspendue aux flancs de la Suisse, comme une rose des Alpes aux flancs de son rocher, il est une contrée charmante qui ouvre ses vallées hospitalières à l'Europe aussitôt que vient l'été.

Nous avons nommé la Savoie.

Au pied des hautes montagnes qui l'enveloppent de leurs neiges éternelles, ondulent, comme les flots apaisés d'une mer quelque temps irritée, les plaines fécondes de la Lombardie toutes chargées de moissons et de vendanges. Aussi loin que la vue peut s'étendre, ce sont de fertiles campagnes, ces campagnes où fleurit l'oranger de la chanson, de larges fleuves aux ondes pacifiques, des lacs harmonieux abrités sous les plus doux ombrages, et derrière l'horizon tout baigné de lumière, des villes éclatantes comme le soleil, des cathédrales par milliers, des monuments sans nombre, temples païens dressant vers le ciel leurs colonnades ébréchées, vieilles tours croulantes au sommet des collines, aqueducs bienfaisants, églises chrétiennes toutes parées des chefs-d'œuvre des arts, châteaux-forts que les guerres du moyen âge ont effondrés, villas embaumées, colonnes triomphales taillées dans le bronze, citadelles historiques, palais royaux, toutes les merveilles et toutes les splendeurs ensemble, l'Italie enfin.

Au Nord, c'est la Suisse avec ses forêts profondes, ses vallées où sonne le *Ranz des vaches*, ses cantons que d'antiques légendes ont poétisés, ses cascades retentissantes et ses glaciers plus pâles et plus silencieux que la mort. Et quels paysages entre les républiques du Nord et les royaumes du Midi! N'est-ce pas une profusion de magnificences à fatiguer tous les touristes du monde?

Ainsi, d'un côté c'est Genève et son lac, Berne, Zurich, Fribourg, Soleure, Lucerne, les fières et vieilles cités que protége le souvenir de Guillaume Tell, et de l'autre c'est Rome, la capitale du monde catholique; Turin, Milan la ville des dômes; Venise et ses canaux où passent les romanesques gondoliers; Padoue, Vérone, Parme et Plaisance; Florence, Pise, Gênes, Naples, Palerme et tous ces musées que l'Europe envie à l'Italie. Vers quelque point de l'horizon que se tourne le regard, c'est donc une suite infinie de richesses historiques que la route promet aux voyageurs et aux frontières même de ces pays aimés des artistes, comme un trait d'union entre la patrie de Pétrarque et la patrie de Laure, c'est la Savoie, où chaque pas rencontre un miracle de la création.

Que faire au mois de mai à moins qu'on ne voyage? Vous savez ce que devient Paris quand luit l'été. Les théâtres, pareils à des nids abandonnés, perdent un à un tous les chanteurs infidèles que vingt capitales se disputent; on voit fuir comme des hirondelles ces danseuses infatigables qui lasseraient l'archet de Strauss lui-même. Les Champs-Élysées, déserts, ouvrent leurs longues avenues aux citadines de la petite propriété; plus de fêtes aux ambassades, plus de bals au faubourg Saint-Honoré ; les grands hôtels de la Chaussée-d'Antin ont fermé leurs salons ; le vent soulève la poussière sur le boulevard ; la solitude s'étend partout, et tandis que l'artiste suspend à ses épaules le sac du voyageur, mille chaises de poste s'élancent de relais en relais vers le Rhin, les Alpes ou les Pyrénées.

Un temps les grands seigneurs — race cosmopolite qui commence au duc et pair d'Angleterre et finit à l'aventurier, — les oisifs à qui la fortune complaisante dispense les loisirs, toute cette légion de riches bohémiens qui demandent à tous les royaumes de la terre des théâtres pour se reposer, et des plaisirs pour se distraire, ont suivi la mode dans ses périodiques émigrations. Où allait la réclame ils allaient. C'était l'époque où la Savoie n'avait pour elle que la beauté dont Dieu l'avait parée et le souvenir sentimental de *Claudine*. On ne la connaissait guère que par le roman de M. de Florian et le drame de M. Dennery.

— Qu'est-ce que la Savoie ? demandait-on à un Parisien.

Et l'enfant du faubourg Saint-Denis répondait :

— C'est la *Grâce de Dieu !*

Quelques-uns — les romantiques — se souvenaient d'avoir vu quelque part, dans les poésies de M. de

Lamartine, de magnifiques vers inspirés par le lac du Bourget, mais toute leur science s'arrêtait là, et quand ils avaient murmuré à demi-voix la mélodie de Niedermayer :

O lac ! t'en souviens-tu.....

leur science était à bout et l'on ne savait plus rien de la Savoie.

Le Montanvert, Chamouny, la Tête-Noire, le col de Balme, Annecy et son lac où se mire le château de Duin; Chambéry, voisin des Charmettes; la mer de glace et ses mornes solitudes; le Mont-Blanc et le Jardin; Évian et les vieux murs de Ripaille penchés au bord du lac Léman, figuraient bien dans les pages savantes des dictionnaires de géographie; mais si l'ombre de M. de Saussure en parlait quelquefois aux académiciens des deux mondes, personne ne s'en occupait.

Quant à Aix-les-Bains, il fallait pour le connaître avoir pris ses grades dans une faculté de médecine.

Que les temps sont changés! pourrait-on s'écrier avec le poëte; hier personne ne prenait la route d'Aix-les-Bains, aujourd'hui tout le monde y va; hier nul ne s'avisait de parler de la Savoie, aujourd'hui chacun veut en visiter les moindres recoins. C'était l'oubli hier, voici maintenant que c'est une passion.

L'Égypte et la Syrie étaient à la mode du temps des *Orientales*. Quel Parisien n'a pas rêvé un voyage dans les savanes après avoir lu les romans américains du grand Cooper ; les Anglais encore mineurs et les princes russes en villégiature ont-ils assez foulé de leurs pieds vagabonds cette Italie :

> Que tout père à son fils paye à sa puberté,

selon la rude expression d'Alfred de Musset ; l'Espagne, depuis Pampelune jusqu'à Séville, a eu ses peintres et ses poëtes ; quel keepsake n'a reproduit dans ses gravures annuelles les ruines et les cathédrales semées le long du Rhin ! Mille opéras comiques ont chanté la Suisse, que Rossini a célébrée dans une épopée musicale, *Guillaume Tell* ; on a vu des touristes sans nombre envahir l'Écosse aux jours où le maître d'Abbotsford racontait à l'Europe attentive l'histoire de Rob-Roy et les amours de Waverley. Les brigands de Schiller et la Marguerite de Goëthe avaient poétisé la vieille Allemagne ; mais si Racine revenait au monde, Racine dirait à présent :

> Le tour de la Savoie est à la fin venu.

Et Racine aurait raison.

La Savoie d'ailleurs n'est-ce pas encore et toujours la France? Si la géographie et les congrès l'ont donnée à l'Italie, les mœurs, la coutume, la langue surtout ne font-elles pas de cette charmante province, sinon la fille, tout au moins la pupille de notre beau pays? La frontière passée on se croit encore en Dauphiné : c'est le même ciel, ce sont les mêmes eaux, les mêmes ombrages, les mêmes aspects, le même langage. Des croix pareilles se dressent aux limites des champs, et le paysan qui porte sa faux sur l'épaule vous salue du même bonjour amical.

Et puis l'histoire de la Savoie ne s'est-elle pas confondue à toute époque avec l'histoire de la France? combien de fois nos bataillons n'ont-ils pas franchi la frontière aux sons guerriers des tambours? Depuis Charles VIII partant pour la conquête de son royaume de Naples, depuis Louis XII et François Ier, depuis Villars et Catinat jusqu'à Bonaparte, combien de fois le drapeau de France ne s'est-il pas déployé sur ces fières montagnes qu'Annibal et César ont connues? Quelque temps la Savoie, comme elle était française par la bravoure et l'élan, l'a été aussi par la fortune militaire. Alors elle s'appelait le département du

Mont-Blanc, et le sang des Savoyards s'est mêlé au sang de nos soldats sur tous les champs de bataille de l'Empire.

On s'est souvenu de la Savoie après l'avoir oubliée un assez long temps, et maintenant tout le monde y court.

Donc, si vous le permettez, nous ferons comme tout le monde, et nous rendrons visite à la Savoie.

Le pont de Beauvoisin

LA SAVOIE.

La géographie vous dira que la Savoie, au moyen âge *Sabaudia* ou *Sapaudia*, est une province dépendante des États sardes, bornée au nord par la Suisse, à l'ouest par la France, à l'est et au sud par le Piémont et les Alpes. ; qu'elle a une étendue de 130 kilomètres — 33 lieues à peu près du sud au nord, sur 108 kilomètres — 27 lieues de l'est à l'ouest; que sa population s'élève au chiffre de 376,000 habitants ; que sa superficie totale est de 1,086,724 hectares, et qu'elle est comprise entre le 45° 4' et le 46° 24' de latitude nord, et le 3° 16' et le 4° 48' de longitude orientale du méridien de Paris.

Cela dit, la géographie ajoutera que la Savoie, qui forme une des intendances du royaume de Sardaigne, se subdivise elle-même en sept provinces, qui sont : la Savoie proprement dite, capitale, Chambéry ; la Haute-Savoie, villes principales, Conflans et l'Hôpital ou Albert-Ville ; Chablais, chef-lieu, Thonon ; Faucigny, chef-lieu, Bonneville ; Génevois, chef-lieu, Annecy ; Maurienne, chef-lieu, Saint-Jean-de-Maurienne ; Tarentaise, chef-lieu, Moutiers. Elle vous dira que ce petit pays correspond aux provinces que les Latins nommaient *Alpes Graiae, Penninæ*, où l'on trouvait les *Allobroges*, les *Centrones*, les *Nantuates*, les *Focunates*, et qu'après avoir fait partie de l'Empire romain et de celui de Charlemagne, elle passa, en 888, sous la domination de Rodolphe, roi de la Bourgogne transjurane ; que plus tard elle fut réunie à l'Empire germanique par Conrad-le-Salique, qui l'érigea en comté vers l'an 1027 en faveur d'Humbert-aux-Blanches-Mains, tige des comtes de Savoie ; et qu'elle devint duché en 1416, sous le règne d'Amédée VIII, créé duc de Savoie par l'empereur Sigismond.

Mais ce que la géographie ne dit pas, c'est la grâce et la beauté de ce petit coin de terre, où la nature a réuni toutes ses merveilles ; c'est le charme poétique de ses vallées pleines de murmures et de ses lacs silencieux ; c'est la magnificence de ses montagnes, où la verdure sombre des sapins se mêle aux blancheurs éternelles des glaciers, où se plaignent dans le silence des nuits les cascades et les torrents ; c'est la fraîcheur souriante des vallées cachées et comme ensevelies au plus profond des Alpes, la splendeur mélancolique des paysages alpestres assombris de larges et profondes forêts, la magie du spectacle que présentent ces froides solitudes, où l'hiver semble endormi sous un linceul de neige. Pour le voyageur, pour le philosophe, pour l'antiquaire, pour l'historien, pour l'artiste qui demande à la nature ses inspirations, c'est un pays tout plein de merveilles, et qui ouvre à l'esprit d'inépuisables mines pour l'étude et l'inspiration.

Dans un pays où les eaux, en s'échappant des glaciers et du sommet des montagnes, se frayent un passage à travers les rochers, on comprend que le nombre des cascades doit être très-considérable. Parmi les plus remarquables il faut compter celles de Couz, de Jacob, du Bout-du-Monde, près de Chambéry ; de Grésy, près d'Aix ; du Bayet, aux environs des châteaux de Blay, de Glaisse, de Saint-Gervais, de Passy ; les chutes de Cran, de l'Arve, de l'Arveyron, les abîmes du Fier, la merveilleuse cascade des Pèlerins, et cent autres, qu'il serait trop long d'énumérer.

Aussi bien que la Suisse, la Savoie est le pays des lacs, mais elle a de plus que sa voisine des sources d'eaux thermales dont la réputation s'étend dans toute l'Europe. Parmi ces lacs creusés par la main de Dieu dans les paysages les plus charmants ou les plus sublimes, faut-il citer ceux du Mont-Cenis, de la Rochette, de Chevelu, du Montrion, de Flones, du Petit-Saint-Bernard, de Morzine, des Marches, du Gers, du Franchat, de la Balme, de Sainte-Hélène, d'Anterne, de la Thuile, de la Girota? Quant à ceux de Bourjet et d'Annecy, ils ont une réputation européenne. On les connaît comme on connaît ceux de Genève et de Constance.

Quant aux sources, on en peut compter près de quarante, après celles d'Aix, qui sont sans rivales pour l'abondance et la richesse des eaux; les plus importantes sont celles de :

Saint-Gervais; — chaleur, 27° centigrades;

Laperrière, ou Brides, près de Moutiers, 30°;

Echaillon, dans la Maurienne, 38 à 40°;

Bonneval, dans la Tarentaise, 45°;

Petit-Bornand, dans le Génevois, 24°;

La Caille, près de Cruseilles, 30°;

Menthon, près d'Annecy, 16°.

Et en outre, les eaux froides de la Boisse, près de

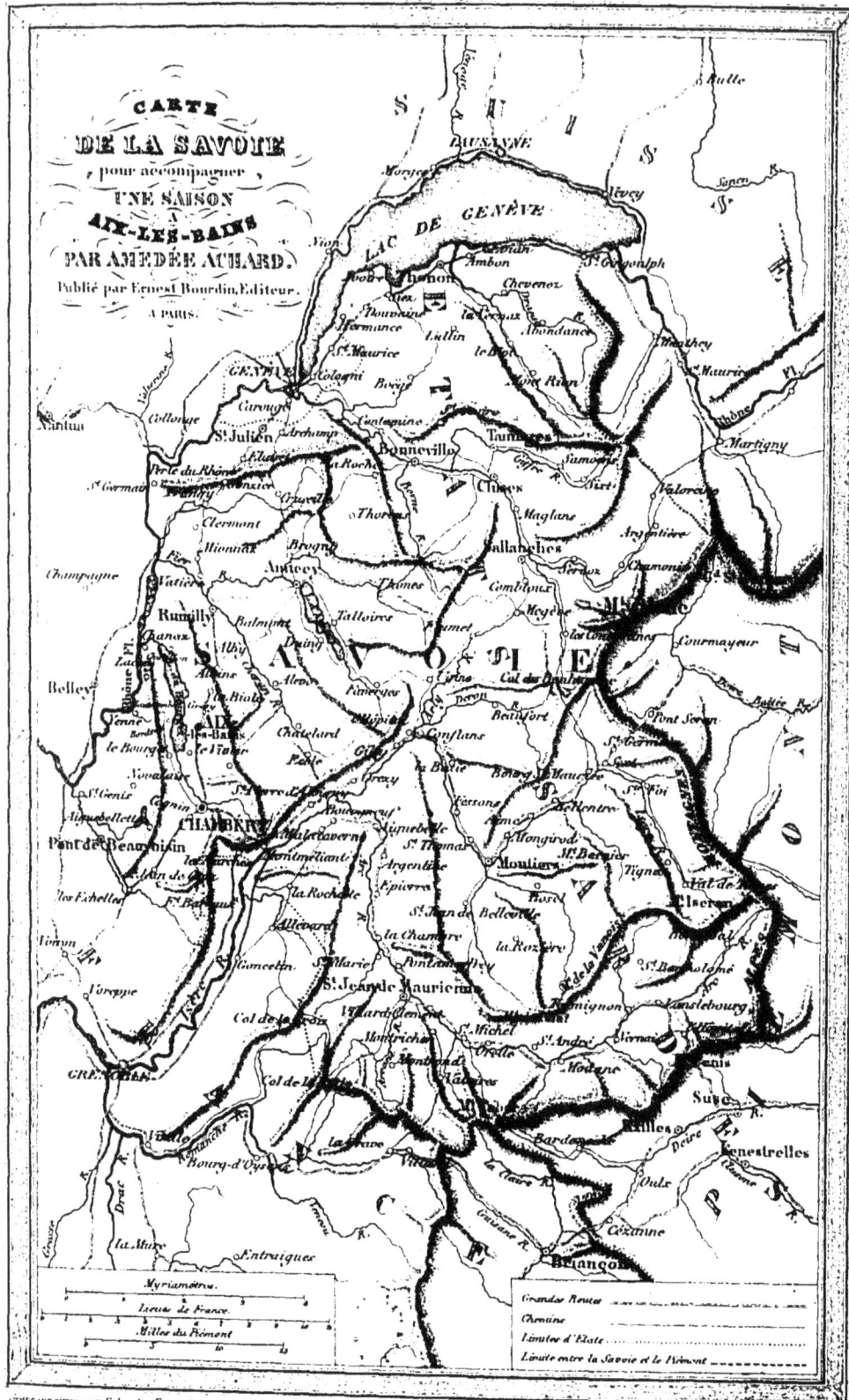

Chambéry, de Challes, et d'Amphion-Grande-Rive, près d'Évian, au bord du lac de Genève.

La plupart de ces sources, analysées par la science, présentent, dans des proportions diverses, du soufre, de l'alun, du gaz acide carbonique, de la magnésie, de la soude, du fer, de la chaux, de la silice, etc. Celles de Challes renferment du soufre dans des proportions inconnues jusqu'à ce jour; elles contiennent aussi de l'iode et du brome.

Parmi les grottes que la nature a semées au milieu de ces âpres montagnes, nous indiquerons celles de Tétérac en Chablais, de la Balme en Faucigny, et de Bange dans les Bauges.

Quelque temps l'industrie est restée stationnaire en Savoie; mais, grâce aux soins éclairés du gouvernement et à l'impulsion qu'il a su imprimer aux esprits, elle rivalise maintenant avec le Piémont et la rivière de Gênes.

La Savoie est riche aujourd'hui de plus de quarante hauts fourneaux qui lui donnent le fer, le cuivre, l'acier, le plomb, la tôle, le fer-blanc; elle possède des filatures de coton, des fabriques de draps, de gazes, de tulles, de toiles; des métiers sans nombre pour la fabrication de la soie; des pépinières, celles des environs de Chambéry surtout; des ateliers d'horlogerie et de pièces mécaniques; des papeteries, des brasseries, des verreries, des tanneries, des fabriques de liqueurs et de papiers peints justement estimés.

Si maintenant nous passons aux richesses minéralogiques enfouies dans les montagnes de la Savoie, nous trouvons des mines de fer, de houille, de cuivre, d'argent, de plomb, etc., et, en outre, dans la vallée de Chamonix, de la plombagine, du nickel, des pyrites aurifères, de l'asbeste, du porphyre, du titane, des cristaux, de la cornaline, du jaspe, des topazes; dans la Tarentaise et la Maurienne, on rencontre du cobalt, de la baryte, du sel gemme, de l'antimoine, de la manganèse, et dans les contrées voisines, de l'amiante, du soufre et des ardoises très-estimées.

Quelques rivières, entre autres le Fier et le Chéran, roulent des paillettes d'or.

Les principaux objets du commerce d'exportation de la Savoie sont le beurre, les fromages, la soie grége, les génisses, les mulets, les chevaux, le bois, les gueuses, les pelleteries, etc.

La Savoie se livre à l'éducation du bétail et à l'élève des mulets, dont elle exporte une grande quantité en France et en Espagne.

Les grands hommes que la Savoie a donnés au monde sont assez connus. Faut-il ici rappeler les noms de saint François-de-Sales, de saint Bernard-de-Menthon, de Bertholet, l'un des flambeaux de la science moderne, de Vaugelas le grammairien, et de ce grand Joseph de Maistre, l'un des plus vigoureux écrivains et des plus fermes penseurs qui aient illuminé le dix-neuvième siècle de leur génie?

A ces noms glorieux entre tous, on peut ajouter ceux de Dacis, des de Buttet, des Michaud, de Xavier de Maistre, le chantre du *lépreux de la vallée d'Aoste*, de Saint-Réal, etc.

La Savoie enfin a donné trois papes à la chrétienté, et vingt-cinq généraux aux armées de la République et de l'Empire, et parmi ces généraux Chastel, Dessaix, de Couz, Curial, Pactod, qui ont signalé leur valeur sur les champs de bataille où la France glorieuse a promené son drapeau de 1790 à 1815.

Les naturalistes ont divisé le territoire de la Savoie en sept régions, d'après le degré d'élévation au-dessus du niveau de la mer.

La première de ces régions est celle des neiges éternelles qui descendent à 2,650 mètres, où elles rencontrent la région des plantes hyperboréennes.

La région des graminées commence à 2,160 mètres, et finit à celle des conifères, qu'on rencontre à une hauteur de 1,500 mètres.

Viennent ensuite la région des hêtres, qui commence à 1,300 mètres, et celle des chênes, qui croissent à 900 mètres.

La région des vignes s'arrête à 580 mètres.

Sur ce sol tourmenté par les plus effroyables convulsions, partout où la main de l'homme peut remuer la terre, on rencontre des traces de culture. Le Savoyard dispute le sol aux rochers et aux neiges.

La statistique a constaté que le septième environ de la surface totale de la Savoie est occupé par des forêts, et un sixième par des rochers, des glaciers et des rivières.

La Savoie forme l'une des neuf divisions militaires qui divisent la partie continentale du royaume de Sardaigne.

L'administration civile se compose d'un intendant général siégeant à Chambéry, qui a sous ses ordres les intendants des sept provinces de Savoie propre, Genevois, Faucigny, haute Savoie, Tarentaise, Maurienne et Chablais. Chaque province est divisée en mandements ou cantons, et chaque mandement en communes administrées par des maires ou syndics assistés de conseils municipaux.

Les provinces ont en outre un commandant militaire, qui relève du gouverneur-général, chargé de la haute police du duché.

L'autorité ecclésiastique s'exerce par l'intermédiaire d'un archevêque siégeant à Chambéry, lequel a trois suffragants en Savoie : les évêques d'Annecy, de Moutiers et de Saint-Jean-de-Maurienne, et un quatrième au delà des Alpes, l'évêque d'Aoste.

L'état judiciaire de la Savoie se compose d'un sénat ou cour royale, séant à Chambéry, de huit tribunaux de judicature majeure ou de première instance, et de cinquante et un tribunaux de mandements ou justices de paix.

Pour terminer cette rapide notice où la statistique a la plus large part, nous dirons que la plus grande hauteur au-dessus du niveau de la mer est celle du Mont-Blanc, qui a, comme on sait, 4,500 mètres d'élévation, et que la partie la plus basse de la Savoie est à Saint-Geniez, au confluent du Rhône et du Guers.

Les historiens ne sont pas d'accord, — ce qui leur arrive souvent, — sur l'origine du nom de *Sabaudia* ou *Sapaudia*, qui désigne la Savoie vers le quatrième siècle. Les uns le font dériver du mot celtique *sapwald*, forêt de sapins, et d'autres pensent que ce nom lui a été donné en mémoire de Jupiter *Sabadius*, roi du pays, que la chronique fait mourir l'an 580 du déluge, et que les indigènes adoraient après l'avoir mis au rang des dieux.

On est libre de choisir entre ces deux étymologies, aussi incertaines l'une que l'autre.

Au commencement, pour parler comme la Genèse, on rencontre en Savoie les Allobroges, qui dominaient dans toute cette contrée, en Dauphiné, et dans une partie de l'Helvétie et de la Ligurie.

L'origine de ces Allobroges se perd dans la nuit des traditions.

Une chronique raconte à ce sujet que Noé, après le déluge, — on voit que la chronique remonte loin, — jugeant qu'une distribution du globe devenait nécessaire, tant le peuple de Dieu multipliait avec rapidité, se décida à partager l'Europe en quatre royaumes, qui furent : l'Italie, l'Espagne et la Gaule.

La chronique a négligé de mentionner le nom du quatrième royaume.

La Gaule était échue en partage à Javan, dit Samathois, fils de Japhet.

Ce Javan, à qui son père avait appris l'art de construire des vaisseaux et de naviguer, partit à bord d'un bâtiment qui le conduisit en Italie, où il aborda avec une partie de son peuple.

Les compagnons de Javan, dit Samathois, trouvant le pays beau, s'étendirent de province en province, et finirent par s'emparer de la Savoie et des pays limitrophes, qu'ils peuplèrent abondamment.

La chronique, sur la foi de documents peu connus, assure que la domination de Javan et de ses compagnons prit la forme d'un gouvernement électif, et que ce gouvernement dura jusqu'à l'an 391 du déluge.

Mais à ce moment-là parut un certain Allobrox, Iduméen de naissance, qui s'empara du pays et lui donna son nom.

Cet Allobrox, plus ou moins fabuleux, fut le père d'une dynastie de trente rois, dont le treizième, nommé Cathurigus, fonda, dit-on, Chambéry, 971 ans avant Jésus-Christ.

L'indépendance des Allobroges ne cessa qu'en l'an 67 de l'ère chrétienne, où leur province fut incorporée par Néron dans la seconde Narbonnaise, — *provincia narbonensis ulterior.*

Le fait le plus considérable et le plus certain de l'histoire obscure des Allobroges, c'est l'apparition d'Annibal sur leurs frontières, 217 ans avant Jésus-Christ.

Après les Romains, dont la domination dura 518 ans, de l'an 123 avant Jésus-Christ à l'an 395 de l'ère chétienne, viennent les Barbares, les Vandales, les Bourguignons, les Huns, Attila, les Francs, les Sarrasins: c'est-à-dire la ruine, la dévastation, l'incendie, le pillage, la mort. Ainsi aucune invasion, aucun cataclysme ne furent épargnés à la Savoie, placée aux avant-postes de la Gaule et de la Péninsule Italique comme pour recevoir les premiers chocs.

Les Romains y ont vaincu et régné, semant partout les traces impérissables de leur domination; les Barbares du Nord, et après eux les Sarrasins, ont traversé la Savoie, incendiant et dévastant sur leur passage, semblables aux fléaux de Dieu ; les archives de Chambéry et d'Annecy racontent par quelles guerres le moyen âge a longtemps ensanglanté la province réveillée incessamment par le bruit des armes ; l'histoire moderne nous apprend de quelles luttes la Savoie fut le théâtre au temps où les rois de France menaient leurs armées en Italie et disputaient le Milanais à l'Empire. Mais aussi, quand on consulte les annales fécondes de ce petit pays enclavé entre la France et l'Italie, on ne s'étonne plus de la réputation militaire et de la grande renommée de la maison de Savoie ; elle a vécu dans la guerre et a grandi par la guerre. Elle s'est fait sa place et a conquis sa couronne royale l'épée à la main, et, illustre entre toutes les maisons souveraines d'Europe, elle a mêlé son sang à la maison de Bourbon, non pas une fois, mais à dix reprises, comme si elle eût voulu qu'aucune gloire ne manquât à son blason.

La femme qui a donné François Ier à la France, la mère du héros de Marignan, du grand vaincu de Pavie, c'est Louise de Savoie, duchesse d'Angoulême. C'est encore la Savoie qui avait envoyé à la cour de France cette charmante princesse, l'aimable et jeune duchesse de Bourgogne, qui fut la joie et l'ornement de Versailles, la grâce spirituelle, la gaieté, la jeunesse, la parure, le rire enfantin de ce beau Marly, où seule elle avait le don de plaire à S. M. le roi Louis XIV ! La rose auprès du cèdre orgueilleux, et la rose disparut la première !

Mais en même temps que ces alliances royales unissaient les deux maisons de France et de Savoie, combien de fois les soldats des deux pays n'ont-ils pas mêlé leur sang à l'ombre du même drapeau, partagé les mêmes dangers et remporté les mêmes victoires? La même destinée confondit souvent la gloire et l'infortune des deux peuples si bien que l'histoire de la France est bien souvent aussi l'histoire de la Savoie. Quelques pans de montagnes séparent les deux nations, les souvenirs de vingt batailles les unissent.

L'histoire de la maison de Savoie, c'est l'histoire de la Savoie elle-même. On nous permettra donc bien, au début de ce livre, de donner une courte biographie de ces princes en qui se résument la gloire et l'illustration de leur patrie.

Le premier dont parlent les annales du temps ce fut, nous l'avons dit, Humbert-aux-Blanches-Mains, qui eut pour père un certain Béreau, Bérold ou Berthod de la maison de Saxe, vice-roi d'Arles et comte de Maurienne, fils lui-même de Hugues, marquis d'Italie.

Les princes de la maison de Savoie, dont cet Humbert fut le chef, portèrent de 1027 à 1416 le titre de comtes de Savoie, prirent celui de ducs à partir de 1416, et reçurent enfin celui de rois de Sardaigne en 1720.

Les ducs de Savoie avaient déjà ajouté à ce premier titre celui de rois de Chypre, depuis que le duc de Savoie, Charles-le-Guerrier, eut hérité de ce titre à la mort de sa parente, Charlotte de Lusignan, 1489.

Plusieurs branches dont quelques-unes tiennent une place importante dans l'histoire sont sorties de la maison de Savoie :

1° Les comtes de Maurienne, qui devinrent comtes de Piémont par la cession que fit en 1244 Amédée IV, et princes d'Achaïe et de Morée par le mariage que conclut, en 1301, Philippe de Savoie avec Isabelle de Villehardoin, héritière de ces principautés.

Ces comtes de Maurienne étaient issus, à la fin du douzième siècle, de Thomas Ier, comte de Savoie.

2° Les princes de Carignan, qui ont pour chef Thomas-François de Savoie, 1596, 1656, cinquième fils du duc Charles-Emmanuel Ier;

3° Les comtes de Soissons, issus de la branche de Carignan par Eugène-Maurice de Savoie, né en 1635, troisième fils de Thomas-François;

4° Les ducs de Nemours, issus d'un second Philippe de Savoie, 1490, 1533, troisième fils du duc Philippe II;

5° Les barons de Vaud, seigneurs de Bugey, de

Valromey, issus au treizième siècle des comtes du Piémont.

En outre de ces branches directes, la maison de Savoie donna naissance à plusieurs branches bâtardes, parmi lesquelles on distingue les seigneurs de Tende et de Villars, de Raconis, de Cavours, etc.

Depuis Humbert-aux-Blanches-Mains jusqu'au brave et malheureux Charles-Albert, l'histoire des princes de la maison de Savoie n'est qu'un long récit de guerres, guerres contre les marquis de Montferrat et de Saluces, le comte de Genève et le dauphin de Viennois; guerres contre les Français et les Impériaux; guerres contre les papes et les rois d'Espagne; guerres en Flandre et dans le Dauphiné, dans la Provence et le Milanais, en Palestine et en Angleterre; guerres toujours et partout. Circonscrits d'abord dans une partie de la Savoie, ils ajoutent à leurs domaines par la force des armes ou les traités, le Chablais, le Faucigny, le Bugey, Nice et Vintimille, le marquisat de Piémont, et enfin l'île de Sardaigne avec la couronne royale; et plus tard, en 1815, le territoire de l'ancienne république de Gênes, que les ducs de Savoie, déjà rois de Sardaigne, convoitaient depuis longtemps.

Et comme si rien ne devait manquer à tant d'héroïsme et de grandeur, de courage et de revers, l'épopée de la maison de Savoie s'arrête à cette furieuse bataille de Novarre, où le généreux Charles-Albert, après avoir vingt fois joué sa vie et couru au-devant de la mort, que bravaient près de lui Victor-Emmanuel et le duc de Gênes, put s'écrier avec le fils vaincu de Louise de Savoie : Tout est perdu, fors l'honneur!

Ancien passage des Échelles.

LA MAISON DE SAVOIE.

La Maison de Savoie n'eut longtemps qu'un territoire pauvre et borné; cependant, par l'antiquité de la race, par l'illustration de ses princes, par l'éclat de sa bonne et de sa mauvaise fortune, elle peut marcher de pair avec les plus fières et les plus puissantes maisons royales de l'Europe. Ce qui la distingue surtout, c'est la vertu guerrière et chevaleresque, transmise de prince en prince jusqu'au noble et malheureux Charles-Albert, héros et martyr de l'indépendance italienne. Pendant huit siècles la Maison de Savoie a vécu et régné les armes à la main; on la voit paraître avec honneur sur presque tous les champs de bataille du moyen âge et de l'histoire moderne; elle a toujours quelque voisin à repousser, quelque allié à défendre, quelque héritage périlleux à recueillir sur la montagne ou dans la plaine; pour elle la guerre succède à la guerre; il lui faut conquérir pied à pied tout son domaine et acheter par un combat chacun de ses accroissements. Que le sort seconde ou trahisse ses armes, elle ne se laisse jamais ni amollir ni décourager; toujours elle poursuit l'œuvre commencée, s'élevant du comté d'abord au duché, puis au royaume, et aspirant enfin à la couronne de fer des rois-empereurs, successeurs de Charlemagne au trône d'Italie!...

Il n'est pas aisé de renfermer en quelques pages cette glorieuse suite de combats et de conquêtes qui forme, depuis le onzième siècle, presque sans interruption, toute l'histoire de la Maison de Savoie. Chacun de ces vaillants capitaines, de ces princes chevaliers, depuis leur aïeul Humbert-*aux-blanches-mains* jusqu'à l'héroïque vaincu de Novare, mériterait bien son chapitre ou sa page d'histoire. — Dans notre tableau, rapidement esquissé, il y aura place, du moins, pour tous les noms et les faits brillants de cette illustre dynastie des Amédée et des Emmanuel...

LES COMTES DE SAVOIE. (1000—1391.)

La Maison de Savoie est d'origine germaine. Dès le commencement, elle place en chef de son écu les armoiries de Saxe, et ses premiers comtes tiennent à honneur de servir fidèlement les empereurs d'Allemagne dans leurs luttes incessantes contre l'Italie et la France.

Bérold, tel est le nom, plus ou moins authentique, du Pharamond de la Savoie. Ce Bérold était un de ces capitaines errants, venus on ne sait trop d'où, guerroyant on ne sait trop pour qui, jusqu'au jour où ils bataillaient pour leur propre compte. Bref, Bérold finit par s'établir de son autorité propre sur les confins des marquisats de Suse et d'Ivrée, dans ces défilés que les Romains appelaient les *Portes de la guerre*. Là, il jeta les fondements du château de Charbonnières, qui devait être longtemps la forteresse de sa dynastie. — Voilà tout ce qu'on sait de ce fondateur, si ce n'est encore qu'il mourut vers la fin du dixième siècle ou vers le commencement du onzième.

Humbert I**er**, surnommé *aux blanches mains*, fils et successeur de Bérold, fut le premier seigneur de

Maurienne. Il était vaillant et aventureux, peu disposé à rester enfermé dans sa petite capitale, Aiguebelle. Aussi se jeta-t-il au milieu de ces guerres inconnues que suscitait le démembrement de l'ancien royaume de Bourgogne. Petits et grands, chacun en voulait un morceau; le comte de Champagne prétendait avoir la plus grosse part; l'empereur Conrad-le-Salique s'opposait à cette prétention et s'avançait avec une armée. Fidèle à son origine saxonne, Humbert prit parti pour l'empereur, qui récompensa ses services par l'investiture du comté de Maurienne et plusieurs concessions de territoire dans le val d'Aoste et la Tarantaise. — Humbert mourut en 1048; et quoique de son vivant il eût pris d'assaut l'évêché de Maurienne, après sa mort les gens d'église lui élevèrent à leurs frais un tombeau orné d'une épitaphe.

Amé ou Amédée Ier, fils d'Humbert, lui succéda sans laisser dans l'histoire d'autre trace que son nom.

Oddon, quatrième fils d'Humbert, eut en héritage la seigneurie de Maurienne. Oddon épousa l'héritière du marquisat de Suse, laquelle lui apportant non-seulement beaucoup de terres en Savoie, mais des possessions importantes en Piémont, quadrupla l'étendue de son domaine et commença l'établissement de la Maison de Savoie en Italie (1076).

Amédée II, fils d'Oddon, traverse l'histoire sans y laisser un bien vif éclat. On sait seulement qu'il maria une de ses sœurs à l'empereur Henri IV, et accompagna ce prince en Italie pour l'aider à se réconcilier avec le saint-siége.

Humbert II, dit *le Renforcé*, à cause ou de ses héritages ou de ses conquêtes sur les barons qui désolaient les Alpes par leurs brigandages. Sa fille épousa Louis-le-Gros, roi de France, et en secondes noces Matthieu de Montmorenci. Ces alliances dessinent déjà l'importance et l'illustration de la Maison de Savoie.

Amédée III, qui fut créé plus tard comte de l'Empire par Henri V, succéda, encore mineur, à son père, mort en 1103. Amédée III eut à soutenir une guerre contre son beau-frère le roi de France; ce qui ne l'empêcha pas de se faire un grand renom de piété. Désolé de la stérilité de la comtesse sa femme, il fonda des monastères pour obtenir du ciel d'avoir des enfants, et il en eut, en effet, jusqu'à huit. Puis, entraîné par les prédications de saint Bernard, il partit pour la Terre-Sainte, où il mourut de la peste, après deux ans de batailles contre les infidèles. Après les illustres alliances, les lointaines expéditions; aucune gloire ne devait manquer à la maison de Savoie; comme elle se mêlait aux races royales, elle prenait sa part des grandes guerres. — Une des filles d'Amédée III épousa Alphonse Ier, roi de Portugal.

Humbert III, surnommé *le Saint*, et canonisé après sa mort, fut le fils et le successeur d'Amédée III. Quelle que fut la piété de son père, elle fut encore dépassée par celle du nouveau comte. Humbert passa presque toute sa vie dans les monastères; il faillit même prendre l'habit religieux, mais les prières de ses sujets l'en détournèrent, dit-on. Sa piété ne nuisait en rien à l'ardeur belliqueuse de sa race; d'ailleurs, il ne cessa pas d'être en guerre avec les seigneurs, ses voisins, et avec les villes libres du Piémont. Il parvint à s'emparer de Turin; mais ce succès fut suivi de grands revers. Humbert ayant pris parti pour le pape contre l'empereur, Henri VI ravagea tout le Piémont, pillant les villes et brûlant les châteaux.

Thomas Ier répara les échecs et les pertes de son père. D'abord il fit sa paix avec l'empereur, qui le remit en possession de Turin et le nomma *vicaire de l'Empire;* puis il profita de la faiblesse et de la pénurie de ses voisins pour acquérir, par les armes ou à prix d'argent, plusieurs portions de territoire. C'est ainsi qu'il acheta le château et la ville de Chambéry, dont il fit la capitale de ses États. — Il mourut à Aoste (1233), comme il s'avançait, à la tête d'une armée, pour reprendre Turin encore une fois révolté.

Thomas Ier eut pour successeur son fils Amédée IV, qui reconquit la ville de Turin. Amédée IV fut mêlé à toutes les intrigues de la politique italienne et sut servir l'empereur sans se brouiller avec le saint-siége ; degré d'habileté auquel ses prédécesseurs n'avaient pas su s'élever.

Boniface Ier, surnommé *le Roland*, succéda à Thomas Ier. L'histoire n'explique pas le surnom qui fut donné à Boniface Ier. On sait seulement que pendant la minorité de Boniface, le Piémont fut en proie à la guerre civile. Devenu majeur, le comte voulut châtier la rébellion de Turin ; mais il fut battu, fait prisonnier, et mourut quelques jours après dans un cachot.

Pierre, son oncle, lui succéda au préjudice de ses sœurs, la Savoie étant considérée comme une terre *salique*. Pierre, avant d'hériter de son neveu, s'était signalé déjà par de brillantes aventures. Il avait fait nombre de campagnes contre les châteaux voisins de la Savoie, et s'était créé peu à peu de petits États dans le Bugey et le Chablais. Henri III d'Angleterre ayant épousé sa nièce, Pierre se rendit à Londres, où il joua un très-grand rôle, grâce à son audace et à son habileté. De retour en Savoie, il s'adjugea l'héritage de son neveu Boniface, à la mort de celui-ci, et commença par faire rentrer Turin dans le devoir. Ensuite, il étendit sa domination sur tout le pays de Vaud, et se fortifia par de puissantes alliances. — Pierre mourut (1268) dans le château de Chillon, qu'il avait fait construire. Ses contemporains l'avaient surnommé le *Petit Charlemagne*. C'est dire assez quelle réputation ses armes avaient acquise et quel éclat entourait son nom.

PHILIPPE Ier vient ensuite. Pierre Ier avait été archevêque avant de devenir comte de Savoie, en héritant de son frère Pierre. Philippe dit adieu à l'Eglise, se maria, et prétendit soutenir la guerre contre l'Empire. Mais il n'eut pas d'enfants, fut battu en plusieurs rencontres, et ne tarda pas à mourir, laissant ses États à un neveu nommé Amédée V.

AMÉDÉE V, dit *le Grand*, régna de 1285 à 1323. L'existence d'Amédée V fut singulièrement agitée. Toujours en guerre ou en négociation lointaine, le comte de Savoie était à peu près partout, excepté dans ses États. Il commence par une campagne contre le Dauphiné; de là il passe en Italie, où il bat le comte de Montferrat, le fait prisonnier et l'enferme dans une cage de fer. Puis, s'alliant à Philippe-le-Bel, il suit le roi dans ses guerres contre les Flamands, revient combattre Genève et les Dauphinois, accompagne ensuite l'empereur Henri VII qui envahissait l'Italie, se fait richement payer de ses services, et termine son existence belliqueuse en allant secourir l'île de Rhodes, assiégée par les Turcs. — De cette dernière expédition date la devise de Savoie: F. E. R. T., que les historiens expliquent par ces mots : *Fortitudo ejus Rhodum tenuit.*

Par l'étendue du territoire soumis à sa domination, Amédée V comptait à peine parmi les princes ses contemporains; mais par son caractère il pesait d'un grand poids dans la politique de son temps. Son génie rachetait ce qui lui manquait du côté de la puissance effective.

Tous ces exploits d'Amédée V ont pourtant un revers assez fâcheux. Le libérateur de Rhodes fut obligé de céder la principauté du Piémont à un de ses neveux qui lui disputait le comté de Savoie. Mais cette séparation ne devait pas durer plus d'un siècle et demi, et les deux États désunis par le hasard des guerres se rejoignirent plus tard comme les deux bras d'un fleuve un instant divisé.

Édouard, fils d'Amédée V, ne fut pas toujours aussi

heureux que son père. Battu par le Dauphin de Viennois, il resta prisonnier aux mains de ses ennemis. Après sa délivrance, il se rendit à Paris, prit part à la guerre de Flandre comme allié du roi de France, et, au retour de cette campagne, mourut subitement à Gentilly. — Edouard porte dans l'histoire le surnom de *Libéral,* qu'il mérita par la magnificence de ses goûts.

AIMON, son frère, lui succéda, combattit, comme lui, les princes du Dauphiné, et servit les armes de la France. — Il mourut en 1343, laissant un renom de sagesse et de bonté. C'est à lui que la Savoie dut ses premières institutions judiciaires et administratives.

AMÉDÉE VI, fils d'Aimon, fut un des plus grands princes de sa famille. Sa réputation chevaleresque survit encore dans les traditions savoisiennes. Amédée VI, vainqueur des Piémontais et des Lombards, célébra son triomphe par un magnifique tournoi à Chambéry, où il parut revêtu d'une armure verte, son cheval caparaçonné de vert, et son écuyer en livrée verte. De là son surnom de *Comte Vert.* — Il était aussi, à ce qu'il paraît, un vert-galant, car il institua l'ordre du Collier ou des Lacs d'amour, en mémoire d'un bracelet de cheveux qu'avait tressé pour lui la dame de ses pensées. Plus tard, le duc Amédée VIII donna à cet ordre un caractère religieux et l'appela l'ordre de l'*Annonciade*.

Le règne tout entier d'Amédée VI ne fut qu'une suite de guerres, d'expéditions et de victoires. Lutte contre le Dauphiné, se terminant par un traité de paix avantageux pour la Savoie ; conquête nouvelle du Piémont ; expédition en Grèce, dont le résultat fut de remettre sur le trône Jean Paléologue ; guerre contre les Visconti de Milan,... etc. — Amédée VI se préparait à suivre Louis d'Anjou en Sicile, lorsqu'il mourut de la peste près de Bitonte, en 1383.

Amédée VII, dit *le Noir* ou *le Roux*, double surnom qui laisse quelque incertitude sur la véritable couleur de ses cheveux, fut le fils et le successeur d'Amédée VI. Roux ou noir, Amédée VII était un vaillant seigneur, auquel il ne suffisait pas de courir sus à ses voisins, mais qui s'en allait chercher la grande guerre au fond de la Flandre sous les drapeaux de la France. Le sort des armes lui fut partout favorable ; il battit les Valaisans, obligea le marquis de Saluces et le sire de Beaujeu à se reconnaître ses vassaux, et enfin, — résultat plus important, — il réunit le comté de Nice au domaine de Savoie.

Amédée VII mourut d'une chute de cheval en 1391.

Avec Amédée VII finissent les comtes de Savoie. Son fils, qui lui succéda sous le nom d'Amédée VIII, porta le premier le titre de duc, et commença véritablement pour la maison de Savoie ce qu'on peut appeler la *période historique*. Mais déjà on a vu ce que pouvait la maison de Savoie. Les princes de cette maison avaient guerroyé en Orient et en Occident, les rois recherchaient leur alliance, le poids de leur épée était compté dans toutes les questions qui agitaient la politique chevaleresque du temps, et par des exploits sans cesse renouvelés la maison de Savoie préludait au rôle important qu'elle était appelée à jouer plus tard en Europe.

LES DUCS DE SAVOIE. (1391-1675.)

AMÉDÉE VIII obtint de l'empereur Sigismond le titre de DUC par lettres patentes du 19 février 1416. — Deux ans plus tard, il réunit à son duché cette partie du Piémont qu'une branche cadette de la Maison de Savoie avait possédée pendant cent cinquante ans environ.

Les descendants d'Humbert-*aux-blanches-mains* se trouvaient donc, eux aussi, *hors de pages*; ils allaient prendre rang parmi les plus puissantes maisons de l'Europe, et l'illustration personnelle du premier duc de Savoie, les étranges vicissitudes de sa fortune, les phases si diversement brillantes de son existence, devaient répandre le plus vif éclat sur cette nouvelle couronne ducale.

Marié à la fille du duc de Bourgogne, Amédée VIII fut appelé par cette alliance à prendre une part active aux guerres civiles qui désolaient la France. Il eut aussi à soutenir des luttes acharnées contre ses voisins en deçà et au delà des Alpes, et il se montra, les armes à la main, le digne héritier des vaillants comtes de Savoie. Mais, au milieu de ses succès, le sort vint l'éprouver cruellement. Il perdit sa femme, qu'il aimait avec tendresse; il faillit périr dans une bataille contre les Dauphinois, et pour se sauver fut obligé de traverser le Rhône à la nage; enfin il n'échappa que par miracle au poignard d'un assassin... Dernière épreuve qui acheva de le dégoûter du monde. — On le vit prendre alors un parti dont l'histoire n'offre aucun autre exemple, celui de quitter le monde sans déposer la couronne, et d'allier les pratiques de la vie cénobitique aux soins du gouvernement.

Dans un des plus beaux sites du lac Léman, il fit fonder, sous l'invocation de saint Maurice, l'ermitage magnifique de *Ripaille*, où il se retira avec six chevaliers, qui devaient composer sa société et son conseil. Les chevaliers de ce nouvel ordre, vêtus d'un beau drap gris, portaient un bonnet écarlate, une ceinture d'or et une croix d'or à leur cou. Deux jours de la semaine étaient consacrés uniquement aux exercices religieux et les cinq autres aux affaires de l'État. Dans cette retraite, Amédée VIII demeura cinq années, dirigeant l'ensemble des affaires, mais laissant l'autorité active à son fils Louis, qu'il avait institué lieutenant général de tous ses Etats.

Comment se fait-il que le mot de *Ripaille*, malgré cette origine religieuse, soit resté dans l'histoire et dans la langue vulgaire avec une signification légèrement rabelaisienne? C'est un effet, dit-on, de la calomnie, qui profita de ce que les chevaliers de Saint-Maurice étaient dispensés, par leurs statuts, des austérités cénobitiques, pour supposer que dans leur ermitage ils se livraient à un régime scandaleux de joie et de bombance. — Il est certain, du moins, que les contemporains ne parlent point si joyeusement de *Ripaille*, et que le caractère pieux et mélancolique du duc Amédée ne s'accorde guère avec cette prétendue règle pantagruélique qu'on a prêtée aux premiers chevaliers de l'ordre de Saint-Maurice.

Ripaille ou non, Amédée VIII, du fond de sa retraite, gouvernait avec beaucoup de sagesse, lorsque tout à coup le concile de Bâle, qui venait de déposer le pape Eugène V, offrit la tiare au duc de Savoie.

Amédée se laissa tenter par la couronne pontificale. Ayant définitivement abdiqué, comme duc de Savoie, en faveur de son fils Louis, il fut sacré pape sous le nom de Félix V. Malheureusement les Pères du concile de Bâle n'avaient pu lui offrir qu'une demi-papauté. Eugène V protestait contre sa déposition, en appelait au concile de Florence, et l'Église se divisait entre les deux compétiteurs. Le schisme continua même après la mort d'Eugène V, car l'Église romaine lui avait donné un successeur, sous le nom de Nicolas V. Amédée-Félix, qui était réduit à promener le siége de sa papauté de Genève à Bâle et à Lausanne, vit peu à peu diminuer le nombre de ses adhérents, quoiqu'il eût été fort libéral dans ses créations de cardinaux. Bref, il lui fallut abdiquer cette seconde couronne comme il avait déjà déposé la première. Retiré de nouveau à Ripaille, avec le titre de cardinal-légat, il ne tarda pas à y mourir (1451).

Amédée VIII fut le premier prince de Savoie qui publia un code de lois. — « Dans nos temps modernes, dit un historien, on aurait donné à cet excellent prince le surnom de philosophe. Il eut alors, et il mérita, celui de *pacifique* et de *pieux*. »

Le duc Louis ne devait pas laisser dans l'histoire une mémoire aussi édifiante que celle de son père. Il avait épousé Anne de Chypre, laquelle *subjugua l'esprit de son mari par une humeur hautaine et par une merveilleuse beauté*. Violent, faible et vain, Louis fut constamment le jouet de sa femme et de ses favoris. Il eut à punir plus d'une révolte dans sa propre cour, et son fils le comte de Bresse lui causait tant de tourments, qu'il fit prier le roi de France, Louis XI, de vouloir bien lui emprisonner ce fils incorrigible; — ce qu'exécuta très-perfidement Louis XI, — au mépris de toutes les lois de l'hospitalité, en attirant le jeune comte à sa cour.

Au dehors, le duc Louis ne fut pas beaucoup plus heureux que chez lui. Une longue guerre entreprise contre Milan et Venise amena échecs sur échecs, et le duc fut obligé de convoquer cinq fois de suite les états généraux pour leur demander de l'argent. — On doit s'étonner de ce que l'autorité ducale en Savoie ait pu survivre à ces cinq convocations successives. Il n'en avait pas fallu tant, le siècle précédent, pour consommer à peu près la ruine de la monarchie française.

Le duc Louis mourut à Lyon, comme il s'avançait pour secourir le roi de France dans la guerre dite du *Bien public*.

Amédée IX, surnommé *le Bienheureux* (parce qu'il

fut canonisé par l'Église), était un prince faible et maladif. Il vendait ses joyaux pour faire l'aumône et nourrissait les pauvres de sa main. — Pendant ce temps-là sa femme, Yolande, sœur de Louis XI, s'emparait du gouvernement de la Savoie. Elle s'était fait déjà beaucoup d'ennemis, lorsque le fameux comte de Bresse, échappé de sa prison, reparut tout à coup et détermina l'explosion de la guerre civile. La duchesse, abandonnée par les siens, s'enfuit en Dauphiné, laissant au pouvoir du comte de Bresse le duc Amédée et ses neuf enfants. — Heureusement le roi Louis XI avait une armée toute prête pour soutenir les droits de sa sœur. Surpris par l'arrivée subite des troupes françaises, les rebelles furent obligés de faire leur soumission et de reconnaître Yolande comme régente.

Amédée IX mourut quelque temps après, n'étant âgé que de trente-sept ans (1472).

Il eut pour successeur son fils ainé, PHILIBERT Ier, dit *le Chasseur*.

L'histoire personnelle du duc Philibert se résume en quelques mots. Il avait huit ans quand il hérita de son père, et il mourut à dix-sept ans, par suite de fatigues excessives et pour s'être livré, dit-on, trop passionnément au plaisir de la chasse.

Cependant ces neuf années furent remplies, pour la Savoie, de troubles et de déchirements. La régente,

Yolande, chassée de nouveau par ses beaux-frères, fut rétablie une seconde fois par les armes de Louis XI. Mais elle n'était pas à bout de ses malheurs. Ayant engagé la Savoie dans cette guerre désastreuse de Charles-le-Téméraire contre la Suisse, elle partagea les revers des armées bourguignonnes, et parut disposée, sans doute, à se retirer d'une alliance aussi malheureuse. Mais le puissant duc de Bourgogne, pour empêcher la Maison de Savoie de se détacher de lui, fit tout simplement enlever la duchesse et ses enfants, sauf le duc Philibert qui parvint à s'échapper.

Captive pendant un an, la régente recouvra sa liberté, toujours grâce à l'entremise de Louis XI. Aussitôt on la vit rentrer en Savoie et ressaisir, des mains de ses beaux-frères, la régence qu'elle conserva jusqu'à sa mort, c'est-à-dire pendant deux années seulement. Après elle, le duché retomba dans la plus complète anarchie; Louis XI usait de son influence sur la Savoie plutôt pour y exciter de nouvelles dissensions que pour pacifier ce malheureux pays. Il espérait ainsi arriver à réunir un jour la Savoie à la couronne de France.

CHARLES I*er*, dit *le Guerrier*, n'avait que quatorze ans, lorsqu'il devint duc de Savoie, par la mort de son frère Philibert. Charles régna six ans seulement, mais avec plus d'éclat qu'on n'aurait pu l'attendre d'un prince aussi jeune. Louis XI, qui s'était déclaré son tuteur, venait de mourir, et la Savoie se voyait menacée d'un nouvel accès d'anarchie, lorsque le jeune duc prit lui-même en main le gouvernement de ses États avec une énergie et une sagesse que ses ennemis eux-mêmes furent forcés d'admirer. Il battit les seigneurs rebelles, battit également le marquis de Saluces qui avait pris parti pour les fauteurs de guerre civile, et rétablit l'ordre dans toute l'étendue de la Savoie. — Cependant le roi Charles VIII ayant annoncé l'intention d'envoyer des troupes au secours du marquis de Saluces, le duc Charles se rendit à la cour de France pour faire sa paix avec le roi. C'est au retour de ce voyage qu'il tomba malade et mourut après avoir langui tout l'hiver. — Sa mort fut attribuée au poison (1489).

La Savoie perdit en lui un prince accompli et le regretta amèrement. A peine âgé de vingt et un ans, le duc Charles s'était déjà fait admirer dans la paix et dans la guerre. Sa cour, disent les auteurs du temps, était une parfaite *école d'honneur et de vertu;* et pour en faire l'éloge en peu de mots, Bayard, le chevalier sans peur et sans reproche, y avait reçu son éducation.

Le duc Charles avait acquis, en 1487, le titre de

roi de Chypre, d'Arménie et de Jérusalem, par la mort de Charlotte de Lusignan, dont il était l'héritier le plus proche. C'est de là que les ducs de Savoie ont pris plus tard la couronne fermée et la qualité d'*altesse royale*.

CHARLES-JEAN-AMÉDÉE, fils de Charles Ier, âgé de neuf mois à la mort de son père, et mort lui-même à l'âge de sept ans.

Blanche de Montferrat, mère de Charles-Jean-Amédée, fut reconnue régente par les États de Savoie. Mais il lui fallut disputer le pouvoir aux seigneurs dont Charles Ier avait dompté une première fois la rébellion. Cette guerre civile se termina pourtant à l'avantage de la régente, qui sut s'acquérir l'appui de la France en donnant le passage de ses États au roi Charles VIII, lorsqu'il descendit en Italie, et en lui fournissant des secours d'hommes et d'argent.

PHILIPPE II, grand oncle de Charles-Jean-Amédée, lui succéda. C'était ce comte de Bresse lui-même, qui depuis bientôt quarante ans agitait la Savoie par son ambition et sa violence. Devenu duc à l'âge de cinquante-huit ans, il régna dix-huit mois seulement et d'une façon beaucoup plus calme qu'on ne devait l'espérer d'un pareil homme. — L'histoire le loue de n'avoir pas vengé, lorsqu'il fut duc de Savoie, les injures du comte de Bresse.

Philibert II, dit *le Beau*, fils aîné de Philippe II, régna quatorze ans, sans autres événements que de magnifiques tournois et de grandes chasses. Il mourut comme un de ses prédécesseurs (Philibert Ier, dit *le Chasseur*), pour s'être trop échauffé à courre le cerf.

Charles III, son frère, eut un règne moins tranquille. Sage et prudent, il eût gouverné ses États fort pacifiquement si les orages de la politique contemporaine ne l'eussent arraché aux douceurs du repos.

Invité d'abord à prendre part à la ligue de Cambrai, pour recouvrer, dans le partage des États vénitiens, le royaume de Chypre, dont il prétendait être roi; cette ligue l'engagea dans des hostilités assez vives contre les Suisses et les Valaisans. Bientôt après, Genève, pour repousser les prétentions de suzeraineté élevées par la Savoie, embrassa la réforme, chassa son évêque, et fut soutenue dans sa révolte nonseulement par les cantons suisses, mais aussi par le roi de France, François Ier, qui déclara ouvertement la guerre à la Savoie, sous prétexte de revendiquer le comté de Nice. Dans la campagne de 1535, presque toute la Savoie fut occupée par les Français ou par les Suisses. Chassé successivement de ses principales villes, le duc Charles n'eut bientôt plus d'autre asile que le château de Nice, où il se réfugia avec sa famille. Pour comble de malheur, la peste venait désoler le Piémont et la Savoie, déjà ruinés par la guerre, et le duc eut la douleur de perdre coup sur coup son fils aîné et la duchesse, sa femme. Enfin, l'infortuné prince ne put pas même conserver le refuge qu'il avait trouvé à Nice; Barberousse et les Français vinrent mettre le siége devant cette place et l'enlevèrent d'assaut. — Le duc avait dû, pendant le siége, se retirer à Verceil.

La paix de Crespi rendit quelque tranquillité au Piémont. Mais une grande partie du duché de Savoie restait occupée par les Français et les Impériaux, et le duc n'avait recouvré en réalité que l'administration civile de ses États.

En 1551, le Piémont redevint le théâtre de nouvelles hostilités. Accablé de chagrins et d'infirmités, Charles III lutta encore deux ans contre l'adversité, et finit par succomber à une fièvre lente, vers la fin de 1553. — L'histoire compatissante l'a surnommé *le Malheureux*.

EMMANUEL-PHILIBERT, seul survivant des neuf enfants de cet infortuné Charles, lui succéda au moment où tombaient les dernières places conservées par la maison de Savoie. Très-jeune encore, et de si petite santé qu'on l'avait d'abord destiné à l'Église, Emmanuel-Philibert semblait plus fait pour consommer la ruine de sa famille que pour la réparer. Mais on avait compté sans la *tête de fer* de ce jeune *prince aux cent yeux* (comme on le désigna plus tard), qui sortait de l'ombre d'un cloître pour devenir un vaillant capitaine, un politique vigoureux et habile, un seigneur magnifique, ami des arts et du luxe, enfin un brillant serviteur des dames, qui les aima presque toutes à la fois, même avec quelque déréglement, dit l'histoire, et au point d'avoir jusqu'à sept enfants naturels, sans préjudice des légitimes.

Le jeune *Tête-de-fer*, provisoirement duc *sans terres*, se mit d'abord au service de Charles-Quint, espérant recouvrer ainsi une partie de ses États. Cependant, l'abdication de l'empereur et la trêve de Vaucelles laissèrent Emmanuel-Philibert déshérité comme devant; ce qui ne l'empêcha pas de continuer à suivre le drapeau des Impériaux et de gagner glorieusement ses éperons, contre les Français, à la journée de Saint-Quentin. — La paix de Cateau-Cambresis vint enfin rendre à la maison de Savoie la majeure partie de ses États, les Français et les Espagnols se réservant, chacun de leur côté, les places les plus importantes du Piémont.

Emmanuel-Philibert rentrait dans son duché avec les honneurs de la guerre; il s'était, de plus, ménagé l'avenir, en devenant par alliance beau-frère du roi de France et du roi d'Espagne. Aussi, après avoir quelque peu tourmenté les hérétiques savoyards, pour plaire à ses alliés très-chrétiens, employa-t-il toute son habileté à rentrer en possession des places qu'on lui retenait encore. Au lieu de guerroyer, il négocia; parti plus sage, et qui lui fit recouvrer peu à peu les villes et les territoires que la France, l'Espagne et la Suisse avaient enlevés au duché de Savoie. En même temps, il se créait une marine, il réformait l'administration de ses États, y encourageait l'industrie et les arts, fortifiait ses principales villes, bâtissait la citadelle de Turin, y fondait une université, organisait une armée régulière, réunissait autour de lui sa noblesse et se composait une cour brillante, et méritait en un mot, par son activité infatigable et sa sollicitude universelle pour tout ce qui concernait le bien et le progrès de son pays, ce surnom de *prince aux cent yeux* que lui donnèrent ses contemporains.

Il mourut en 1580, regretté par la Savoie comme un des plus grands princes qui l'eût encore gouvernée.

Son fils, CHARLES-EMMANUEL Ier, fut surnommé *le Grand*, plutôt à cause de la hardiesse de ses entreprises et de l'opiniâtreté de son courage qu'en raison de ses succès, car il fut presque toujours maltraité dans la guerre et médiocrement heureux dans ses négociations et ses intrigues, bien qu'Henri IV et Richelieu l'aient considéré comme un prince fort habile.

Ce qui caractérise surtout Charles-Emmanuel, c'est d'avoir été, pour ainsi dire, le *prétendant* universel de son temps. Chaque succession nouvelle qui s'ouvrait autour de lui tentait son ambition, et il eut conquis la moitié de l'Europe, si la fortune avait favorisé cette perpétuelle ardeur.

Il prétend d'abord, tout en faisant la guerre aux réformés de ses États, rétablir ses droits sur la ville et le territoire de Genève. Il se porte, en même temps, héritier des marquis de Saluces, dont le domaine restait occupé par les Français. Ces premières entreprises se consument en des hostilités sans résultats.

Cependant la mort de Henri III inspire à Charles-Emmanuel de plus hautes espérances. Il se met sur les rangs pour la succession de la couronne de France, comme fils unique de Marguerite de Valois, tante des trois derniers rois. Déjà même, il entre en Provence où l'appellent les catholiques, et, malgré les efforts des lieutenants de Henri IV, il fait son entrée à Aix, en qualité de roi de France. Pendant huit ans, il soutient cette prétention royale, quoique Henri IV soit déjà reconnu par la France entière et toutes les puissances de l'Europe, et il continue à faire la guerre en Dauphiné et en Provence, laissant ses propres États ouverts aux invasions de Lesdiguières et aux ravages des réformés.

En 1598, la paix de Vervins vient suspendre ces hostilités ruineuses pour la Savoie. Charles-Emmanuel, renonçant désormais à la couronne de France, se rend lui-même à Paris pour traiter avec Henri IV et réduit ses prétentions à demander le marquisat de Saluces, qu'on lui marchande encore. Par ressentiment, il entre avec le roi d'Espagne dans la conspiration du maréchal Biron; — d'où suit une invasion nouvelle de la Savoie par les troupes françaises, et enfin un traité de paix, signé à Lyon, qui fixe les frontières de la Savoie et de la France. L'obstination de Charles-Emmanuel recevait enfin sa récompense. — Henri IV cédait au duc le marquisat de Saluces, pour prix de la Bresse et du Bugey que la France acquérait. Ce traité semblait avantageux pour la France, mais il lui fermait réellement les portes de l'Italie : ce qui fit dire au maréchal Lesdiguières que dans le traité de Lyon, Henri IV avait *agi en marchand et Charles-Emmanuel en roi.*

En attendant la ratification de ce traité, Charles-

Emmanuel essaya de nouveau d'enlever Genève par surprise; mais il échoua. — Puis, il voulut faire revivre ses droits sur le royaume de Chypre et conquérir du même coup la Turquie; entreprise gigantesque qui resta à l'état de projet.

De concert avec la France, le duc de Savoie rêvait la conquête du Milanais, lorsque la mort de Henri IV le força d'abandonner cet autre dessein. Mais tout aussitôt il prétendit réclamer de la succession des ducs de Mantoue, le duché de Montferrat. Mais toutes les puissances se déclarèrent hostiles à cette nouvelle prétention, et il fallut encore y renoncer, après une campagne insignifiante contre les troupes espagnoles.

Le traité d'Asti rétablit la paix pour un instant. Charles-Emmanuel, bientôt las de son repos, prit parti contre l'Espagne dans la guerre de la Valteline. Allié avec la France et les Vénitiens, il conquit presque tout le Piémont. Malheureusement cette conquête lui échappa tout aussi vite, et un nouveau traité de paix remit les choses dans l'état où elles étaient avant la reprise des hostilités.

Dès l'année suivante, les successions des ducs de Mantoue s'étant ouvertes derechef, le duc de Savoie réclama encore une fois le duché de Montferrat. Mais la France se tourna contre lui. Louis XIII passa lui-même en Piémont à la tête d'une armée, et amena promptement Charles-Emmanuel à capitulation. — Les troupes françaises avaient à peine évacué la Savoie, que le duc, toujours jaloux d'augmenter la puissance de sa maison, se tourna du côté des Espagnols. Un caractère si actif et si tenace devait lasser à la fin le cardinal de Richelieu, qui voulut faire enlever Charles-Emmanuel ainsi que son fils, dans la ville de Rivoli. Averti à temps par le duc de Montmorency, Charles-Emmanuel put se dérober par la fuite, mais il vit Louis XIII conquérir presque toute la Savoie, que les Espagnols, malgré leur titre d'alliés, dévastaient également de leur côté.

Charles-Emmanuel se retrouvait donc dans la situation désespérée de son aïeul. Il ne put résister à tant d'infortunes; déjà malade, le chagrin le saisit, et il mourut presque subitement, le 26 juillet 1630.

La Savoie lui doit des routes, des monuments, des palais, des bibliothèques, et un ouvrage d'éloquence, contenant des parallèles entre plusieurs grands hommes anciens et modernes.

Victor-Amédée Ier, fils de Charles-Emmanuel, lui succéda dans le gouvernement de la Savoie. Victor-Amédée ne régna que sept ans, et d'une façon non moins agitée que brillante. Ce prince est le premier qui mit sur ses armes la couronne fermée et prit le titre d'*Altesse Royale*, pour se distinguer des simples *altesses* qui foisonnaient dans les principautés d'Italie. — Comme caractère personnel, on vante sa sobriété, sa continence et son économie. *Il était*, au dire de ses courtisans, *meilleur à ses peuples qu'à ses serviteurs*.

Au moment où il succéda à son père, Victor-Amédée se trouvait écrasé entre les armées françaises et espagnoles et à peu près dépossédé de ses États. Son mariage avec la sœur de Louis XIII le rattacha à la France et le fit comprendre dans le traité de Ratisbonne. Le duc de Savoie renonça sagement au Montferrat pour recouvrer la plus grande partie de son duché.

Mais la guerre ne devait pas tarder à se rallumer. Victor-Amédée eût bien voulu rester neutre; le cardinal de Richelieu ne le lui permit pas; il le nomma général en chef des troupes françaises, qui faisaient la campagne d'Italie sous les ordres du maréchal de Créqui. — Dans cette guerre, le duc se distingua personnellement, et contribua aux victoires de Tornavento et de Monbaldone, remportées sur les Espagnols par l'armée française.

C'est à la suite de ce dernier combat, que Victor-Amédée fut invité à un grand repas chez le maréchal de Créqui. Plusieurs des convives tombèrent malades au sortir de table, et le duc mourut subitement, ainsi que son premier ministre. Des bruits d'empoisonnement coururent aussitôt; mais, dit un historien, les symptômes de la maladie et l'inspection du cadavre ne justifièrent point ces soupcons, que démentaient déjà le caractère et la réputation du maréchal de Créqui.

FRANÇOIS-HYACINTHE, fils aîné de Victor-Amédée, n'avait que cinq ans lorsqu'il succéda à son père. —Il régna un an seulement, et mourut, en 1638, des suites d'une chute.

Sa mère, Christine de France, gouvernait la Savoie en qualité de régente; quoique sœur de Louis XIII, cette princesse semblait partagée entre l'alliance de la France et celle de l'Espagne, les frères du dernier duc étant ouvertement hostiles à la cause française. — Cependant, Christine avait dû traiter de nouveau avec la France, dont les troupes étaient à ses portes, et rouvrir les hostilités contre l'Espagne, lorsque son fils mourut subitement comme nous avons dit.

CHARLES-EMMANUEL II, second fils de Victor-Amédée, hérita de son frère aîné. Le nouveau duc était âgé de quatre ans, sa mère et ses oncles se disputaient la régence, — ceux-ci faisant appuyer leurs droits par l'Espagne, et celle-là réclamant les secours de la

France. Entre ces prétentions rivales, le duché de Savoie fut horriblement déchiré par les troupes espagnoles et françaises, toutes les places étant prises et reprises, aujourd'hui par le comte d'Harcourt, demain par le marquis de Leganez. L'avantage, cependant, sembla rester aux Français, grâce à la vigueur et à l'habileté de leur général. —Mécontents de l'Espagne, les oncles de Charles-Emmanuel finirent, après beaucoup d'intrigues, par se rapprocher de leur belle-sœur et de l'alliance française. L'un d'eux, le prince de Carignan, fut nommé généralissime du roi de France en Italie et eut le gouvernement d'une partie des États de Savoie. Il continua les hostilités contre l'Espagne, hostilités bien désastreuses pour la Savoie, qui était en même temps dévastée par une guerre de religion. Enfin une conférence tenue à Pignerol, et suivie d'une amnistie générale, fit déposer les armes aux réformés. Bientôt après, le traité des Pyrénées rendit à la Savoie la paix dont elle avait si grand besoin, en rétablissant ses anciennes frontières.

Le prince de Carignan venait de mourir; la régente lui survécut encore quelques années, et le duc Charles-Emmanuel resta véritablement en tutelle jusqu'à la mort de sa mère (1663). — Un caractère doux et conciliant, aimant beaucoup le luxe, les fêtes, les arts, — et la chasse par-dessus tout, — ce prince, quand il devint son maître, ne songea guère à régner que pour son plaisir et pour le bonheur de ses sujets, deux choses qui semblent opposées et qu'il sut allier. Louis XIV était alors l'ami, le protecteur de la Savoie, et cette amitié puissante permettait au duc de se livrer sans contrainte à tous ses goûts naturels.

Charles-Emmanuel s'appliqua donc à embellir sa capitale, à fonder des institutions littéraires et artistiques, à creuser des ports, à bâtir des châteaux, à percer des routes...— Vivant avec une grande magnificence, sa cour était une des plus brillantes de son temps, en même temps que les provinces de son patrimoine héréditaire étaient heureuses et prospères. Il mourut en 1675, à Turin, laissant un fils unique, VICTOR-AMÉDÉE II, qui fut le premier *roi de Sardaigne*.

LES ROIS DE SARDAIGNE ET DE PIÉMONT.

Il ne manquait plus rien à l'illustration de la maison de Savoie que le titre de roi. Alliée avec les plus grands souverains de l'Europe, gouvernant des provinces florissantes, des populations guerrières, ayant une cour formée sur le modèle de Versailles, la dynastie des Amédée et des Emmanuel ne pouvait plus se contenter de la couronne ducale; elle aspirait à franchir le dernier degré qui la séparait encore du premier rang, et tôt ou tard la fortune favorable devait lui accorder cette royauté, chèrement et noblement acquise par sept siècles déjà de courage, de constance et d'habileté.

Nul prince n'était plus digne que Victor-Amédée II d'achever ainsi la grandeur de sa famille et de transmettre à ses descendants un royaume au lieu du duché qui lui avait été légué à lui-même. Son éloge se peut résumer en quelques mots : il eut assez de fierté pour secouer le joug du grand roi Louis XIV, assez de courage et d'opiniâtreté pour soutenir plus de vingt ans cette lutte redoutable contre la France, d'où pouvait résulter pour lui une ruine complète, assez d'habileté enfin pour accroître, malgré la guerre et l'invasion, la prospérité de ses États et la puissance de sa maison.

Il n'avait que neuf ans lorsqu'il succéda à son père, sous la tutelle de la duchesse Jeanne, sa mère. Faible, craintif, frivole, l'enfant et le jeune homme n'annonçaient guère chez lui le prince qui devait compter bientôt parmi les souverains les plus illustres de son temps. — Cependant, à peine sorti de l'adolescence, Victor-Amédée témoigna par un premier acte de volonté la droiture et la fermeté de caractère dont il allait, ensuite, donner tant de preuves éclatantes. Sa mère avait formé le projet de le marier avec l'héritière du trône de Portugal ; toutes les difficultés extérieures étaient aplanies, et rien ne s'opposait plus à cette union, si ce n'est la Savoie elle-même, désespérée de voir le jeune duc aller régner au loin, en abandonnant ses propres États à un gouverneur quelconque. Une députation de nobles piémontais vint donc se jeter aux pieds de Victor-Amédée, le suppliant de ne pas céder à l'ambition maternelle. Le duc fut ému de leur dévouement; il leur promit que ce mariage ne se ferait pas, et, en effet, il fallut que la régente dégageât sa parole avec le Portugal.

A vingt et un ans, Victor-Amédée crut qu'il était temps de gouverner par lui-même. Il prévint par une circulaire tous les officiers et seigneurs de ses États qu'à partir de ce jour il prenait en main le gouvernement du duché. — C'était donner indirectement à la régente l'ordre de résigner ses pouvoirs; ce qu'elle fit aussitôt, comprenant bien que son règne était terminé.

Le premier soin du jeune duc fut de lever des troupes et de réorganiser son armée. Il lui déplaisait fort de voir les Français maîtres des principales places du duché. Aussi nouait-il des négociations secrètes avec tous les ennemis de la France et se préparait-il de son mieux à la guerre. Averti de ces dispositions et de ces menées, Louis XIV fit entrer Catinat en

Piémont à la tête de 18,000 hommes. Victor-Amédée comprit qu'il n'avait plus à hésiter. Il signa un traité d'alliance offensive et défensive avec l'Espagne, l'Autriche, l'Angleterre et la Hollande, déjà coalisées contre la France, et ayant réuni sa noblesse dans ses appartements, il vint lui-même annoncer fièrement la déclaration de guerre qu'il envoyait à Louis XIV. Un enthousiasme extraordinaire répondit par toute la Savoie aux paroles du jeune prince; les bourgeois eux-mêmes prirent les armes, on approvisionna rapidement toutes les places, et l'armée de Victor-Amédée se mit en campagne, renforcée par les troupes impériales, sous la conduite du célèbre prince Eugène, dont la maison de Savoie revendique la gloire, car il était petit-fils de Thomas, prince de Carignan et cousin du duc régnant.

Les débuts de la guerre, pourtant, ne furent pas heureux. Catinat surprit les alliés à Staffarda, les battit cruellement et, à la suite de cette victoire, s'empara de plusieurs places importantes. Victor-Amédée, pour son coup d'essai, avait fait des prodiges de valeur. Il ne se laissa pas abattre par la mauvaise fortune, repoussa toute proposition d'accommodement, et ayant reçu des renforts, reprit bientôt l'offensive; même, il osa porter la guerre en Dauphiné. Malheureusement, une maladie le força à rétrograder et lui

fit perdre toute cette campagne dans l'inaction. — L'année suivante, après avoir reconquis la plupart des places qu'il avait perdues, il consentit à traiter avec la France, aux conditions les plus honorables pour lui et les plus avantageuses pour ses États (1696).
— Victor-Amédée reçut le titre de généralissime du roi de France; il allait combattre ses anciens alliés, lorsque la paix de Ryswick mit fin aux hostilités.

Trois ans après, la succession d'Espagne ralluma une guerre générale contre la France. Victor-Amédée prit d'abord parti, peut-être à regret, pour Louis XIV, et, avec le maréchal Villeroi, livra la bataille de Chiari au prince Eugène. Malgré la brillante valeur du duc, les Français furent complétement battus. — Cette défaite donna beaucoup à penser à Victor-Amédée, qui parut dès lors pencher pour l'Autriche. Louis XIV, irrité, envoya au duc de Vendôme l'ordre de désarmer les troupes de Savoie; insulte qui détermina Victor-Amédée à traiter de nouveau avec les alliés (1703).

La guerre, cette fois encore, commença par des revers. Le duc de Vendôme battit les Impériaux et enleva plusieurs places, tandis que le maréchal de Berwick faisait raser le château de Nice. Cependant, le succès de la campagne dépendait de la prise de Turin. Louis XIV avait confié la direction du siége au duc de La Feuillade et réuni un matériel de guerre considérable sous les murs de la place. Mais le prince Eugène parvint à passer l'Adige, attaqua les Français dans leurs retranchements et leur fit essuyer une sanglante défaite, à la suite de laquelle Victor-Amédée recouvra tous ses États.

Les années suivantes ne furent signalées que par des excursions sur les frontières de la France, sans avantages bien marqués. Victor-Amédée mécontent de l'Autriche n'agissait plus que très-mollement contre la France. La reine d'Angleterre, Anne, crut pouvoir profiter de son mécontentement pour l'entraîner dans une paix séparée, et elle lui offrit le royaume de Sicile. Cette couronne satisfaisait les vœux les plus chers de Victor-Amédée; mais il ne voulut la tenir que du consentement des alliés. — En 1713, par le traité d'Utrecht, qui mit fin à la guerre, Philippe V, roi d'Espagne, céda à Victor-Amédée l'île et le royaume de Sicile, et le reconnut pour son successeur, dans le cas où lui-même ne laisserait pas de descendants légitimes.

Victor-Amédée fut couronné solennellement à Palerme; mais le nouveau roi ayant mécontenté la cour de Rome, vit un parti nombreux se former contre lui en Sicile, et en 1717, la flotte espagnole s'empara par surprise des principales places de l'île. — Le traité de Londres (1720) donna à Victor-Amédée, comme compensation, la couronne de Sardaigne. Cette île, disputée par les Espagnols et les Impériaux, fut réunie aux États de Savoie, dont aujourd'hui encore elle fait partie.

Victor-Amédée évita désormais de prendre part aux démêlés qui agitaient encore l'Europe. Renfermé dans ses États, il donna tous ses soins à l'administration civile, à la réformation législative, aux fondations savantes et industrielles; enfin, il se montra dans la paix aussi grand et aussi habile qu'il avait été dans la guerre.

Mais depuis longtemps déjà il semblait fatigué de gloire et de puissance. L'abdication était à la mode parmi les souverains de son temps, et l'exemple de Charles-Quint venait d'être imité successivement par Christine, Casimir et Philippe V. Victor-Amédée, âgé de soixante-quatre ans, se résolut à descendre aussi, lui, du trône, malgré les supplications de son fils et celles de toute sa cour. — Le 3 septembre 1730, l'abdication fut consommée avec la plus grande solennité, et l'ex-roi, ne se réservant qu'un revenu de cinquante mille écus, suffisant, disait-il, *pour un gentilhomme de province*, se retira au château de Saint-Alban, avec la duchesse de Spino, son ancienne favorite, qu'il venait d'épouser en secondes noces.

Victor-Amédée ne tarda pas à regretter le pouvoir.

Mécontent de lui-même et des autres, excité par les plaintes ambitieuses de sa nouvelle femme, il quitta tout à coup sa retraite, rentra à Turin, se présenta aux officiers et aux ministres, en déclarant qu'il voulait déchirer l'acte de son abdication. Mais on l'avait oublié déjà; partout il ne trouva que respect pour le fils que lui-même il avait couronné. Les ministres décrétèrent son arrestation, et le jeune roi, les larmes aux yeux, signa l'ordre qu'on lui demandait. — Des scènes déplorables marquèrent l'arrestation de Victor-Amédée. Le vieux roi voulait résister, il élevait la voix, il appelait à lui, par leur nom, ses anciens serviteurs. Il fallut le désarmer, le porter enveloppé dans des couvertures jusqu'au carrosse qui devait le conduire à la forteresse de Rivoli.

Après quelques mois de prison rigoureuse, Victor-Amédée fut ramené au château de Montcalier, où l'on fit tout pour adoucir l'amertume de sa situation. Mais il ne tarda pas à mourir, consumé par le regret et le chagrin, sans avoir voulu revoir son fils (1732).

Malgré ce scandale et cette affliction de ses dernières années, Victor-Amédée n'en doit pas moins être compté au premier rang parmi les princes de la maison de Savoie. Tous les historiens s'accordent à vanter la droiture de son caractère, sa sagesse, sa justice, son économie. Tandis que Louis XIV étonnait le monde par son faste, Victor-Amédée se montrait économe pour sa propre personne jusqu'à l'avarice. Ainsi, pendant sept ans, dit un chroniqueur, il ne porta, hiver et été, qu'un même habit de drap couleur de café, avec de gros souliers à deux semelles. — Si cette économie peut paraître exagérée, il faut se rappeler aussi qu'en descendant du trône, Victor-Amédée laissa les finances de son royaume dans l'état le plus florissant.

CHARLES-EMMANUEL III se proposa constamment de suivre la politique de son père et de continuer l'œuvre si bien commencée par Victor-Amédée. Nul autre prince n'eut plus que lui le sentiment de sa dignité et la conscience de ses devoirs. Il était appliqué, laborieux, et quand on le plaignait du travail excessif auquel il se livrait, « *Nous autres rois*, répondait-il, *nous ne sommes pas faits pour nous amuser.* »

Au point de vue militaire, son règne est plus important qu'aucun de ceux qui l'avaient précédé, parce qu'il prouva ce que valait par elle-même l'armée de Savoie, réduite jusque-là à agir secondairement et comme appoint des troupes de France, d'Espagne ou d'Autriche.

Deux grandes guerres remplissent le règne de Charles-Emmanuel : la première de 1735 à 1738, relativement à la succession du trône de Pologne ; la seconde, de 1742 à 1748, au sujet de la couronne impériale.

Il paraît étrange que la Savoie ait eu à prendre parti dans la guerre qui s'éleva au sujet de la succession polonaise ; mais c'était une occasion excellente de réduire la puissance autrichienne en Italie, et Charles-Emmanuel dut en profiter, de concert avec la France et l'Espagne, pour enlever, s'il se pouvait, à l'Empire le royaume des Deux-Siciles et le Milanais.

Les négociations ayant été conduites très-secrètement, l'armée des alliés entra tout à coup en Lombardie et enleva plusieurs places. Elle eût remporté de plus grands succès, sans la division des généraux français. — Cependant une armée impériale venait de descendre en Italie; le maréchal de Coigny lui fit essuyer un premier échec auprès de Parme. Charles-Emmanuel, arrivé à l'instant où s'achevait la défaite de l'ennemi, pleura, dit-on, de dépit de n'avoir pu prendre part à l'action.

L'affaire meurtrière de Guastalla vint lui offrir bientôt une brillante revanche; le jeune roi y fit preuve du plus grand courage et se jeta intrépidement au plus fort du combat. Il ne tint pas à lui que cette journée n'eût des résultats décisifs au lieu de rester une victoire disputée et contestée.

Pendant qu'on se battait en Lombardie, l'Espagne

avait conquis le royaume des Deux-Siciles. Dès lors, l'Autriche se trouvait suffisamment abaissée, et la même politique d'*équilibre* qui avait poussé Charles-Emmanuel à la guerre devait désormais lui faire désirer la fin des hostilités. Il importait, en effet, à la Savoie et à la France de ne pas substituer en Italie la prépondérance de l'Espagne à celle de l'Autriche. Aussi la guerre fut-elle menée très-mollement, jusqu'au traité de Vienne, qui assura aux Espagnols le royaume des Deux-Siciles, en conservant le Milanais à l'Autriche.—La Savoie n'obtint que quelques concessions de territoire insignifiantes; mais cette guerre lui avait donné le secret de sa force et l'avait rendue plus respectable au dehors.

Charles-Emmanuel, prévoyant que la paix ne serait pas de longue durée, employa les années qui suivirent à compléter l'organisation militaire de ses États, — et lorsqu'il eut pris parti pour Marie-Thérèse, dans la guerre de la succession impériale, on le vit mettre en campagne d'un seul coup 40,000 hommes de troupes savoisiennes et piémontaises.—Charles-Emmanuel s'était décidé en ce sens, par opposition à la France et à l'Espagne, dont l'influence lui pesait et vis-à-vis desquelles il prétendait se maintenir entièrement indépendant.

L'armée piémontaise s'avança rapidement sur Modène, faisant fuir devant elle les Espagnols et s'assurant sur son passage de toutes les places importantes. Une seconde armée espagnole et française, conduite par l'infant don Philippe, envahit alors la Savoie et força Charles-Emmanuel à revenir défendre ses États; marche rétrograde qui s'opéra heureusement, quoique l'hiver fût déjà commencé. Mais de nouveaux mouvements de l'ennemi obligèrent le roi de Sardaigne de repasser en Piémont. Cette seconde expédition, exécutée par les temps les plus rigoureux, à travers les Alpes, fut plus désastreuse qu'une bataille perdue. Des milliers de soldats périrent de froid et de maladie, et l'on perdit une grande partie du matériel de guerre.

Pendant le même hiver, les Espagnols avaient livré aux Austro-Sardes la sanglante bataille de Campo-Santo, en Lombardie. De chaque côté on s'attribua le gain de cette bataille, qui n'eut, en réalité, aucune influence sur la suite des événements.

Le printemps et l'été suivant se passèrent en négociations. Charles-Emmanuel profita de ce répit pour établir une ligne fortifiée dans les Alpes. Ces travaux allaient attirer tout l'effort de l'ennemi et coûter bien du sang de part et d'autre.

La Savoie ayant consolidé son alliance avec Marie-Thérèse, les hostilités recommencèrent aussitôt. Une action horriblement meurtrière fut engagée sous les retranchements de Montalban. Les Espagnols et les Français, après avoir perdu près de 4,000 hommes, durent abandonner le champ de bataille aux troupes sardes, dont la constance héroïque fut admirée des ennemis eux-mêmes.

Plusieurs attaques successivement renouvelées contre d'autres positions de la ligne fortifiée des Alpes coûtèrent tout autant de sang aux deux partis, sans amener de résultats décisifs. L'armée franco-espagnole enleva pourtant quelques postes et battit même les troupes sardes sous les murs de Coni, mais elle ne put emporter cette place, et fut bientôt obligée par la rigueur de la saison de battre en retraite.

L'année suivante (1745), les Génois se déclarèrent pour l'alliance espagnole et française. L'habile maréchal de Maillebois réunit 80,000 hommes tirés de France et d'Espagne, à la tête desquels il tint la campagne en Lombardie avec une grande supériorité. Charles-Emmanuel voulait éviter une lutte inégale, mais il fut forcé de livrer bataille à Bassignana, et, malgré le brillant courage qu'il y déploya, il fut complétement battu.

De nouvelles négociations s'engagèrent, mais tout aussi inutilement que les précédentes. Charles-Emmanuel reprenant l'offensive, enleva Asti aux Français et ravitailla Alexandrie. Ces premiers succès furent suivis d'autres plus importants encore; l'armée française-espagnole, réduite à se retirer, fut rejointe à Plaisance par les Austro-Sardes, qui lui firent éprouver une défaite sanglante. C'en était fait, dès lors, de toute cette armée, si, par des marches habiles, le maréchal de Maillebois n'était parvenu à la dérober à l'ennemi, non, toutefois, sans livrer plusieurs combats partiels qui furent très-meurtriers de part et d'autre. — L'éloignement des Espagnols et des Français fit tomber Gênes, sans coup férir, au pouvoir des Autrichiens.

Enhardis par ces succès, les Austro-Sardes envahirent la Provence; mais Gênes révoltée et l'arrivée d'une nouvelle armée française les forcèrent de rentrer en Italie. Le maréchal de Belle-Isle, qui commandait l'armée française, reporta la guerre sur le territoire de Savoie. Il voulait en finir par un coup d'éclat, et vint attaquer le camp retranché de l'Assiette. Le combat fut livré et soutenu avec un acharnement sans égal; enfin, les Français se virent contraints de battre en retraite avec des pertes énormes. — Gênes, une seconde fois abandonnée par ses alliés, eut un nouveau siége à soutenir. Cette ville aurait succombé sans doute, si la paix d'Aix-la-Chapelle ne fût venue terminer les hostilités.

Les victoires du maréchal de Saxe, en Allemagne, avaient décidé l'Autriche à traiter, malgré ses succès en Italie. — Charles-Emmanuel gagna au traité d'Aix-la-Chapelle une portion du Milanais.

A partir de ce jour, une paix profonde régna dans tous les États du roi de Sardaigne. La guerre dite *de sept ans* ne fut pour Charles-Emmanuel qu'un orage qui gronde dans le lointain. Il eut seulement à jouer dans cette guerre le rôle honorable de négociateur.

Charles-Emmanuel s'était imposé une tâche bien plus utile et non moins noble que celle de faire la guerre. Il voulait réformer l'administration de ses États, organiser la justice, améliorer les finances, donner un élan nouveau aux arts et à l'industrie. Aidé dans cette œuvre si complexe par des ministres habiles et laborieux, il réussit au delà de ses espérances, et sous son règne la Savoie et le Piémont devinrent un des royaumes les plus sagement et aussi les plus libéralement gouvernés de toute l'Europe. Le roi abolit les corvées, les droits de mainmorte et autres abus féodaux; il donna à son peuple un nouveau code mieux en rapport avec les idées et les mœurs contemporaines; enfin, il institua une perception exacte et régulière des impôts. Le jour où il acheva de dégrever ses sujets des contributions extraordinaires que la guerre avait nécessitées, « *Voici*, dit-il, *le plus beau jour de ma vie, je viens de supprimer le dernier impôt extraordinaire.* »

Charles-Emmanuel mourut le 20 février 1773.

Victor-Amédée III était âgé de quarante-sept ans lorsqu'il succéda à son père. Le nouveau roi avait toutes les qualités du père de famille et de l'honnête homme; aucun prince n'était mieux fait que lui pour vivre dans un temps de paix et de bonheur.

D'affreux malheurs devaient pourtant fondre sur son règne; mais les premières années, du moins, en furent heureuses et florissantes. Victor-Amédée s'occupa à embellir ses principales villes *(Aix-les-Bains lui est particulièrement redevable)*; il éleva des monuments, bâtit des forteresses, fit exécuter de grands travaux d'utilité publique.

Le seul grief, pendant ces heureuses années, qu'il donna à ses sujets, ce fut sa trop grande inclination pour la France, le mariage de deux de ses filles aux frères de Louis XVI, et les dots énormes que reçurent ces princesses. Ce nuage, d'ailleurs, n'altéra pas la confiance et l'amour du peuple. La prospérité croissante du royaume de Sardaigne était la meilleure réponse aux mécontents.

Mais la révolution française venait d'éclater, et l'Europe entière ressentait le contre-coup de cet ébranlement terrible. Victor-Amédée s'était efforcé, depuis plusieurs années, de réorganiser l'armée piémontaise; malheureusement c'était une œuvre encore inachevée à l'approche de l'invasion révolutionnaire. — Dès le mois de septembre 1792, la Savoie et le comté de Nice furent occupés presque sans coup férir, les troupes sardes n'ayant pas même essayé de tenir devant l'ennemi. La contagion républicaine avait facilité aux Français cette double conquête. En Savoie, il se trouva des démocrates pour faire alliance avec les jacobins envahisseurs. Une convention nationale *allobroge*, imitation grotesque de la Convention française, prononça la déchéance du roi de Sardaigne, et déclara *le pacte qui liait la nation allobroge à la famille de ce prince, rompu pour cause de forfaiture.* — Nice et la Savoie, réunis à la France, formèrent deux nouveaux départements républicains.

Victor-Amédée était parvenu, cependant, à former une armée de 60,000 hommes avec ses seules ressources. Se tenant d'abord sur la défensive, les troupes sardes repoussèrent les généraux jacobins; mais, lorsque la mort de Louis XVI eut soulevé l'Europe entière contre les ignobles scélérats qui souillaient la France en l'opprimant, le roi Victor-Amédée résolut d'agir offensivement. Il se mit lui-même en campagne,

Carabinier. Garde du Corps de S. M. Bersaghers.

de concert avec les généraux autrichiens, disant qu'il voulait vaincre ou mourir.

L'impéritie autrichienne paralysa malheureusement cette ardeur héroïque du vieux roi. Après avoir en vain essayé de reconquérir Nice et la Savoie, Victor-Amédée vit tout à coup cent mille Français tourner ses principales positions, occuper la plupart des défilés des Alpes occidentales et menacer le Piémont du haut de ses propres montagnes. — L'invasion n'eût pas tardé, sans doute, à se consommer, si la mort de Robespierre et l'incertitude des événements politiques n'avaient réduit tout à coup les troupes françaises à une immobilité absolue.

L'hiver se passa dans l'attente et l'anxiété. Victor-Amédée, entouré de censeurs et de mécontents, se sentait découragé par cette désaffection de la partie la plus éclairée, sinon la plus saine, de ses sujets. Pourtant, il voulait résister encore, même après une première défaite que le général français Schérer venait de faire essuyer aux Autrichiens. Traiter avec cette république sanglante semblait à Victor-Amédée la dernière des ignominies, et, assuré de l'appui de l'Autriche, il se décida à continuer vigoureusement la guerre.

De grands renforts arrivèrent, en effet, d'Allemagne, sous les ordres des généraux Beaulieu et de Collé. Ces troupes, unies à celles du Piémont, se disposaient à prendre l'offensive, lorsque tout à coup le nouveau général français força les passages, sépara les Autrichiens des Sardes, poussa ceux-ci l'épée dans les reins, et arriva avec eux sous les murs de Turin. — C'était le coup d'essai du jeune Bonaparte. — L'effroi et le découragement de la cour et de l'armée piémontaise ne peuvent se décrire. Abandonné par les Autrichiens qui se repliaient sur le Milanais, le roi Victor-Amédée ne crut pouvoir trouver son salut que dans une suspension d'armes. Rien, cependant, n'était encore désespéré; l'armée pouvait être ralliée aisément; aucune place forte n'était tombée au pouvoir de l'ennemi. Mais une panique étrange s'était emparée des plus courageux; le roi, sous la pression de l'effroi public, demanda une suspension d'hostilités, qu'il n'obtint qu'en livrant Coni et Tortone.

À partir de ce moment, Victor-Amédée fut dans la main de Bonaparte et du Directoire, qui lui dictèrent les conditions les plus dures et les plus humiliantes. — Par le traité de Paris, le roi renonça pour toujours à la Savoie et au comté de Nice. De plus, il dut livrer la plupart de ses forteresses et demeurer dans la condition de vassal de la république française.

De si cruelles épreuves abrégèrent la vie du malheureux roi. Il ne survécut que de six mois à cette funeste capitulation, et mourut subitement à Montcalier, en octobre 1796.

Son fils aîné lui succéda sous le nom de CHARLES-EMMANUEL IV. Ce prince avait reçu une éducation toute religieuse, et n'était occupé que des soins de piété et de bienfaisance, jusqu'au jour où la tempête révolutionnaire vint ébranler le trône de sa famille. Dès l'année 1789, prévoyant les conséquences de la révolution française, Charles-Emmanuel avait dit : « *Ceux qui ont envie de régner n'ont qu'à se dépêcher.* »

L'événement ne justifia que trop bien ces paroles.

Charles-Emmanuel recevait de son père, en 1796, un héritage déplorable. Déjà la monarchie piémontaise n'existait plus que de nom, et sa ruine allait être bientôt consommée. « *Je crois*, écrivait Bonaparte au Directoire, *que notre politique à l'égard du roi de Sardaigne doit consister à maintenir toujours chez lui un ferment de mécontentement, et surtout à bien s'assurer de la destruction des places du côté des Alpes.* »

Cette politique fut suivie avec la persévérance la plus perfide. Des émissaires révolutionnaires, protégés secrètement par les généraux français, parcoururent sans cesse le Piémont et y fomentèrent des complots toujours renaissants. Malgré sa clémence et sa bonté naturelle, le roi dut réprimer sévèrement ces insurrections; le sang coula, les exécutions se multiplièrent, sans pouvoir étouffer l'esprit de désordre et de sédition. Une dernière révolte, appuyée par les Génois et ouvertement encouragée par le général Brune, demeura impunie. Charles-Emmanuel fut obligé d'amnistier les coupables et de livrer au Directoire ses dernières places fortes. « *Je vois bien, dit le malheureux roi, que je ne porterai pas longtemps ma couronne d'épines.* »

En effet, le général Joubert, au moment d'entrer en campagne contre les Autrichiens, et ne voulant rien avoir à redouter sur ses derrières, résolut d'en *finir avec cette ombre de roi.* Une abdication toute formulée fut envoyée à Charles-Emmanuel, qui dut la signer sous peine d'être enlevé et incarcéré comme le pape Pie VI. — On avait permis au roi de se retirer en Sardaigne. Il se hâta de partir. — Quelques heures plus tard, un ordre arrivé de Paris l'eût retenu prisonnier lui et tous les siens.

Aussitôt arrivé en Sardaigne, Charles-Emmanuel protesta contre l'abdication forcée qu'on lui avait fait signer. Un instant, il crut ressaisir sa couronne, lors de l'entrée de Suwarow en Italie; mais déjà l'Autriche avait fait occuper le Piémont et ne voulait plus s'en dessaisir. — Cette dernière espérance lui échappant, Charles-Emmanuel alla chercher à Rome, puis à Naples, le repos dont il avait besoin et que la Sardaigne elle-même lui refusait, travaillée qu'elle était par l'esprit révolutionnaire.

En 1802, ce prince infortuné, accablé de chagrins et d'infirmités, ayant perdu presque entièrement la vue, abdiqua en faveur de son frère, le duc d'Aoste, qui fut proclamé sous le nom de Victor-Emmanuel V.

L'ex-roi alla finir ses jours dans un couvent de Rome, où il se consacra uniquement à la prière et à l'aumône. Sa détresse était devenue telle que le gouvernement français fut obligé de lui faire une pension, à titre de prêt, Charles-Emmanuel ne voulant pas la recevoir autrement. — Il mourut en 1819.

Victor-Emmanuel V avait montré des talents militaires et du courage dans les campagnes malheureuses de 1794 et 1795. Il partagea les malheurs et l'exil de sa famille. — Appelé au trône, en 1802, par l'abdication de son frère Charles-Emmanuel, il donna tous ses soins à améliorer l'administration de la Sardaigne et à faire jouir son peuple des bienfaits de la paix, au milieu des guerres continuelles qui déchiraient l'Europe. 1814 lui rendit la Savoie et le Piémont, et le congrès de Vienne y ajouta la possession de la ville de Gênes, qu'avaient longtemps ambitionnée les rois de Sardaigne.

Victor-Emmanuel fut reçu à Turin avec le plus vif enthousiasme. Les *Cent jours* passèrent sans ébranler la monarchie piémontaise, que vinrent consolider, au contraire, les nouveaux traités dont fut suivie la seconde chute de Napoléon.

Tout semblait promettre désormais au roi restauré un règne heureux et calme; sa politique sage et libérale, son administration paternelle, ses réformes excellentes devaient lui concilier l'amour et le respect de ses sujets. Mais l'esprit révolutionnaire avait laissé en Piémont, comme dans presque toute l'Europe, des germes d'agitation et de révolte qui se développèrent bientôt de la façon la plus menaçante. Victor-Emmanuel ne fermait pas pourtant l'oreille aux vœux des mécontents. Il se montrait disposé à faire de justes concessions, et, en 1821, une junte supérieure fut réunie par ses ordres pour examiner les lois existantes, les projets déjà proposés, ainsi que les améliorations qu'elle pouvait recevoir, et en faire un corps d'institutions conformes aux besoins du peuple et aux lumières du siècle.

Cette initiative libérale du roi ne put désarmer les mécontents. Les insurrections d'Espagne et de Naples comptaient de nombreux affiliés dans le Piémont; le parti carbonaro ou constitutionnel commença à s'agiter ouvertement, et le 9 mars 1821, les conjurés, s'étant emparés de la citadelle d'Alexandrie, proclamèrent la constitution d'Espagne. D'Alexandrie, l'insurrection gagna rapidement Turin, grâce à l'hésitation du roi et à la faiblesse de ses conseillers. Une démonstration vigoureuse eût suffi, cependant, pour réprimer ce mouvement séditieux; mais il était trop tard lorsqu'on se décida à agir. Déjà la citadelle de Turin venait d'être livrée aux rebelles par trahison; les troupes paraissaient démoralisées; l'audace de la populace croissait d'heure en heure avec l'impunité; et les chefs de l'insurrection avaient signifié qu'ils voulaient *la constitution d'Espagne et la guerre avec l'Autriche.*

Victor-Emmanuel ne voulut point souscrire à de telles conditions; il préféra abdiquer, au profit de son frère, le duc de Genevois, pensant qu'il conservait ainsi les droits de la couronne, au lieu de les compromettre par des concessions avilissantes. — L'acte d'abdication fut signé le 12 mars 1821. Victor-Emmanuel quitta aussitôt Turin, et se retira à Nice, où il renouvela librement son abdication, sur la demande expresse de son frère, qui refusait d'accepter l'acte signé le 12 mars, sous la pression d'une populace révoltée.

Victor-Emmanuel choisit pour retraite le château de Montcalier. Il s'y éteignit paisiblement en 1824.

Charles-Félix, fugitif et exilé avec ses frères aînés en 1796, avait été vice-roi de Sardaigne pendant plusieurs années, après la restauration de la monarchie piémontaise. Revenu en Piémont, il ne prit aucune part au gouvernement et s'occupa exclusivement de la culture des arts.

Lorsque éclata l'insurrection du mois de mars 1821, Charles-Félix se trouvait à Modène; circonstance favorable à la cause royale, puisque le duc se trouvait hors de l'atteinte des rebelles et plus libre dans sa résistance. — En apprenant l'abdication de son frère en sa faveur, Charles-Félix déclara qu'il ne rejetait point le fardeau du pouvoir dans des circonstances aussi critiques, mais qu'il n'accepterait le titre de roi que lorsqu'il serait bien assuré que son frère s'était démis sans contrainte et qu'il persistait dans son abdication. Provisoirement, il prit toutes les mesures nécessaires pour comprimer la sédition. Donnant lui-même l'exemple de la décision et de l'énergie, il eut bientôt rendu courage aux sujets fidèles, et du premier choc l'armée insurrectionnelle fut mise en déroute, dans la plaine de Novare. Il n'y eut plus qu'à poursuivre les coupables et en fusiller quelques-uns. Tout rentra dans l'ordre. Alors, Charles-Félix exigea, une seconde fois, que son frère renouvelât son abdication, et quand il fut bien assuré que telle était la volonté de Victor-Emmanuel, il prononça une amnistie générale, puis vint prendre possession de son royaume, au milieu des acclamations unanimes.

Le règne du nouveau roi fut aussi heureux que paisible, et marqué par les bienfaits d'un excellent gouvernement. — Charles-Félix mourut à Turin, le 27 avril 1831. Il ne laissait point de postérité, et en lui s'éteignait la branche aînée de la maison de Savoie.

Le prince de Carignan lui succéda sous le nom de Charles-Albert.

La mort vient à peine de briser une si noble vie que déjà Charles-Albert compte parmi les princes les plus illustres de son illustre maison. S'il n'a pas eu la victoire pour prix de ses efforts, il a eu la gloire, tout au moins, et c'est un noble héritage qu'il laisse à son fils le roi Victor-Emmanuel.

La campagne d'Italie résume tout le règne de Charles-Albert.

On se rappelle quelle était la situation des partis quand éclata la guerre entre le Piémont et l'Autriche. Un élan irrésistible entraînait les esprits vers la guerre. La guerre! la guerre! tel était le cri qui retentissait du pied des Alpes au golfe de Gênes. La fièvre circulait au cœur du pays; les populations jusqu'alors les plus paisibles étaient en proie à une ardeur belliqueuse qui gagnait de proche en proche comme un incendie attisé par le vent. Les campagnes aussi bien que les villes étaient en proie au même délire ; c'était comme au temps où les vicaires du saint pontife entraînaient des tourbillons d'hommes vers l'Orient en criant : Dieu le veut !

La révolution avait éclaté à Milan ; la Lombardie était soulevée ; la vieille république de Venise venait de palpiter dans son tombeau, et le lion de Saint-Marc semblait appeler aux armes son peuple de gondoliers et de marins. Rome tremblait sur ses fondements. Naples était en feu. La Sicile s'agitait. La Toscane, jadis heureuse, se ressentait de l'embrasement général. Pie IX lui-même, Pie IX cédait au mouvement des esprits et prêchait la croisade contre l'Empire. Les troupes autrichiennes, ralliées sous l'épée du maréchal Radetzki, se repliaient derrière Vérone et Mantoue. L'Italie tout entière tournait les yeux vers Charles-Albert, toutes les voix l'appelaient, tous les cœurs l'invoquaient. Il était l'espérance et l'épée de l'Italie. Seul, il avait une armée, une armée vaillante, disciplinée, nombreuse et capable de lutter contre les vieilles bandes allemandes. Le sang de la maison de Savoie, le sang guerrier des Amédée et des Emmanuel coulait dans ses veines ; il avait autour de lui une cour militaire, de jeunes officiers ardents et braves...

La vieille guerre des guelfes et des gibelins semblait à la veille de recommencer. Charles-Albert céda.

Il prit les armes pour arracher la Lombardie et la Vénétie aux Autrichiens. *Italia farà da se!* avait-il dit. L'Italie ne répondit pas à son appel. Tout ce que le courage peut tenter, il le fit; on a vu sa bravoure et son obstination guerrière à Custoza, à Santa-Lucia, sous les murs de Milan et de Mantoue, sous Vérone et sous Peschiera! Mais l'Italie s'était abandonnée, et le Dieu des armées abandonna Charles-Albert. L'épopée militaire de sa vie se termina aux champs de Novare.

L'armée piémontaise, sous le commandement suprême du roi, avait passé le Tésin et fait son entrée à Pavie le 29 mars 1848. Le 5 août suivant, après quatre mois de luttes sanglantes, le roi signe un armistice à Milan. Le 12 mars 1849 cet armistice fut dénoncé et l'armée rentra en campagne; le 23 elle était anéantie à Novare.

Charles-Albert signait son abdication le 24 au soir, et partait sans suite pour un exil volontaire.

Il avait pris les armes le 29 mars 1848, et le 29 juillet 1849 il expirait à Oporto.

Son corps, ramené le 2 octobre à Gênes, entrait à Turin le 12, et était transporté à Superga le 14.

Mais, comme autrefois, ne peut-on pas dire : *Le roi*

est mort ! vive le roi ! Charles-Albert n'est plus, vive Victor-Emmanuel !

Il y a d'autres champs de bataille en Italie, et les glorieuses destinées de la maison de Savoie s'accompliront.

Armes de la maison de Savoie.

Vue du lac, prise à Chatillon.

AIX-LES-BAINS.

Nous ne croyons pas que jamais personne ait vu Aix en hiver. Il se peut qu'on y mange, qu'on y dorme, qu'on y parle, qu'on s'y promène, mais certainement on n'y vit pas. L'existence d'Aix commence du 1er au 15 mars. Du 1er au 15 octobre la ville s'assoupit, et du 1er au 15 novembre elle s'endort radicalement pour ne plus s'éveiller qu'au printemps prochain. Cette habitude se conçoit de la part d'une ville qui, durant quatre ou cinq mois, emploie les vingt-quatre heures que Dieu accorde à chaque jour, à courir les montagnes, à naviguer sur le lac du Bourget, à danser au bal, à s'égarer parmi les sentiers les plus verts, à poursuivre la truite dans les flots bleus et le chamois dans les rochers. Le moins qu'on puisse faire quand on s'est agité si violemment, c'est de se reposer beaucoup, et c'est à quoi Aix-les-Bains occupe les loisirs de son hiver.

On ne sait quel sceptique en voyage a dit : Toutes les villes se ressemblent.

Cet aphorisme hardi pourrait être vrai pour toutes les villes, excepté pour les villes de bains; mais là où commencent les eaux commence aussi l'originalité.

Aix-les-Bains n'est pas une ville en été, c'est un caravansérail où l'Europe vient se rafraîchir. Hier la ville était comme un lac aux eaux dormantes, aujourd'hui c'est un volcan en éruption; hier c'était le silence, aujourd'hui le bruit éclate de tous les côtés à la fois. C'est, appliquée à une ville, la métamorphose de la chrysalide devenant une merveille aérienne; la veille c'était une chenille engourdie dans la neige, le lendemain c'est un papillon avide de lumière et de fleurs.

Les premiers beaux jours ont chassé les brouillards répandus dans la vallée; mille cascades emportent la neige étendue sur les croupes de la montagne, le gazon étale son vert manteau sur toutes les pentes ; déjà l'églantier fleurit, l'hirondelle égratigne d'un coup d'aile le miroir transparent du lac, l'oiseau babille dans la haie. Voici l'instant du voyage qui commence, les villes ouvrent leurs barrières devant la chaise de poste qui part au galop ; tout s'échappe à la fois : le banquier harassé de chiffres, l'orateur fatigué de discours, l'artiste qui demande aux campagnes des inspirations nouvelles. L'émigration est partout, et le premier touriste entre dans Aix-les-Bains.

Celui-là venu, d'autres arrivent, et puis d'autres encore ; hier ils étaient dix, aujourd'hui ils sont cent, demain ils seront mille. Bientôt c'est une foule. Les hôtels s'emplissent à vue d'œil, et malheur à ceux qui arrivent les derniers, ceux-là ne trouveront pas un cabinet pour reposer leurs malles.

C'est à partir du 10 juillet jusqu'au 20 août que la population d'Aix-les-Bains est la plus nombreuse. Alors, et durant six semaines, il est presque impossible, à quelque prix que ce soit, de se procurer non plus même un appartement, mais une chambre. Les moindres trous sont occupés. Quant aux maîtres d'hôtels, chassés de leurs alcôves par l'invasion, ils vivent on ne sait où et dorment au hasard.

La petite ville s'est tout d'un coup changée en capitale. On s'y habille comme à Paris, on s'y promène comme à Naples, on y danse comme à Vienne.

Aix-les-Bains est bâti sur le versant d'une colline qui se prolonge de plateau en plateau jusqu'à la montagne de Mouxy. Le Casino et ses larges terrasses occupent le bas de cette colline dont les dernières pentes meurent dans un labyrinthe de prairies, de vergers, de jardins et de champs où croissent le figuier, l'amandier, le cerisier.

Deux établissements principaux concourent à la prospérité d'Aix : l'un, l'établissement des bains, bâti en 1772 par le roi Victor-Amédée III, sur les plans du comte de Robilan; l'autre, le Casino, élevé par M. Bias, sur les dessins d'un excellent architecte, M. Pellegrini. Un réseau de rues enveloppe le premier de ces édifices, l'autre domine la campagne à l'extrémité de la ville.

Entre les Bains et le Casino, s'ouvre une place publique de forme irrégulière où s'arrêtent toutes les voitures qui font le service des eaux, diligences, omnibus, chaises de poste, véhicules de tout âge et de tous genres, carrosses vermoulus du temps de madame de Warrens, chars-à-bancs des montagnes. C'est à toute heure, et du matin au soir, un grand bruit de chevaux qui hennissent et de fouets qui claquent, d'équipages qui roulent et de postillons qui jurent.

Le mouvement est partout à l'égal du bruit. Pour un

Aix-les-Bains.
(vue prise de la Roche du Roi.)

Paris, Ernest Bourdin, Éditeur.

voyageur qui part, dix arrivent; et cent autres encore
attendent à Genève, à Chambéry, plus loin même, à
Grenoble ou à Turin, que leur tour soit venu. On s'inscrit chez les maîtres d'hôtels comme aux bureaux des

Hôtel Venat.

théâtres où se joue une pièce en vogue. Mais, chose
vraie quoique invraisemblable, quiconque, sautant par-dessus les conseils d'une sage prudence, se rend à
Aix-les-Bains tout droit, a toujours la chance de se

loger. Où trouver cependant une chambre là où il n'y a plus de cabinet, et un lit là où on ne voit plus de chaise? On part, on arrive, on cherche, et le miracle se renouvelle à perpétuité. Est-ce hospitalité? Est-ce élasticité? Qui le sait. Personne; mais toujours est-il qu'on finit par habiter quelque part.

Que de fois ne voit-on pas à midi des familles aux abois cherchant un gîte par les rues! et la nuit venue, la porte hospitalière d'une auberge, que depuis longtemps les souris ont abandonnée faute de place, s'ouvre pour prêter un asile aux touristes consolés.

Un Parisien, ami du paradoxe, a dit d'Aix-les-Bains, que c'était une ville bâtie en caoutchouc. Il y a des heures où l'on serait tenté de le croire. Elle semble s'allonger et s'élargir à volonté sous la pression des voyageurs.

La place publique qui sépare l'Établissement royal du Casino, s'éveille avec le jour. Dès l'aube elle est animée et bruyante comme le boulevard des Italiens un soir de première représentation à l'Opéra. Tous les oisifs du pays, et Dieu sait s'il y en a, s'y donnent rendez-vous. On y fume, on y jase, on y parle, on y cause, on y babille sans trêve ni repos. C'est le réservoir d'où s'écoulent tous les récits qui font les délices des conversations particulières; on ne sait pas comment cette place s'y prend, grande qu'elle est à peu près comme un mouchoir de poche, pour contenir la population qui s'y presse. Et comme si le hasard avait voulu que rien ne manquât à l'animation de cette place, un corps de garde, deux hôtels, un cabinet de lecture et le café Jacotot se rencontrent sur le périmètre qu'elle trace au cœur de la ville.

Nous dirons plus tard ce que c'est que le café Jacotot.

Cette population qui va, vient et circule sans relâche, si nombreuse qu'on y rencontre même quelques Savoyards, est à toute heure fendue par des escadrons d'ânes qui traversent la place au galop en droite ligne et sans prendre garde à personne, comme de braves ânes qui savent toute l'importance de leurs fonctions.

Les ânes d'Aix méritent par leurs mœurs, leur caractère et les services qu'ils rendent aux étrangers, l'honneur d'un commentaire spécial.

<small>Ces ânes ne sont pas ce qu'un vain peuple pense,</small>

aurait dit Voltaire, si Voltaire, leur voisin, les avait connus. On nous permettra donc bien de consacrer quelques lignes à leur mémoire.

Aucun élève de M. le baron Charles Dupin ne s'est rencontré pour établir officiellement le chiffre exact des ânes qui peuplent la ville d'Aix. Tout ce que la science peut affirmer, c'est qu'il y en a autant qu'on peut en désirer.

Les ânes d'Aix sont les seuls qui puissent rivaliser avec ceux de Montmorency, les plus infatigables des animaux. Peut-être même leur sont-ils supérieurs au point de vue de la vitesse. Quand les ânes d'Aix-les-Bains s'arrêtent, c'est qu'ils tombent.

Les ânes d'Aix.

Un régiment de ces quadrupèdes utiles stationne toujours sur la grand' place; d'autres escadrons sont dispersés çà et là, aux portes de la ville, toujours

Aix-les-Bains (vue de la place).

prêts, quels que soient l'heure et le temps, à courber l'échine devant le voyageur qui passe. Insensible à la pluie, indifférent à la chaleur, l'âne d'Aix trotte ou galope à volonté. Pour si peu qu'on l'ait observé dans l'exercice de ses fonctions, on croit bientôt à la tradition du Juif-Errant. Lui seul, parmi les créatures vivantes qui ornent la création, marche toujours.

L'âne d'Aix-les-Bains est le mouvement perpétuel à quatre pattes.

Chaque âne a son propriétaire, et tous deux marchent à pied, l'un suivant l'autre; mais bien que le propriétaire batte quelquefois sa propriété, bêtes et gens vivent en bonne intelligence.

Si les ânes sont les chevaux d'Aix, chacun d'eux porte un nom particulier, comme les illustres chevaux de pur sang inscrits au *Stut-Book*, ce livre d'or de la race hippique. Et quels noms! les plus coquets, les plus charmants. *La Lionne, la Parisienne, Brunette, Tigresse, Souris, Mignonne*, et bien d'autres encore non moins mignards.

La Lionne, qui mérite vraiment son nom par la fougue de ses allures, a gagné le Saint-Léger des ânes aux courses de 1849.

Ces courses ont lieu presque tous les ans, aux fêtes de la Pentecôte. Les ânes d'Aix-les-Bains, jaloux de leur réputation, s'y rendent en foule, et ces luttes pacifiques attirent autour de la promenade du Gigot toute la population de la ville et des campagnes.

C'est le jour solennel dans la vie des ânes. Dès le matin, ils se pressent sur le champ de course sellés et bridés, et montés par leurs propriétaires, jockeys savoyards qui, dédaignant la veste de satin et la casquette de velours, empoignent bravement leurs coursiers à la crinière. *Félix* et *Prédestinée* ne montraient pas plus d'ardeur sur la pelouse royale de Chantilly; cependant les ânes n'ont jamais été entraînés. Pourquoi faire? ne courent-ils pas toute l'année? Leur escadron impétueux s'aligne, les plus fougueux bondissent sous le mors et se vengent sur leurs camarades du repos momentané auquel on les condamne. Que de coups de pied et que de coups de dents avant l'heure du départ!

Mais enfin, le signal est donné. Ils partent tous ensemble; leurs pieds impatients broient la poussière; ils roulent dans un tourbillon. La foule bat des mains, et les petits garçons du pays se précipitent sur leurs pas. Mais déjà on peut juger du courage et de l'élan des rivaux. Ceux-là — les paresseux — restent en arrière frappant la terre d'un sabot indolent; quelques-uns s'arrêtent indécis; indifférents aux coups de talon qui sollicitent leur ardeur expirante, ils obéissent à ces voix intérieures du caprice auxquelles les ânes eux-mêmes tendent si souvent l'oreille; d'autres, trop impétueux, s'abattent sur l'arène, roulent un instant dans la poudre, se relèvent, et s'ils courent encore pour soutenir l'honneur d'un nom jadis vainqueur, renoncent à l'espoir de remporter le prix.

Cependant, les rivaux volent au but. A chaque élan leur groupe, d'abord épais et compacte, s'éclaircit. Les jockeys, en bras de chemises, n'épargnent aucun de ces arguments que la science enseigne aux amants de l'équitation; coups de pied, coups de poing, coups de fouet, coups de bâton, imprécations, menaces, flatteries, tout est prodigué aux concurrents. Ils se poursuivent, s'atteignent, se dépassent; le but approche, ils y touchent enfin, et le nom du vainqueur est proclamé au bruit des applaudissements.

Désormais l'heureux vainqueur portera sur le front une plaque de cuivre indiquant son nom et la date du triomphe.

Ces courses publiques entretiennent une juste émulation dans le cœur des ânes, et les empêchent de descendre du haut grade qu'ils occupent dans la hiérarchie des animaux.

Modestes, d'ailleurs, autant que généreux et vaillants, ces ânes, malgré leurs prouesses, se louent volontiers au prix moyen d'un franc la course.

La vie des ânes d'Aix se partage en deux grandes

époques : l'été, ils appartiennent à la fashion ; l'hiver, ils sont la proie du travail.

Coursiers pendant la belle saison, ils redeviennent de vrais ânes quand souffle la bise.

Chacun d'eux exerce un état, humble souvent, mais productif toujours. Ne faut-il pas que leurs propriétaires vivent?

La Parisienne est meunière.

Caprice est bûcheron.

Un grand écrivain, le père des lettres modernes, M. de Châteaubriand a le premier réhabilité les ânes; c'est une des gloires de ce poétique esprit; ce qu'il a fait pour les ânes de tout pays, nous avons essayé de le faire pour les ânes d'Aix-les-Bains, et cet exemple nous absoudra.

Les ânes nous ont fait sortir d'Aix; nous y rentrerons avec eux.

Aussitôt qu'on s'éloigne de la place publique, où, dès que vient le soir, les robes de mousseline se mêlent aux jaquettes de bure, l'aspect de la ville change. Quelque chose de naïf et de simple se mêle au mouvement des rues. De bonnes vaches avancent leur tête par la lucarne des étables et regardent passer la foule en ruminant ; des brebis bêlent dans les carrefours chassées par de petits bergers qui n'ont gardé des bucoliques de Gessner que les joues roses et les yeux vifs. Les maisons ont des tournures de chaumières; de braves femmes assises au seuil de la porte filent en caquetant; une famille nombreuse de poules, de canards, de marmots, d'oisons et de chevreaux, vit de compagnie le long des ruisseaux, jouant, riant, picorant et barbottant; une bonne odeur de foin fraîchement coupé descend des granges; des instruments aratoires luisent dans le clair obscur des salles intérieures; d'honnêtes paysans mêlés aux étrangers qui circulent, curieux seulement de gaspiller leurs heures, vont et viennent la pioche ou la bêche sur l'épaule; puis, un peu plus loin, aux extrémités de la ville — pourquoi parlerions-nous de ses portes, elle n'en a pas? — le paysage devient plus champêtre; les dernières habitations s'éparpillent dans les prés, celles-là gaies et riantes au bord des sentiers, d'autres à demi cachées sous des rideaux tremblants de saules et de peupliers; les troupeaux qui reviennent des pâturages rentrent à pas lents, et, comme dans les livres d'Homère, de jeunes filles puisent l'eau dans la fontaine et chargent sur leurs bras nus la cruche toute humide et ruisselante.

Là-bas, c'était la ville avec tout son fracas; ici, c'est la campagne avec sa paix profonde. Un pan de verdure sépare l'extrême civilisation de l'idylle.

Si le spectacle que présente la ville d'Aix est toujours animé, il l'est encore plus le dimanche. C'est le jour des grandes promenades, des parties de pêche et de natation, des excursions lointaines. Des escadrons de baigneurs partent de tous côtés, les hommes coiffés de chapeaux de paille, les femmes armées d'ombrelles. Mais avant de s'éloigner d'Aix, ceux-ci pour l'abbaye d'Hautecombe, ceux-là pour Chatillon, d'autres, encore plus hardis, pour la Grande-Chartreuse ou Chamonix, tous se rendent à la messe.

Le sentiment religieux si profondément empreint dans toutes les classes de la population savoyarde, et c'est là un des traits caractéristiques de la province, agit même sur les baigneurs, race cosmopolite qui passe comme un vol d'hirondelles. Le dimanche venu, les églises d'Aix s'emplissent de bonne heure; on accourt des hôtels et des chaumières, les riches et les pauvres tous ensemble, et chacun s'incline aux pieds de Dieu sous la main du prêtre qui bénit la foule confiante et pieuse. Rien de plus touchant alors que l'aspect intérieur de ces églises. Les robes les plus élégantes frôlent les robes d'indienne, les mères du pays amènent avec elles leurs petits enfants qui prient à genoux, les mains jointes, âmes tendres pour qui la prière commence avec la vie; les paysans inclinent vers la terre leur front hâlé par le travail; et la fraternité de la religion courbe son niveau sur les plus superbes et les plus humbles.

La foi catholique étend son doux empire sur la Savoie, et comme la Savoie a gardé son dévouement chevaleresque à la maison glorieuse qui règne sur le Piémont, elle n'a rien perdu de l'antique religion de ses pères.

A l'une des extrémités de la ville s'étend la promenade du Gigot.

Pourquoi ce nom ? nul ne le sait. Mais pour si prosaïque qu'il soit, ce nom appartient à l'une des plus fraîches et des plus charmantes promenades qui soient en Savoie. De grands platanes, de gigantesques marronniers versent leur ombre épaisse sur une pelouse toujours verte où des troupes bruyantes d'enfants se poursuivent dans mille jeux. Ces vieux arbres tracent un large cercle autour d'une clairière où se célèbrent toutes les fêtes du pays; c'est un espace immense ouvert aux bals, aux banquets, aux assemblées. Au milieu de ces ombrages murmurants, la vue glisse de campagne en campagne jusqu'à ces hautes montagnes qui font une ceinture au lac du Bourget. La même paix y règne pour tout le monde; le philosophe y peut penser, l'amant y peut rêver.

Ce beau lieu est encore la promenade favorite des joueurs de boules. Mais, timides comme il convient à des sectateurs du cochonnet, ils ne s'y montrent que le dimanche.

La route qui conduit au grand port du lac du Bourget passe à côté du Gigot. C'est une longue avenue bordée de magnifiques peupliers et tracée à travers prés et jardins.

A l'autre extrémité de la ville commence la route qui relie Aix à Chambéry. Elle effleure, à un quart de lieue de la ville, les bains de Marlioz, mot que les gens du pays prononcent Marle, on ne sait pourquoi.

La ville d'Aix est située à 133 toises au-dessus du niveau de la mer, et à 16 au-dessus du lac du Bourget qui est lui-même à 76 toises en contre-bas de celui de Genève.

La vallée dans laquelle la ville d'Aix est bâtie est fermée au midi par trois grands pics, qui sont : les montagnes de Granier, de Montagnole et de Saint-Thibaud-de-Couz. Au delà de ces pics, et perdue dans les profondeurs de l'horizon, apparaît la chaîne des Grandes-Alpes.

Deux montagnes, qu'on croirait parallèles dans la direction du nord, bornent la vallée à l'est et à l'ouest. La chaîne de l'ouest qui fait face à Aix-les-Bains, depuis les pics du midi jusqu'au dégorgement du lac, porte successivement les noms de montagnes de la Grotte, d'Aiguebelette, de Bissy, de La Motte, de l'E-

Aix-les-Bains (vue du Grand-Port)

pine, du Mont-du-Chat, d'Hautecombe et de Channaz. Une crête aiguë, la Dent-du-Chat, domine cette longue chaîne couverte çà et là de forêts épaisses.

La chaîne du Levant emprunte aux communes qu'elle surplombe les noms que le hasard leur a donnés. Ce sont, en partant du pic de Nivolet, situé au-dessus de Chambéry, les montagnes de Méry, de Clarafond, de Mouxy, de Trévignan et le Montal.

La montagne de Saint-Innocent couvre le bassin d'Aix au nord.

Ce vaste amphithéâtre est semé de ravissantes habitations et de magnifiques châteaux; les uns assis au bord des eaux, d'autres penchés sur le flanc des collines, d'autres encore cachés au fond des bois; la main industrieuse de l'homme a cultivé la terre partout où elle pouvait être amendée par le travail, et la nature féconde a donné à cette riche vallée des mineraux, des carrières de marbre, des combustibles fossiles, des rivières et des ruisseaux, des cascades sans nombre, des sources abondantes d'eaux minérales chaudes et froides, et l'un des lacs les plus charmants du monde.

Le bassin d'Aix occupe le territoire des communes de Sonnaz, du Vivier, de Voglan, de Méry, de Drumettaz, de Clarafond, de Tresserve, d'Aix, de Mouxy, de Dugny, de Saint-Offenge, de Grésy, de Saint-Innocent, d'Hautecombe, de Saint-Germain et de Brisson. Ce territoire produit avec abondance la figue, l'amande, la pêche, la cerise, l'abricot, la prune, la noix, le raisin, la poire. Les vents les plus salubres y purifient l'atmosphère, et le climat du bassin d'Aix est si sain que l'on a pu constater que la peste ayant, à deux reprises différentes, ravagé le territoire et la ville de Chambéry, la ville d'Aix fut toujours épargnée.

La température s'élève quelquefois à Aix, aux mois de juillet et d'août, à 30 et 32 degrés centigrades, mais elle n'atteint communément en été que 24 et 25 degrés.

L'histoire de la ville d'Aix se perd dans la nuit de l'antiquité. Elle existait déjà au commencement de l'ère chrétienne, puisque dès le IIIe siècle l'invasion des barbares qui fondaient sur l'empire romain menacé de toutes parts, la réduisit en cendres.

Quelques siècles se passent et l'histoire ne fait plus mention d'Aix. Si, comme certains philosophes l'affirment, l'oubli est un témoignage de bonheur, Aix dut être profondément heureuse dans des temps où la guerre agitait l'Europe à toute heure. Mais son nom reparaît dans les chroniques vers l'an 1000, le 5 des ides de mai. Le roi de Bourgogne, Rodolphe, venait, en récompense des bons et loyaux services que lui avait rendus Bérold de Saxe, lieutenant-général de son royaume et vice-roi d'Arles, de lui céder le comté de Savoie et celui de Maurienne.

L'acte qui porte cette investiture en faveur du descendant du terrible Witikind est daté d'Aix.

Longtemps cependant les comtes de Genevois et ceux de Savoie se disputèrent, les armes à la main, la possession d'Aix. En 1293 un traité de paix conclu entre Amé, comte de Genevois, et Amé, comte de Savoie, laissait Aix à la première de ces maisons.

Plus tard Aix rentra sous la domination des princes de la maison de Savoie, qui l'érigèrent en baronnie, en lui accordant de tels priviléges, que dans l'ordre féodal des préséances la présidence de la noblesse des États fut attachée à cette seigneurie.

L'incendie visita Aix de nouveau dans le xiiie siècle et la détruisit deux fois. Une quatrième fois elle fut réduite en cendres en 1630. Quand la peste porta ses ravages dans la ville de Chambéry, en 1564, le Sénat et la chambre des comptes se retirèrent à Aix que le fléau respectait.

En 1575, la maison de Savoie fit un marquisat de la baronnie d'Aix.

Depuis ce moment jusqu'à nos jours, l'histoire ne s'occupe plus d'Aix. On aurait dit que la bonne ville comprenait ses destinées, et qu'elle s'appliquait à demeurer bien tranquille aux environs de son lac. Comme le philosophe Bias qui portait toute sa fortune avec lui, elle avait ses richesses dans son flanc. Dieu, en lui donnant sa double source, ne l'avait-il pas appelée à servir au bien et aux délassements de l'humanité?

Avant de terminer cette courte notice historique, disons que la ville d'Aix porta successivement les noms de *Aquæ Allobrogum, Aquæ Domitiæ* et *Aquæ Gratianæ*.

Le premier de ces noms lui avait été donné par les Romains, qui avaient enlevé la ville aux Allobroges ; quant aux deux autres, ils proviennent du proconsul Domitien et de l'empereur Gratien, qui, d'après la tradition populaire, avaient, l'un édifié, et l'autre embelli les thermes.

André Baccius, qui écrivait au xve siècle, appelle Aix *Ais in Sabaudia*. D'après quelques auteurs, les habitants d'Aix étaient nommés *Aquenses*.

Ce fut 123 ans avant l'ère chrétienne que Rome fit la conquête du pays occupé par les Allobroges, et déjà Aix était une ville d'une certaine importance.

La ville d'Aix — cela soit dit pour les savants — est située à 43° 38' 58'' de latitude nord, et à 3° 34' 40'' de longitude est du méridien de Paris.

Aix, qui ne comptait pas plus de 1,000 habitants avant 1814, renferme aujourd'hui 3,600 habitants et 520 maisons.

Autrefois, dans le moyen âge, la ville était entourée

d'une forte muraille flanquée de grosses tours. Trois portes qui prenaient leurs noms des routes où elles conduisaient, la porte de Chambéry, au midi, la porte de Chantagne, au nord-ouest, la porte de Rumilly, au nord-est, ouvraient cette enceinte fortifiée. Mais si toutes ces tours et tous ces créneaux, ces herses et ces mâchicoulis étaient bons à l'époque des guerres féodales, quand Genève luttait contre Savoie, on n'en avait plus que faire de nos jours. La muraille a disparu, et la ville hospitalière ouvre ses rues, ses bains et ses hôtels à tout venant.

Partout où les Romains ont passé ils ont laissé des traces de leur domination. Malgré les Vandales, malgré les Francs, malgré les Sarrasins qui ont promené le fer et le feu dans Aix, quelques vestiges de monuments y subsistent encore.

Nous citerons parmi les principaux : les Bains romains, situés sous la maison Perrier et connus sous le nom de *Vaporarium* romain;

L'arc de Campanus, monument votif ou tumulaire assez bien conservé;

Le temple de Diane, situé dans l'enceinte du château de M. le marquis d'Aix, à quelques pas seulement de l'arc de Campanus.

Mais il ne faut pas que ce mot de *temple* fasse croire à un monument religieux tel que ceux dont les débris donnent, à Rome, une si haute idée de l'art antique. Le temple de Diane n'est en somme qu'un monument tumulaire élevé probablement par les esclaves et les affranchis de la maison de Campanus.

Escalier du château du marquis d'Aix.

Si des fouilles bien dirigées étaient entreprises, nul doute qu'elles n'amenassent la découverte de précieuses antiquités; les médailles, les fragments de bas-reliefs, de statues, de colonnes, d'inscriptions, les porphyres d'Egypte, les marbres qui ont été ramenés à la surface du sol par le hasard, le prouvent assez.

Cela dit, on nous permettra bien de laisser là les antiquités romaines pour nous occuper des deux établissements qui font la fortune d'Aix : les Bains et le Casino.

Un mot encore avant de finir. Un service de bateaux à vapeur vient d'être organisé de Lyon à Aix-les-Bains par le canal de Savière qui joint le Rhône au lac du Bourget. Ce service met Aix-les-Bains à quelques heures de Lyon, et quand le chemin de fer qui doit unir Paris à Châlons-sur-Saône sera terminé, et il doit l'être au mois de juin 1854, la capitale de la France ne sera plus qu'à vingt-quatre heures de la Savoie.

Ce qui jusqu'à présent ne permettait pas aux eaux d'Aix de rivaliser avec les eaux des bords du Rhin, c'était surtout la difficulté des communications; cet obstacle, ou, si on l'aime mieux, cette infériorité, va disparaître. Les chemins de fer du Milanais et de l'Allemagne vont mettre Vienne, Inspruck, Trieste, Venise et Milan en communication directe avec le Piémont et la Savoie; les chemins de fer français rapprochent tous les jours les distances qui séparent

Strasbourg, Dijon, Lille, Rouen, Paris enfin, d'Aix-les-Bains. La Belgique et l'Angleterre, la Hollande et la Prusse s'habitueront à descendre en Italie quand elles ne seront plus qu'à trois jours des eaux d'Aix. Encore un an, et cent locomotives amèneront l'Europe aux pieds des Alpes.

Une ère de prospérité nouvelle commencera pour Aix-les-Bains.

Cela dit, rendons-nous au Casino.

L'arc de Campanus.

Terrasse du Casino.

LE CASINO.

Le Casino c'est Aix. Supprimez le Casino, et Aix n'existe plus.

Il y aura toujours certainement des eaux thermales et des malades, l'établissement royal avec sa double source de soufre et d'alun; l'enfer et la grotte des serpents, des vapeurs, des bains et assez de douches pour inonder tous les rhumatismes du continent;

mais ce qui fait la vie d'Aix, l'animation, le luxe, les plaisirs, la foule égayée et brillante, tout aura disparu.

Vous aurez le corps, mais vous n'aurez plus l'âme.

Le Casino c'est le bal, le concert, la musique, la conversation, l'esprit, la gaieté d'Aix; et, sans vouloir en rien diminuer le mérite des sources d'Aix-les-Bains, nous croyons fermement que si l'établissement royal obtient des cures merveilleuses, le Casino n'en opère pas de moins surprenantes.

Le plaisir, lui aussi, est un grand médecin.

Si l'établissement royal et la juste réputation dont il jouit attirent les malades, le Casino attire les voyageurs et les oisifs.

Les malades, qui doivent le plus souvent payer une grasse liste civile à leurs maladies, économisent; les voyageurs et les oisifs dépensent royalement leurs revenus. Les aubergistes d'Aix, les ânes et leurs guides, les voituriers et les postillons le savent bien.

Si l'argent circule avec plus d'abondance, si les produits de la terre sont plus nombreux et de meilleure qualité, si la ville d'Aix s'agrandit, si la valeur des biens augmente, si l'aisance se répand, si une somme plus grande d'activité règne partout, si de nouveaux projets sont conçus, si un chemin de fer doit relier un jour Chambéry au lac du Bourget, si des maisons s'élèvent, si tout enfin est dans une voie de prospérité plus générale, Aix le doit au Casino.

C'est d'ailleurs une vérité que personne ne conteste dans le pays.

Les bâtiments du Casino ont été élevés sur les plans de M. Pellegrini, architecte savoyard d'un rare talent; M. Pellegrini a eu l'art de dessiner un monument à la fois superbe et commode; élégant dans son aspect extérieur, et merveilleusement entendu dans sa distribution intérieure.

Dans le principe, un petit nombre d'hommes dévoués à leur pays avaient entrepris de faire bâtir un Casino; mais l'édifice était loin d'être achevé que déjà les ressources étaient épuisées et les souscriptions n'arrivaient plus; c'est alors qu'un étranger, un Français, M. Bias, se présenta et proposa de prendre l'exploitation du Casino et d'en terminer la construction à ses frais. Les offres furent acceptées, les travaux furent immédiatement repris, et c'est à son heureuse intervention qu'on doit le Casino avec le riche ameublement qui le décore.

Précédé d'une cour d'honneur qu'entoure une élégante grille de fer, le Casino, situé à l'une des extrémités de la ville, domine un magnifique paysage qui couronne la Dent-du-Chat. Quand on a dépassé le péristyle, on trouve à droite les salons de jeu, de danses et de concerts; et à gauche les salons de lecture, de conversation et le restaurant.

Derrière le Casino s'étend un vaste jardin coupé de gazons et planté d'arbres où deux fontaines répandront bientôt leurs eaux rafraîchissantes. On descend à ce jardin par un escalier à double rampe dont l'extrémité supérieure s'appuie contre une large terrasse circulaire qui règne autour du Casino.

Les grands appartements qui occupent le rez-de-chaussée du Casino sont décorés avec un goût charmant et meublés avec la plus rare magnificence; partout des lustres et des flambeaux modelés par les meilleurs artistes de Paris, des tentures et des portières, l'élégance unie au confortable, les salons les plus spacieux et les dégagements les plus commodes. Chaque pièce a sa décoration spéciale comme elle a sa destination. Ici ce sont les fauteuils amples, les canapés moelleux, les tête-à-tête pour les conversations; là ce sont les siéges de cuir et les divans pour la lecture. Plus loin vous trouvez un splendide piano d'Érard pour les Sontag parisiennes et les Malibran de Turin, et combien de doigts charmants n'en caressent pas tous les jours les touches retentissantes! Ici, deux grandes pièces séparées par un joli salon sont réservées au jeu. La foule s'y promène depuis midi jusqu'à minuit. Mais à la vivacité des conversations, à

Le Casino (Vue du Jardin).

l'élégance des manières, on pourrait se croire dans la meilleure compagnie du faubourg Saint-Germain. Là ce sont des boudoirs comme en rêvent les jolies femmes de Paris, retirés, silencieux, tout tapissés de perse et de soie et bizarrement ornés de ces vases pansus ou grêles qu'inventa la fantaisie chinoise. Marchez plus loin encore, soulevez dix portières qui toutes enferment des appartements arrangés pour des princesses en voyage, et vous arrivez au restaurant.

C'est un mot bien vulgaire, mais on avouera que la chose qu'il représente a bien son utilité. Pour si touriste qu'on soit, on n'en est pas moins homme, femme quelquefois, et l'appétit vient en voyageant. On ne vit pas, en somme, de points de vue, de paysages et d'enthousiasme, et force est aux plus mignardes filles d'Ève d'appeler à leur aide une aile de perdreau ou quelque filet de chevreuil.

Un bon dîner ne déshonore jamais et plaît souvent.

Donc, si vous le permettez, nous entrerons au restaurant du Casino d'Aix-les-Bains.

Ce restaurant n'est pas un restaurant de sous-préfecture, rehaussé d'une tapisserie à personnages et garni d'un chef dont le talent va du vol-au-vent provincial à l'omelette soufflée du commis-voyageur.

On est en Savoie, et l'on pourrait se croire dans la Chaussée-d'Antin. C'est le même luxe, la même élégance, le même confort, et surtout c'est la même science culinaire. L'ombre de Vatel, dans ses pérégrinations nocturnes, peut venir à Aix et s'y reposer.

Le restaurant du Casino d'Aix est de création moderne. Il a importé l'art des Bignon et des Véfour en Italie, et parodiant le mot de Louis XIV, le gourmet admis dans ce bel établissement peut s'écrier : Il n'y a plus d'Alpes !

On mange à la carte ou à prix fixe, comme on veut. Pour quatre francs l'hospitalité du Bignon savoisien offre à l'étranger un dîner que Brillat-Savarin lui-même accueillerait par un sourire, si Brillat-Savarin n'était pas mort. Mais ce qu'on doit le plus admirer dans le restaurant du Casino c'est l'importation des cabinets particuliers.

Oui, le cabinet particulier, ce boudoir culinaire de la galanterie parisienne, est une vérité en Savoie. Il y a reçu droit de cité, il y vivra. Les mœurs du boulevard des Italiens l'ont suivi dans son émigration, et maintenant on soupe à Aix comme au café Foy. La seule différence qui puisse être signalée, c'est qu'à Paris on dépèce un homard et qu'à Aix on mange une truite.

Qui vaut le mieux? c'est une question de haut goût qu'un congrès de gastronomes pourrait seul résoudre.

Combien de fois, après minuit, à cette heure charmante où les eaux plaintives du lac caressent mollement la grotte solitaire de Raphael, quand la lune errante baigne son disque d'argent dans les flots et cherche du regard sur la colline l'ombre amoureuse d'Endymion; combien de fois n'a-t-on pas vu briller tout à coup les vitres indiscrètes des cabinets particuliers! Les verres tintent, les rires éclatent, et ces chansons folles que le vin de Champagne appelle sur les lèvres retentissent dans la nuit.

Evohé! disent les savants.

Aimez et buvez! disent les fous.

C'est l'heure où les jeunes Anglaises, livrant aux baisers de la nuit les longues tresses de leurs cheveux, boivent le thé qu'arrose une larme de lait; c'est l'heure propice aux douces rêveries et aux tartines beurrées! Elles mordent dans la rôtie et songent au mystérieux Child-Harold que toute fille d'Albion porte dans son cœur. La brise gémit sur son luth aérien, l'étoile de Vénus ouvre timidement ses paupières d'or à l'horizon, le lac harmonieux effleure d'un baiser le sable de ses rives; ne voyez-vous pas à son balcon Juliette impatiente qui agite son mouchoir, et dans l'ombre du sentier Roméo qui s'éloigne à cheval? Non vraiment! Juliette vient de quitter le bal, et Roméo l'attend à souper au Casino.

Aix ne serait pas une ville de bains si le bal n'y dansait en permanence. Le bal a donc son temple à Aix, et chaque jour un peuple de fidèles en assiége les portes.

Figurez-vous une vaste salle courbée en ellipse, toute blanche et or; aux grandes fenêtres cintrées pendent de riches tentures de velours, la salle est haute et profonde, et à l'une de ses extrémités se dresse dans toute sa magnificence la plus belle glace qui soit sortie des manufactures de Paris.

Elle touche au plafond, elle touche au parquet sans qu'aucune fissure en souille la majestueuse nudité. Cette glace sans rivale, et qu'on croirait coulée d'un seul bloc tout exprès pour un palais de fée, avait jadis une sœur, non moins pure, non moins belle, non moins éclatante. Cette sœur était l'une des magnificences de Neuilly. Un roi, qui aimait à s'entourer des merveilles de l'industrie aussi bien que des chefs-d'œuvre de l'art, avait donné l'hospitalité de sa royale demeure à ce miroir étincelant.

Combien de fois la glace heureuse n'avait-elle pas réfléchi les délicates silhouettes et la grâce aimable de ces jeunes princesses sitôt disparues, hélas! et les fiers sourires de ces vaillants princes, la gloire et l'espérance du pays. Mais un jour vint où la colère aveugle et brutale des révolutions passa sur le palais en même temps que sur le vieux roi; les princesses, ornement et repos de sa vieillesse, les princes et leurs

Le Bal.

enfants disparaissaient emportés par la tempête; la glace tombait en poudre.

De ces deux sœurs jumelles, une seule est restée. Elle est au Casino d'Aix-les-Bains. Il n'en est pas de plus belle au monde.

Quand on songe que cette glace, un morceau de cristal! a dû passer dix fleuves, vingt rivières, cent montagnes, pour être transportée de Paris à Aix, on s'étonne qu'elle soit arrivée au Casino sans accident. Le moindre choc, et ce n'était plus qu'un amas de débris.

Mise en place, la glace du salon de danse et de concert revient à plus de vingt mille francs au propriétaire du Casino.

Si l'on danse tous les soirs au Casino, le bal cependant ne réunit officiellement ses habitués que deux fois par semaine, le dimanche et le jeudi; mais ces jours-là, par exemple, la dernière polka ne s'envole qu'à trois ou quatre heures du matin.

Tout le monde danse, à moins de flagrant délit de rhumatisme; la promenade est déserte, et déserte aussi la terrasse. A huit heures les plus impatientes arrivent portant à la main des bouquets que ne désavouerait pas madame Prévôt. D'autres viennent après, puis d'autres encore, puis une foule, puis enfin les paresseuses ou mieux encore les coquettes, celles qui veulent éblouir tous les yeux par leur apparition inespérée, et fendre les flots agités de cette mer brillante au milieu des doux murmures et des sourires.

Cependant M. Simon Lévy tient l'archet, sa main se lève, et tout à coup l'orchestre animé chante à la fois ; les sons jaillissent du violon jaseur et de la flûte, du cornet à piston joyeux et de la contre-basse; trente instruments maniés par des doigts habiles remplissent la salle immense de mélodie ; la valse noue ses longs anneaux, et, sous les pas des couples enchaînés, la foule s'écarte et laisse vingt fois passer le tourbillon qui tourne et l'effleure dans son vol.

Mais n'allez pas croire que M. Simon Lévy se borne à exécuter la musique légère ou savante des maîtres de l'art moderne; à la science du chef d'orchestre, il joint l'inspiration du compositeur. Que de valses charmantes, que de polkas délicieuses ne doit-on pas à son talent original ! Comme il conduit il compose, et grâce à lui l'orchestre est digne du bal.

S'il n'était pas Simon Lévy, le chef d'orchestre d'Aix-les-Bains serait Strauss ou Musard, ces rois de la valse, ces empereurs de la polka. Il tient l'archet, et quiconque n'est pas en proie aux rhumatismes danse, comme jadis le roi David dansait devant l'arche sainte.

Cette femme au profil d'impératrice, aux sourcils

droits, au front pâle et superbe, c'est une princesse de Rome; Horace l'eût chantée, et Canova eût taillé son image dans le marbre si, pour lui, elle eût voulu dépouiller sa robe aux larges plis; cette blonde fille, qui lève vers le ciel son œil rêveur, c'est une enfant d'Albion; ne dirait-on pas quelque cousine d'Édith au col de cygne? Là-bas, cette valseuse, qui effeuille en passant, enivrée et muette, sa couronne de bluets, c'est une Allemande. Marguerite n'était pas plus touchante, Ophélia n'avait pas un plus doux sourire. Cette nonchalante enfant, dont la taille se ploie comme un roseau, et qui d'une main coquette écarte les cheveux indociles bouclés autour de son front, c'est une Espagnole. Vous savez l'orientale :

> Blanches mains, seins gonflés de soupirs innocents,
> Et ce charme inconnu, cette douce auréole
> Qui couronne un front de quinze ans!

Vénitiennes et Milanaises, Napolitaines et Génoises, les femmes du Nord et du Midi, celles de France et d'Allemagne, de Russie et d'Angleterre, les reines du bal sont de toutes les latitudes. L'autre jour c'était une Américaine, une compatriote de Washington, qui régnait; aujourd'hui c'est une Parisienne; demain peut-être ce sera une Portugaise. Royautés éphémères qu'un bal voit naître et qu'un bal voit mourir, à combien déjà n'avez-vous pas appartenu et par combien de sourires n'êtes-vous pas achetées !

Le dimanche et le jeudi voient accourir à Aix toutes les plus jolies habitantes de Chambéry et d'Annecy ; il en vient aussi de Genève et de Grenoble. Aix donne à danser à la Savoie.

Quant aux toilettes elles arrivent toutes de Paris. Les lionnes vous diront quelle robe est de madame Beaudrant, et quel chapeau est de mademoiselle Laure. Cette garniture de fleurs vient de chez Nattier, et ce bracelet certainement sort des magasins de Janisset.

Il est aisé de comprendre que dans un tel milieu les héroïnes du bal, pour si peu qu'elles aient l'espoir de triompher un jour, ne se permettent pas de porter deux fois la même toilette. On laisse ces petitesses à celles qui sont femmes de millionnaires seulement, médiocre affaire. On a des robes par monceaux et des chapeaux par centaines. Ne s'agit-il pas de vaincre ou de partir !

Maintenant quel hasard ou quelle vertu donne la victoire ? Qui le sait ! On la remporte par une valse, on la perd pour une polka. Il suffit d'une fleur pour la gagner, il suffit d'un mot pour la perdre. C'est un tournoi de tous les jours, de toutes les heures, où la grâce, l'esprit, la beauté combattent à armes courtoises.

Comme un soleil traînant à sa suite un cortége de satellites, les reines de la saison ne marchent jamais sans mener sur leurs pas un flot de courtisans acharnés à leur plaire. Que de paroles murmurées à l'oreille pour obtenir un regard! Que de soupirs pour mériter un sourire!

Et les maris? dira-t-on peut-être.

Ma foi! — et s'il faut parler franc — les maris n'existent pas à Aix-les-Bains. Il se peut qu'il y en ait quelques-uns, mais on ne les voit jamais. Quand on va aux eaux ce n'est pas, en conscience, pour renouveler la fable de Philémon et Baucis. Les maris jouent, fument, se promènent, avalent des glaces et des sorbets, causent entre eux, rêvent au clair de la lune, mais n'importunent personne.

On voit beaucoup de princesses à Aix-les-Bains, des marquises à foison, beaucoup de baronnes aussi, quelques duchesses même; mais, en vérité, on n'y voit guère de princes, de marquis, de barons et de ducs.

Qu'importe après tout! Par les Lovelace qui courent cet abandon n'est pas bien dangereux, et disons-le bien vite, ce dédain superbe des maris prouve assez combien peu ils daignent redouter les don Juan en gants jaunes et les Alcibiade en bottes vernies du dix-neuvième siècle!

Mais l'absence feinte ou vraie des maris n'empêche pas qu'il n'y ait au Casino d'Aix une respectable collection d'originaux de tout âge et de tout pays. Il en vient de Lisbonne et de Saint-Pétersbourg, de Palerme et de Stockholm ; plusieurs ont vingt ans à peine, d'autres en ont soixante; ceux-là sont diplomates, d'autres sont propriétaires, beaucoup ne sont rien. Ils ont la barbe et les cheveux taillés à la dernière mode, des pantalons comme en portent les gravures de mode, des chapeaux impossibles et des cols comme on n'en voit plus. Et quelles moustaches, bon Dieu ! des moustaches de chat en colère; quatre ou cinq poils recoquillés par le fer et la cire !

A cette description, qui n'a pas reconnu les polkas ?

Oui, le polka a passé les Alpes ; il prend les eaux à Aix-les-Bains, et sa gloire a trouvé des imitateurs.

Un mot d'explication à présent.

Le polka est ici du genre masculin. On dit un polka, comme on dit un lion. Pourquoi cette nouvelle variété de l'espèce humaine a-t-elle emprunté son nom à l'une des variétés de l'art chorégraphique, nul ne le sait? Le polka est un fait accompli : quant à son origine, elle se perd dans la nuit du boulevard des Italiens.

La capitale de ce genre de bipèdes masculins est Tortoni, où les plus beaux d'entre eux sont visibles tous les jours de cinq heures à minuit. Ils ont pour tapis-franc le fumoir de cet établissement; c'est là qu'ils échangent leurs confidences, le cigare aux lèvres et la tête emboîtée dans d'énormes cols empesés qui leur donnent par derrière la tournure de vieux bouquets coiffés d'un chapeau.

Les polkas sont quelquefois majeurs; mais rarement. A vingt-cinq ans ils sont éreintés, édentés, flétris, usés, ratatinés, efflanqués, poussifs, éteints, ruinés, morts.

Mais aussi longtemps qu'il vit, le polka danse; il danse par état et par conviction; la danse lui tient lieu de caractère et d'opinion. A cette spécialité déjà si considérable il en joint une autre, celle des modes qu'il invente pour son usage particulier et qu'il porte seul.

Aix-les-Bains possède en été quelques échantillons de cette curieuse race de Parisiens.

Ajoutez à cette collection d'originaux des Anglais excentriques, lords de la chambre haute, aux prises avec sept ou huit millions de rentes qu'ils ne savent comment dévorer, squires en villégiatures, nababs retirés des Indes et des affaires, banquiers de la cité, sportmen et touristes; des fils de boyards, des margraves, comme on n'en rencontre que dans les ballades, des hospodars en disponibilité, des diplomates armés de ce sourire que les congrès connaissent seuls; des chambellans gantés et cravatés dès l'aurore, des feld-maréchaux, des grands d'Espagne tout petits, des magnats, des princes médiatisés, des barons de l'empire, de ces hommes étranges qui semblent être sortis tout vivants des contes d'Hoffmann.

Le Casino est un kaléidoscope, au travers duquel on voit passer l'espèce humaine.

On sait quels sont les priviléges des eaux; se rencontrer et se connaître, c'est la même chose en deux verbes. A ces douces habitudes des eaux, les mœurs élégantes et faciles du Midi donnent une grâce nouvelle, et les baigneurs d'Aix-les-Bains forment une grande famille unie par l'attrait du plaisir. Qu'on soit de Vienne ou de Paris, de Naples ou de Berlin, on est de droit de toutes les fêtes et de tous les plaisirs, pour peu qu'on ait inscrit son nom sur le livre du Casino.

Cette inscription ne coûte guère que vingt francs pour un homme et dix francs pour une dame.

On ne saurait mettre les bals, la conversation, la musique, les journaux, les concerts à plus bas prix. C'est en Savoie que s'est réfugiée cette antique hospitalité écossaise dont parle la *Dame-Blanche*.

Le Casino offre aux amis de la polémique et du feuilleton les plus belles collections de journaux et de revues, anglais, français, italiens, allemands, espagnols, qu'un lecteur puisse rêver. Sur la même table, recouverte d'un tapis vert, gisent dans un fraternel pêle-mêle les carrés de papier voués à la défense des opinions les plus contraires. Mais ces bons journaux qui mettent périodiquement le feu au monde, vivent là sans exciter la moindre insurrection. On lit quelquefois les discussions de la Chambre ou du Parlement, rarement les premiers-Paris ou les premiers-Londres, et toujours les feuilletons. C'est peut-être humiliant pour la politique, mais on ne vient pas à Aix-les-Bains, on en conviendra, pour faire un cours de gouvernement.

Problèmes sociaux, théories profondes, discussions, systèmes neufs ou vieux, ne tiennent pas contre une promenade sur le lac, un air d'opéra, et un tour de valse. Une romance l'emporte sur Louis Blanc, et Simon Lévy, sur Ledru-Rollin. Si ce n'est pas là de la sagesse, qu'est-ce donc?

Après dîner, vers sept heures, quand les hôtels d'Aix renvoient leur population de voyageurs, la vie fastueuse du Casino commence. La grande terrasse qui domine les jardins reçoit ses hôtes de tous les jours; c'est le boulevard des Italiens d'Aix, mais un boulevard avec un horizon de montagnes. Un orchestre caché dans un kiosque égaie la soirée des plus délicieux morceaux de musique ravis aux opéras des maîtres en renom ; Auber succède à Rossini, Donizzetti à Boïeldieu, Halévy à Mozart, Verdi à Bellini, Cimarosa à Félicien David, Adam à Weber, et cependant les belles dames, attentives à demi aux sons qui les captivent en les berçant, suivent d'un œil inquiet et jaloux le passage des rivales que le matin leur a données.

La foule est dans ses plus beaux atours ; on dirait que toutes ces nonchalantes promeneuses se sont habillées tout exprès pour aller en loge à l'Opéra ; ce sont les mêmes dentelles, les mêmes fleurs, les mêmes tissus légers et soyeux. On prend des glaces comme à Tortoni, on cause comme au foyer de l'Opéra, et l'heure charmante s'envole entre le babil qui fait sourire et la musique qui fait rêver.

Aussi loin que les yeux s'égarent s'ouvre un paysage éblouissant. Toutes les magies du soleil couchant l'enflamment à la fois. Tandis que la colline de Tresserve s'efface dans l'ombre naissante, une clarté brillante découpe les hautes montagnes où se dresse dans le ciel la Dent-du-Chat. Une lumière d'or remplit l'espace, éclaire la cime des peupliers, et couvre d'un manteau rayonnant les grandes roches de Mouxy. L'horizon est pourpre, une brume légère semblable à une poussière enflammée inonde le paysage lointain ;

les crêtes et les flancs de la montagne qui domine Aix de ses escarpements, semblent couronnés d'une nimbe d'or en fusion ; puis lentement la lumière s'éteint, l'ombre monte et la poursuit de cime en cime, le violet remplace le rouge, le ciel qui tout à l'heure était semblable à une nappe d'argent frappée d'éclairs s'obscurcit, une étincelle brille encore sur la pointe aiguë de la Dent-du-Chat, elle hésite, se balance dans l'éther et disparaît; la nuit déploie ses voiles, les collines, les vallées, les chaumières, la campagne où frémissent les arbres s'évanouissent, les étoiles naissent dans le ciel, et le crépuscule qui meurt livre la campagne à tous les enchantements de la nuit.

Mais si quelque poëte ou quelque amoureux va rêver aux bords du lac frissonnant, les belles indolentes de tout à l'heure s'échappent de la terrasse et viennent comme des volées de colombes s'abriter sous les lustres éclatants de la salle du bal. C'est le règne de la valse qui commence; attendez que minuit ait sonné, et vous verrez la mazurka dansée par ses compatriotes de la Hongrie et de la Pologne. L'archet palpite aux mains des musiciens, le son ébranle l'air, le parquet crie sous les pieds légers qui l'effleurent, et comme des cygnes blancs qu'emporte la brise à coups d'aile, passent les danseuses entraînées par la valse.

Quand on ne danse pas on chante. Aix a fait son

profit du conseil que la fourmi donnait si charitablement à la cigale. Le concert interrompt le bal.

N'y a-t-il pas toujours en voyage quelque ténor fameux, quelque chanteuse en grande renommée? Aix les attend, Aix les accueille et leur offre au passage son salon, son orchestre et son auditoire de dilettanti recruté dans dix capitales.

Lorsque deux ou trois mille étrangers se donnent rendez-vous dans une ville de la Savoie, on comprend sans peine que cette réunion ouvre un champ sans limites aux aventures. Le dix-neuvième siècle ne brille certainement pas par le côté chevaleresque et poétique. Il ne produit ni Roméo ni La Vallière; mais pour si prude qu'il soit, il faut avouer cependant que l'esprit de la galanterie se réveille quelquefois dans les villes de bains.

Supprimez les eaux, on se mariera peut-être encore beaucoup, mais on n'aimera plus guère.

Trois anecdotes se racontaient entre onze heures et minuit au Casino, l'été dernier. Comme on les a dites, nous allons les répéter. Les noms changés, ce n'est plus de l'indiscrétion, c'est de l'histoire. Honni soit qui mal y pense!

Il était une fois une comtesse qui était bien la plus jolie qu'on pût voir dans toute la Lombardie, blonde avec des yeux noirs, et des pieds à chausser la pantoufle de Cendrillon. Ce n'était autour d'elle que soupirs, œillades, madrigaux et cœurs enflammés. Les baigneurs se mouraient d'amour pour elle, mais l'ingrate valsait, causait, et le matin venu se promenait par les prés comme une bergère du temps de M. de Florian.

Au milieu de cette cohorte d'amoureux qui faisaient la roue autour d'elle, on remarquait un Anglais, un Français et un Italien, sir William P..., le comte Armand de Villedieu et le marquis Alvinci.

Quand le comte envoyait un bouquet, le marquis envoyait une gerbe de fleurs, et l'Anglais crevait dix chevaux de poste pour ramener de Gênes une moisson de roses et de jasmins.

La comtesse n'avait pas le temps de concevoir un désir; on devinait sa pensée dans son regard, et pour si peu qu'elle désirât une romance nouvelle, elle en avait trois.

C'était de tout point une course au clocher. Chacun voyait la folie des trois amoureux et s'en amusait. On en parlait tout bas, et les caquets allaient leur train; quant à savoir lequel des trois l'emporterait sur les deux autres, c'est ce que personne n'aurait pu dire. Celui-ci pariait pour l'Anglais, et celui-ci pour le Français. D'autres assuraient que la comtesse était d'un caractère à les faire perdre tous trois.

Au bout d'un mois d'assiduités, sir William avait pour tout trophée une fleur échappée du bouquet de la comtesse, le comte Armand un nœud de ruban, et le marquis Alvinci un gant qu'elle avait oublié ou feint d'oublier sur un fauteuil un soir de bal. Du gant, du nœud ou de la fleur, lequel était le plus significatif? Le diable seul aurait pu le dire, et le diable ne disait rien.

Un jour que la plus charmante compagnie du Casino était en promenade du côté de Bordeau, le comte Armand prit à part ses deux rivaux, sir William et le marquis.

— Messieurs, leur dit-il, aussitôt qu'on fut à l'écart derrière un rideau d'arbres, vous aimez la comtesse Morsini?

— Parbleu! dit le marquis, le poing sur la hanche.

— Oui! répondit gravement l'Anglais.

— Moi aussi, je l'aime.

— Nous voilà tous d'accord, reprit l'Italien.

— Cet accord fait notre malheur, continua le Français, chacun de nous nuit aux autres; au lieu d'être trois, il faut être un.

— Fort bien! dit sir William, mais lequel d'entre nous sera cet un?

— Le sort des armes en décidera, répondit le Français.

Les trois rivaux se saluèrent.

— Voilà qui est fort beau ! reprit le marquis Alvinci, mais encore faut-il bien savoir si nous jouons à armes égales. Quand on est à la veille de se couper la gorge, il est permis d'être un peu indiscret; nos chances sont-elles les mêmes? Moi, qui vous parle, j'ai là, sur mon cœur, un gant que sa main charmante a porté.

— Et moi, dit sir William, j'ai une fleur.

— Et moi, poursuivit le comte Armand, j'ai un nœud de ruban.

Et les trois talismans sortirent ensemble de leur cachette. Un gant, couleur de paille, fait tout exprès pour une sylphide, une rose blanche et un nœud de ruban bleu qu'elle avait tout un soir promené sur son épaule.

— Coquette ! murmura l'Anglais.

— Coquette ou non ! reprit le comte Armand, nous l'aimons. A vous, marquis, le gant ; à vous, sir William, la fleur : à moi le nœud ; nous voilà quittes. C'est à l'épée à trancher la question.

— J'y consens, et de grand cœur ! dit l'Italien.

— Et moi aussi ! dit sir William.

— A demain donc ! reprit le comte Armand ; nous nous rencontrerons derrière Châtillon, au petit jour. Le duel finira au premier sang ; les deux vaincus céderont la place au vainqueur, et s'engageront sur parole à ne plus le contrarier en rien.

— Nous le jurons! s'écrièrent les trois rivaux, la main étendue comme les Horaces dans le tableau classique de David.

Cela fait, on retourna au Casino, où le bal attendait les baigneurs. La comtesse y brillait comme une perle dans un écrin; le comte Armand eut une valse, le marquis Alvinci une polka, et sir William une redowa.

Un jeune Allemand, qui rougissait très-fort en regardant la comtesse, n'eut rien du tout.

— Mon Dieu! madame, dit-il en joignant les mains, une contredanse au moins pour l'amour de Dieu.

— Passez! mon enfant, dit-elle d'un petit air narquois, j'ai mes pauvres.

— Le pauvre diable! murmura le comte Armand.

Le pauvre diable soupira très-fort et disparut.

On riait beaucoup autour de la comtesse.

Le matin, au petit jour, un bateau emportait à tire-d'aile nos trois rivaux du côté de Châtillon.

Jetés sur le rivage, ils s'enfoncèrent dans la colline, gagnèrent un petit bois, et s'arrêtèrent au bord d'un ruisseau qui babillait au cœur d'une clairière.

Il faisait un temps superbe; le soleil riait à la cime des arbres, les oiseaux se poursuivaient dans les buissons, où la rosée semait mille diamants, et de petits nuages roses ajoutaient une grâce de plus à la beauté du ciel.

— Le lieu n'est-il pas bien choisi? dit le comte en jetant son habit sur l'herbe.

— Je n'en voudrais pas de plus joli pour faire un déjeuner champêtre, répondit l'Anglais.

— Voyons maintenant qui de nous trois commencera, dit l'Italien.

On jeta une pièce de monnaie en l'air.

— Face! dit l'Anglais.

— Face! reprit le comte Armand en regardant la pièce; vous avez gagné.

— Bon! dit sir William, et il prit une épée.

— A nous deux, à présent, continua le Français en s'adressant au marquis.

La pièce tournoya de nouveau en l'air.

— Face! dit l'Italien.

— Toujours face! dit le comte Armand avec dépit. La chance est pour vous, messieurs, commencez!

Sir William et le marquis Alvinci se saluèrent courtoisement et tombèrent en garde.

Dix secondes après, quelques gouttes de sang tachetèrent l'épaule du marquis.

Sir William rompit.

— Ce n'est rien... A peine une égratignure! s'écria le marquis... Continuons, je vous prie.

— Non pas! répondit l'Anglais,... on a dit au premier sang; il s'agit de la comtesse, et je profite de mes avantages.

— Il a raison! ajouta le comte Armand, la lice est fermée pour vous.

Le marquis Alvinci soupira, et tendit l'épée au comte Armand.

— Voici donc l'Angleterre et la France en présence, dit le comte; défendez-vous ferme, l'honneur du pavillon est en jeu.

— Dieu et mon droit! Venez! répondit fièrement l'Anglais.

— Dieu et ma dame! riposta le Français, et le combat commença.

Il dura bien une minute et demie, après quoi on vit tout à coup un filet rouge mouiller la chemise de l'Anglais au bras droit.

— Vous êtes touché! s'écria le comte Armand, et il abattit son fer.

— Bah! une égratignure! continuons, s'il vous plaît.

— Oh! que nenni! répondit le comte, j'ai gagné, et ne veux point vous demander de revanche; l'enjeu est trop joli.

— Le comte Armand a raison, dit l'Italien.

— Mordieu! dit l'Anglais en jurant comme un mousquetaire, et il jeta l'épée sur le gazon.

Maître du champ de bataille, le Français déploya toutes les ressources de la stratégie galante la plus raffinée; fêtes champêtres et sérénades, rien n'y manquait.

Ses deux rivaux,

L'œil morne maintenant et la tête baissée,

assistaient à ses évolutions, soupiraient et se lamentaient; mais, fidèles à leurs promesses, l'Anglais, pas plus que l'Italien, ne cherchaient à renouer le fil brisé de leurs prouesses.

Quant à la comtesse, elle se prêtait de la meilleure grâce du monde aux galanteries de son sigisbée.

Un soir vint où la reine des eaux se montra si charmante et si souriante, que le triomphe du comte Armand parut assuré à l'œil jaloux de sir William et du marquis.

— Partez-vous? dit l'Italien à l'Anglais. Pour moi, je renonce à voir le dernier acte.

— Je pars aussi, répondit l'Anglais; c'est bien assez d'être battu sans parader au triomphe de notre vainqueur.

Mais, avant de partir, tous deux voulurent saluer

d'un dernier regard la maison où dormait leur ingrate.

Cette maison était une chaumière suisse, bâtie hors de la ville, au milieu des arbres et des prés; la plus simple au dehors, la plus coquette au dedans. On y arrivait par un sentier fleuri, cheminant entre deux haies.

Il faisait une nuit claire et tiède. Le rossignol chantait dans les peupliers, et la lune nageait dans le ciel profond.

Au moment de passer un petit pont jeté sur un ruisseau qui côtoyait le jardin de la comtesse, les deux pèlerins rencontrèrent le comte Armand.

— Parbleu! messieurs, leur dit le Français qui les salua gaiement, la place m'est heureuse à vous y rencontrer.

— Au diable! dit l'Anglais.

— Ma foi! répondit l'Italien, soyons philosophes, et puisque le diable nous a poussés jusqu'ici, assistons au dénoûment; aussi bien ne me paraît-il pas très-éloigné.

— A vous parler franc, messieurs, reprit le comte d'un petit air modeste, je crois que l'heure du berger va sonner; vous avez pu voir comment on m'a reçu tantôt; certains mots que j'ai surpris achèvent de former ma conviction.

— Quels mots? demanda l'Anglais.

— Oh! les plus simples du monde, mais les plus significatifs : *Il fait très-beau à minuit dans mon jardin.* Il n'y avait là que le petit Allemand que vous savez et une douairière.

— C'est-à-dire personne.

— Elle ne me regardait pas, donc elle me voyait. Elle a détourné la tête, son regard a rencontré le mien, elle a rougi, et j'ai bien été obligé de comprendre.

L'Anglais mâchonna quelques imprécations entre ses dents; l'Italien siffla un air d'opéra.

On touchait alors au bord de la haie qui défendait l'approche de la maison.

— Chut! dit le comte Armand, voici l'île de Calypso; n'effrayons pas la déesse.

Comme les trois promeneurs franchissaient la haie, ils entendirent un léger bruit.

— On a parlé, dit l'Anglais.

Tous trois retinrent leur souffle.

Un léger bruit troubla de nouveau le silence.

Était-ce le vent dans les feuilles, ou le baiser du ruisseau sur le sable de ses rives?

Tout à coup on vit dans la transparence de la nuit deux ombres, deux fantômes qui marchaient au bras l'un de l'autre.

Leurs têtes se touchaient.

Les trois curieux n'eurent que le temps de se blottir sous un noyer dont les branches rasaient le sol; le sable fin des allées craquait à peine sous les pas des deux amants dont les fronts et les lèvres se touchaient.

Un rayon de lune les éclaira comme ils passaient devant le noyer.

C'étaient la comtesse et le petit Allemand.

Encore quelques pas, et ils disparurent au détour du sentier.

— Oh! *mulier!* dit le comte Armand.

— Perfide comme l'onde! murmura sir Williams en traduisant à l'aide de Shakspeare le latin du Français.

— Les trois font la paire! ajouta le marquis en serrant les mains de ses deux compagnons.

Et là-dessus ils quittèrent le jardin bras dessus bras dessous.

Le lendemain, à son réveil, la comtesse reçut un magnifique éventail.

C'était l'adieu du comte Armand.

On ne sait pas si elle comprit l'allusion.

Voici maintenant la seconde anecdote :

Une Anglaise et sa fille arrivèrent à Aix : la mère, grande, maigre, jaune, et perpétuellement entortillée d'un boa qu'elle roulait par-dessus sa collerette; la fille, mince, svelte, un peu blanche et pas trop rose, et tout à fait digne de figurer dans un keepsake. Quand on les voyait ensemble, on ne pouvait s'empêcher de se demander comment une telle mère avait fait pour avoir une telle fille.

— Vous verrez qu'elle l'aura volée, disait-on.

La mère avait une passion, le whist. On ne sait si la fille en avait une aussi, mais toujours est-il qu'un jeune homme la suivait en tous lieux comme son ombre.

Harriett — c'était le nom de la fille — et Lionnel — c'était le nom du jeune homme — se convenaient à merveille; de la beauté, de la jeunesse, de l'amour, ils avaient tout cela et même quelque chose de plus, de la fortune et de l'esprit.

Lionnel écrivait lettre sur lettre à la mère; les lettres restaient sans réponse; il s'était fait présenter, on l'avait éconduit. La mère jouait au whist et laissait Harriett pleurer dans sa chambre tout à son aise.

Quand on lui parlait de sa fille, elle répondait en tortillant son boa :

— De quoi se plaint-elle et que lui manque-t-il? Je me suis mariée à trente ans, elle a donc bien le temps d'attendre.

Le fait est qu'Harriett avait autant de voiles verts et bleus qu'elle en voulait, des romances à profusion, et plus de robes blanches qu'aucune ingénue du

Gymnase. Mais attendre lui paraissait bien long. Elle avait dix-huit ans à peine.

Un soir qu'elle était à son balcon comme Juliette, et que Lionnel lui parlait d'amour comme Roméo, elle vit une chaise de poste s'arrêter au coin de la rue; Lionnel la lui montra du doigt. L'alouette chantait, l'ombre était incertaine; Harriett pleura un peu, s'attendrit beaucoup, tomba dans les bras de Lionnel, et ils partirent.

A son réveil, la mère roula sept ou huit fois le boa autour de son cou, écrivit à l'intendant de la province, et mit la police aux trousses de sa fille avec ordre de la ramener morte ou vive.

Après quoi elle s'assit à sa table de whist, où elle gagna douze robbers.

Huit jours après, un soir de pluie, on lui ramena miss Harriett. On avait trouvé la pauvre enfant dans un chalet près d'Évian, au bord du lac de Genève; nos deux amoureux s'y étaient endormis comme des tourterelles dans un nid.

Il y avait ce soir-là grand jeu chez la mère; six tables de whist encombraient le salon. A la vue de tout ce monde qui la regardait, Harriett s'arrêta toute tremblante à la porte, les yeux baissés, le front rougissant, toute prête à défaillir.

— Tric double et quatre d'honneur, dit la mère en marquant les points.

Et puis, levant les yeux, elle regarda sa fille.

— Ah! vous voilà, mademoiselle, dit-elle, savez-vous bien que votre équipée me coûte cinquante livres sterling?... Allez vous changer et revenez servir le thé.

Évidemment cette histoire commencée à Aix-les-Bains finira à Greetna-Green.

La troisième anecdote concerne un Russe, le prince Alexandre B....

A trente-cinq ans le prince Alexandre avait à peu près tout vu, tout fait, tout éprouvé. A ce jeu-là il avait dépensé la moitié de sa fortune. Mais ce qui lui restait, trois ou quatre cent mille francs de rentes à peu près, pouvait suffire au plus galant homme. Il mangeait ses revenus et il s'ennuyait.

D'ailleurs, grand seigneur, absolument comme s'il fût né à Versailles en pleine cour de Louis XIV, spirituel à son heure, brave comme une épée, il laissait la meilleure opinion de son caractère à quiconque le voyait.

Mais son ennemi mortel était le temps, et le Russe ne savait comment le tuer.

Les conseils, comme on le pense bien, ne lui manquaient pas.

— Mariez-vous, lui disait l'un.

— C'est bien assez de l'ennui, sans prendre femme, répondait-il.

— Voyagez, disait un autre.

— J'ai fait le tour du monde dans tous les sens; où voulez-vous que j'aille?

— Jouez, reprenait un troisième.

— J'ai perdu cent mille écus en une nuit dans un enfer de Londres; on n'a pas tous les jours pareille chance.

— Chassez, ajoutait-on.

— J'ai tué des ours en Russie et des tigres dans les Indes; je ne suis pas venu en Savoie pour tuer des marmottes.

— Brûlez-vous donc la cervelle!

— C'est peut-être ce que j'aurais de mieux à faire, mais j'ai peur du purgatoire.

Sur ces entrefaites, arriva au Casino une étrangère accompagnée d'un vieux monsieur bariolé de plusieurs ordres.

Ce n'était pas une de ces femmes qui éblouissent le regard; mais elle avait un je ne sais quoi qui plaisait mieux que la beauté.

On apprit bientôt qu'elle avait été chanteuse de son métier, et qu'elle était mariée, ou à peu près, au vieux monsieur qui portait un arc-en-ciel de rubans à sa boutonnière.

Trente jeunes gens, les plus riches, les plus braves, les plus aimables, lui firent la cour.

Le prince russe pour se distraire fit comme les autres.

Elle le laissa faire quelque temps, après quoi elle l'arrêta un beau matin.

— Mon cher prince, lui dit-elle, vous perdrez vos peines et vos soins; à moins d'une bonne extravagance, sachez-le, on ne saurait me plaire.

— Que diable a donc fait le monsieur aux six croix?

— La plus belle de toutes, il m'a offert sa main.

— Et vous l'avez acceptée?

— Presque.

— Ah!

— Je ne punis jamais à perpétuité.

Le prince salua.

— Sachez, d'ailleurs, ajouta la comédienne, que malgré la brochette de décorations qui lui donne l'air d'un chambellan en disponibilité, le baron de Bluckendorf est de première force à toutes les armes. Il a déjà tué une demi-douzaine de soupirants qui me faisaient la cour de trop près. Allez à présent, vous êtes averti.

Et là-dessus, elle tendit sa main au prince avec la

grâce coquette d'une chatte qui allonge ses griffes.

Le prince se leva, prit son chapeau, salua et sortit.

— Bon! dit-elle, un de moins!

Et elle se mit à son piano, où elle chanta la fameuse cavatine : *Una voce poco fa*....

Le lendemain le prince entra chez elle.

— Madame, lui dit-il, en vous quittant hier j'ai eu le plaisir de rencontrer M. de Bluckendorf qui partait pour Genève; nous avons fait route ensemble, et après avoir déjeuné nous sommes allés nous promener du côté de Salève.

— Pourquoi faire?

— Pour nous battre.

— Un duel?

— Oui, madame.

— Et vous n'êtes pas mort?

— Apparemment, puisque je suis ici.

— C'est juste, et le baron?

— Il est à Genève, hôtel des Bergues, avec trois pouces de fer entre les côtes, chambre n° 2, au premier. De son lit il voit le lac.

— Mais, cher prince, pourquoi l'avez-vous provoqué?

— Pour avoir le droit de vous rapporter cette parure qu'il vous destinait, et de veiller sur vous en son absence.

La chanteuse prit la parure, l'essaya, la trouva jolie et répondit en riant :

— Veillez, cher prince, veillez ; je vous préviens seulement que vous aurez fort à faire.

Le prince Alexandre veilla si bien, que le baron, remis de sa blessure, ne reparut pas à Aix. Mais le pauvre prince s'était brûlé en jouant avec le feu.

Au mois de juin c'était une fantaisie, au mois de juillet ce fut de l'amour, au mois d'août ça devint une passion.

Il avait donné à la comédienne une villa au bord du lac de Genève, un palais à Venise, un hôtel à Paris, un château en Touraine, un manoir en Silésie. Mais la comédienne n'y prenait pas plus garde qu'à ses rubans de l'an dernier.

Elle coquetait que c'était merveille, avec l'un, avec l'autre, avec tous ; avec l'un parce qu'il était beau, avec l'autre parce qu'il était spirituel, avec le troisième tout bonnement parce qu'il lui plaisait.

Quelquefois le prince se fâchait.

— De quoi vous plaignez-vous ? lui disait-elle alors, ne vous ai-je pas prévenu ?

Un jour le prince trouvait des billets doux dans les bouquets de sa maîtresse, et le lendemain des poulets sur sa toilette.

Dans ces moments-là il courait à son épée et parlait de dégaîner : mais la comédienne riait aux éclats.

— Vous ne pouvez cependant pas tuer tout le monde, disait-elle, et puis vous verrez que quelque maladroit vous rendra ce que vous avez fait à ce pauvre baron. La belle affaire ! vous serez battu et content.

— Vous me rendrez fou ! s'écriait-il en frappant du pied.

— On l'est toujours un peu ; plus ou moins, qu'importe !

Les amis du prince le pressèrent de rompre avec la comédienne ; mais lui s'en défendait comme un beau diable, et s'attachait à elle de plus en plus.

— Mais c'est une coquette enragée ! lui disait-on.

— C'est de son âge.

— Elle vous ruine.

— C'est de son sexe.

— Elle ne vous aime guère.

— C'est possible !

— Elle vous trompe.

— C'est probable.

— Quittez la donc.

— Dieu m'en garde ! j'étais bien trop malheureux avant de la connaître !

— Et maintenant ?

— Oh ! maintenant c'est bien différent ; je ne m'ennuie plus, je souffre.

Vaincre des rhumatismes, les eaux de l'établissement royal le peuvent sans doute; mais guérir du spleen c'est un miracle, et le Casino seul en a le secret.

Mais avant de terminer la monographie du Casino, ne devons-nous pas rappeler quels hôtes illustres en ont parcouru les salons et les galeries. La visite du jeune roi Victor-Emmanuel a donné au Casino ses grandes lettres de noblesse.

C'est le 30 mai 1850 que Victor-Emmanuel est venu visiter sa bonne ville d'Aix. C'était une promesse qu'il avait faite depuis longtemps aux députés de la Savoie; et les habitants, instruits de sa prochaine arrivée, travaillaient à rendre leur ville digne de l'hôte qu'elle allait recevoir.

Des arcs de triomphe s'élevaient partout, des guirlandes de feuillage couraient de rue en rue, cent ouvriers transformaient le Casino en un palais de fée, et la population des campagnes voisines accouraient de toutes parts pour saluer le jeune roi qui avait si vaillamment porté le titre de duc de Savoie.

A quatre heures, Victor-Emmanuel est entré à cheval dans la ville avec S. A. R. le duc de Gênes; S. M. la reine et la jeune princesse de Saxe, duchesse de Gênes, suivaient le roi en calèche découverte. Un brillant état-major entourait LL. MM., généraux, officiers d'ordonnance, aides de camp, tous en grands uniformes, et fiers d'accompagner un prince qui a si noblement maintenu la réputation militaire de la maison de Savoie.

Les rues et les fenêtres étaient encombrées d'une foule en habits de fête, mille cris d'enthousiasme faisaient retentir l'air.

Après une courte visite à l'établissement des bains, le cortége royal s'est dirigé vers le Casino, qu'une activité merveilleuse avait mis en état de recevoir dignement le roi qui allait en passer le seuil pour la première fois.

Quand S. M. a paru devant le Casino, le spectacle est devenu magique. Des fleurs dans tous les vases, des drapeaux à toutes les fenêtres, des trophées partout, la foule qui se répandait autour des grilles, la musique militaire du 15e régiment de ligne qui éclatait en fanfares, les uniformes éclatants, ces riches équipages menés à la Daumont, et qu'animaient de leurs grâces charmantes la reine et la duchesse de Gênes, les cris de *Vive le roi!* vingt fois, cent fois répétés, la splendeur du ciel, tout contribuait à rendre plus magnifique cette fête de la royauté saluée par le peuple.

Le roi est entré à cheval dans la cour du Casino. Comme il est le plus brave soldat de son armée, Victor-Emmanuel est le plus vaillant et le plus habile écuyer de son royaume. Il dompte un cheval comme il em-

Visite de S. M. Victor-Emmanuel au Casino (le 30 Mai 1850).

porte une batterie. Sa grâce, sa fermeté, son attitude martiale, rappellent ces jeunes princes de la maison d'Orléans, si braves aussi, si dévoués à la France, et qu'un orage, hélas! a ravis à la patrie en deuil.

Le directeur du Casino a reçu S. M. à l'entrée de la cour où le roi est descendu.

L'aspect monumental de l'édifice a paru vivement frapper le roi, qui a daigné parcourir l'établissement, et a bien voulu complimenter le directeur sur la richesse et l'élégance de l'ameublement, la somptuosité de la décoration, le nombre et l'admirable distribution des salles.

La famille royale, après cette longue visite, s'est arrêtée quelques instants dans le café du Casino, qui était inauguré ce jour-là même, et où un buffet avait été dressé.

Une promenade sur les galeries extérieures, d'où la vue s'étend sur toute la poétique vallée du Bourget, a terminé cette belle journée.

Le roi est remonté à cheval dans la cour du Casino, et a quitté Aix-les-Bains au milieu des cris d'allégresse de tout un peuple, heureux de sa présence dans l'antique et fidèle Savoie. Combien, parmi ceux qui découvraient leur front sur son passage, l'avaient vu sur les champs de bataille de Curtanone et de Santa-Lucia donner à tous l'exemple du courage, de l'ardeur à bien faire, et courir avec l'élan d'un roi où la mêlée était la plus ardente et le péril le plus grand !

La visite de Victor-Emmanuel en Savoie a ranimé l'enthousiasme de ces vaillantes et loyales populations. Quelle que soit la fortune qui les attend à présent, elles sont confiantes et tranquilles. Elles savent qu'elles ont un roi à Turin.

Vestibule du Casino

Hôtel du Parc.

LES GUIDES, — LE CAFÉ JACOTOT, — BAPTISTE, — LE VIEUX CHATEAU, — LA PÊCHE ET LA CHASSE.

Si la discrétion avait disparu du reste de la terre, on la retrouverait dans le cœur d'un guide d'Aix-les-Bains. Comme le *Solitaire* de l'Opéra-Comique, les guides d'Aix savent tout et voient tout, mais ils ne disent rien.

C'est le silence fait homme, le silence à deux pattes et sans plumes.

La ville et le Casino n'ont pas de secrets pour eux;

ce qu'ils ne découvrent pas ils le devinent; mais tous les petits mystères des eaux, et le diable sait s'il y en a, meurent dans le silence de leur souvenir. S'ils sont curieux comme un point d'interrogation, ils sont muets comme des hiéroglyphes.

Le moins habile de tous est à l'épreuve de toutes les questions; quand ils répondent, ce qui arrive rarement, c'est à la façon des vieux diplomates, qui ne disent jamais que la moitié de ce qu'ils pensent pour apprendre ce qu'ils ne savent pas. Quelquefois cependant ils sourient; mais leur sourire a dans ces rares circonstances une singulière signification.

A ce point de vue, les bateliers rivalisent avec les guides. Tout ce qui se passe sur les rives du lac est de leur domaine; leurs regards fouillent tous les ombrages, comme leurs bateaux troublent la solitude de toutes les criques. Pas d'anse secrète où leur quille vagabonde ne s'arrête, pas de grotte où leurs passagères ne s'égarent; mais ce que le hasard leur révèle, ils ont assez de mémoire pour l'oublier.

Les guides sont des enfants, les bateliers sont des hommes; mais la même loi les gouverne : ils ont fait de leur cœur un tombeau.

Au demeurant, il ne faut pas trop s'extasier; leur discrétion n'est pas de la vertu, c'est de l'habileté. Ce n'est pas élan du cœur, c'est calcul de l'esprit.

— Notre discrétion, comme notre âne, fait partie de notre capital, disait l'un d'eux, petit bonhomme haut de quatre pieds, qui avait la souplesse et l'astuce d'un chat; on confie ses jambes et son cou à l'un, et ses secrets à l'autre; et force nous est, dans l'intérêt de notre petit commerce, de rapporter le tout sain et sauf... Grâce à notre silence, les courses se payent double.

— Même quand on part seul?

— Surtout quand on part seul. Un et un font deux, et tout chemin conduit à Rome. Exemple. L'âne de Pierre prend le chemin du grand port, l'âne de Jean s'en va du côté de la Roche-du-Roi, et voilà qu'au bout d'une heure ils se rencontrent à la Maison-du-Diable. Est-ce ma faute, et peut-on empêcher les sentiers de se croiser?

— C'est juste.

— Vous voyez donc bien qu'on doit payer double.

Si des espèces nous descendons aux individualités, nous trouverons en première ligne deux personnages, deux merveilles qui suffiraient à l'illustration d'Aix-les-Bains, si Aix n'avait pas son lac et ses eaux.

L'une de ces merveilles s'appelle Jacotot et l'autre Baptiste.

Jacotot règne sur le café de ce nom.

Baptiste règne sur le Casino.

Mais procédons par ordre et faisons les choses en règle.

Alexandre Dumas a connu et célébré Jacotot. Depuis ces jours lointains, des monarchies se sont éclipsées, bien des orages ont bouleversé le monde; on a vu des empires se heurter, et l'Europe comme agitée par un tremblement de terre; Jacotot seul n'a pas changé. Tel on l'a connu, tel il est. La célébrité a passé sur lui et ne l'a pas étonné.

Le royaume de Jacotot est un petit café, le plus grand d'Aix-les-Bains, dont l'unique porte ouvre sur cette place publique où la ville tient ses assemblées. C'est là que du matin au soir Jacotot verse à tout venant la bière écumante ou le café brûlant, la groseille acidulée ou la limonade rafraîchissante. Alerte, infatigable, prêt à tout, le tablier retroussé sur la hanche, la main prompte et le pied leste, Jacotot est tout à tous. Qu'on soit dix ou cinquante, peu lui importe. Jacotot abreuverait une armée. Et quelle physionomie! Impassible, avec un doux sourire errant sur la bouche, rien ne l'émeut, rien ne l'agite. C'est la philosophie en tablier blanc.

Il est grand et mince, un peu penché, un peu narquois; fort comme un chêne, incliné comme un roseau; peu causeur, comme un homme qui sait le prix du temps, mais bienveillant malgré son importance.

Quand on lui parle d'Alexandre Dumas et du lustre que le romancier a répandu sur le nom de Jacotot, il répond simplement qu'il ne lui en veut pas.

Si son café n'est pas grand, Jacotot s'en console; ne sait-il pas que la voie publique lui appartient, et par droit de conquête et par droit de position? Les tables qui ne trouvent pas à se loger dans l'établissement émigrent sur la place et plantent leurs quatre pieds à l'ombre d'une tente.

A l'intérieur, l'œil du consommateur est récréé par la vue d'une tapisserie à personnages représentant des scènes de la vie américaine. Ici une caravane de colons espagnols coiffés de sombreros, armés d'espingoles et montés sur des chevaux empanachés; des dames voilées suivent à dos de mules, portant sur le poing des perroquets verts qui battent de l'aile à l'ombre d'un parasol. Plus loin, de braves chasseurs poursuivent des taureaux sauvages dans la plaine. Là, une troupe d'Indiens livre bataille à des cavaliers, les flèches volent, la fusillade éclate; un guerrier tombe, un autre fuit, la forêt profonde cache la déroute. Mais une scène champêtre succède au combat : de jeunes filles vêtues de colliers rouges dansent sur l'herbe; les bananiers protégent leurs épaules contre les rayons indiscrets du soleil, tandis que les créoles indolents fument la cigarette. Et que de tigres, que de kiosques, que d'oiseaux, que de singes! Une nature de fantaisie entre quatre murs.

A l'extérieur, on a le mouvement de la place et des lauriers-roses dans des caisses de bois vert. Jacotot va, vient, marche, tourne, répond, et trotte sans relâche de l'intérieur à l'extérieur. Le monde pourrait crouler qu'il le regarderait crouler sa cafetière à la main. C'est l'homme d'Horace; mais philosophe par occasion, et sage sans en avoir l'air, il sait à un décime près jusqu'à quelle somme il peut faire crédit aux consommateurs.

Jacotot vit dans son café comme un limaçon dans sa coquille; il s'en éloigne quelquefois de la longueur d'une queue de billard, mais jamais plus.

Baptiste, au contraire, est partout à la fois. Il se multiplie et semble doué du don d'ubiquité.

Baptiste est huissier du Casino. Il a le bas de soie noire, la chemise à jabot et la chaîne d'argent en acier. Baptiste a beaucoup voyagé à la suite d'un célèbre improvisateur, M. de Pradel, dont il a partagé tous les triomphes et toutes les tragédies.

> Quiconque a beaucoup vu
> Peut avoir beaucoup retenu,

dit quelque part le fabuliste. Baptiste a énormément retenu; si bien que, pour les habitués du Casino, ce n'est plus Baptiste, c'est Figaro.

Baptiste porte ce nom glorieux sans fléchir, sans modestie et sans fierté, comme un homme qui sait sa valeur. Un peu ramassé, un peu court sans être gros, agile comme un lièvre, fin comme un fil de soie, et comprenant les choses avant qu'elles soient expliquées, Figaro ne connaît d'obstacles à rien.

Les choses impossibles sont même celles dont il se charge le plus volontiers.

Baptiste est Alsacien; la nature lui devait de le faire naître en Espagne, comme Gil-Blas, ou à Paris, comme Frontin. Elle s'est trompée en le faisant naître à Strasbourg.

Les soirs de bal, quand il n'y a plus ni fleur ni bouton aux environs d'Aix, lorsque la flore des Alpes est dépeuplée, adressez-vous à Baptiste, et Figaro reviendra les deux mains chargées d'un énorme bouquet.

Le livre qui vient de paraître, la frivolité qui n'existe qu'à Paris, la parure que vous avez vue au boulevard de Gand, demandez-les à Baptiste, et il n'exigera pour les trouver que le temps de les chercher.

Né aux bords du Rhin, Baptiste a quelque chose du sorcier.

Mais sa sorcellerie est bonne, inoffensive, bienveillante, empressée, un peu narquoise, et tout à fait dans le goût de celle qu'Asmodée mettait au service de don Cléophas, l'écolier espagnol.

Comme les fêtes durent à Aix tout l'été, et qu'à vrai dire la saison n'est qu'un long bal mêlé de musique, on ne distingue le dimanche des autres jours, ses frères, que par la messe.

Aix ne serait pas une ville italienne si l'on ne voyait aux offices une population de fidèles ; mais dès le premier coup d'œil on reconnaît que la moitié de ces fidèles pour le moins arrive de Paris ou de Milan, de Vienne ou de Turin. L'église d'Aix rappelle ce jour-là Saint-Roch et la Madeleine ; les mains les mieux gantées tiennent le bréviaire qu'elles ont l'air de caresser ; les plus petits pieds, chaussés de bottines provoquantes, glissent sur la pierre sacrée ; ce ne sont, du chœur aux chapelles où brûlent les cierges pieux, que chapeaux roses et chapeaux blancs, du crêpe, de la soie, du barége, de la mousseline et mille fraîches toilettes, d'où mille parfums indéfinissables se dégagent.

Attendez encore quelques heures, et vous retrouverez ces charmantes catholiques au bal.

Un des édifices les plus curieux d'Aix est certainement le vieux Château, où jadis le Casino avait planté sa tente provisoire.

Le vieux Château, situé à l'une des extrémités de

la ville, appartient à M. le marquis d'Aix. C'est un édifice du seizième siècle, large, imposant, et construit pour résister aux efforts du temps. Ses puissantes murailles épaisses et massives, ses voûtes robustes, sa forte charpente semblent à peine effleurées par l'action des années. L'enceinte du vieux Château renferme ce monument romain auquel la tradition, sans qu'on sache pourquoi, a donné le nom de Temple de Diane, et le théâtre où les acteurs de passage à Aix-les-Bains donnent leurs représentations.

Un escalier superbe et d'un style étrange décore le vieux Château; c'est une des curiosités archéologiques les plus singulières du pays, et que les étrangers ne manquent jamais de visiter.

Le vieux Château d'Aix est maintenant inhabité; un café occupe une partie du rez-de-chaussée d'où la vue s'étend sur un magnifique jardin que l'hospitalité de M. le marquis d'Aix ouvre aux promeneurs.

Les promenades sur le lac et aux environs d'Aix ne constituent pas les seuls plaisirs des baigneurs; la chasse et la pêche leur offrent d'autres distractions.

Quel lac, quelle rivière, quel torrent, quel mince cours d'eau n'a pas sa population de truites sans cesse décimée par le filet du pêcheur et sans cesse multipliée par les lois fécondes de la nature! La truite, en Savoie, est partout, sur toutes les tables et dans tous les ruisseaux. Ce qui étonne, c'est que cette race puisse résister à l'effroyable consommation que l'on fait de ses enfants. C'est à croire, avec quelques Parisiens, que les industriels savoyards ont quelque part, dans des vallées inconnues, au cœur des Alpes, loin de tout regard curieux, des manufactures mystérieuses où, par des procédés inconnus, ils fabriquent des truites de toute grandeur.

Ces produits de l'industrie locale sont ensuite livrés à la consommation.

Les récentes découvertes de la science moderne ne semblent-elles pas donner raison à ces conjectures?

Avec la truite nagent dans les lacs et les rivières de la Savoie le lavaret, le brochet, l'anguille, la perche et vingt autres espèces de poissons non moins délicates et savoureuses.

Les amateurs s'adonnent souvent à la pêche au trident sur les ondes claires du lac du Bourget. On sait comment se pratique cette pêche plus originale que productive; on ne s'y livre que la nuit et sur des bateaux qui portent à la proue un falot ardent. L'éclat de la lumière qui danse sur l'eau attire le poisson comme fait le miroir pour l'alouette : la truite accourt, glisse sur l'eau, tourne, plonge et s'égaie autour de la flamme qui l'éblouit; le pêcheur immobile, son arme à la main, attend; puis, le moment propice venu, enfonce son trident au cœur de l'eau et harponne le poisson qui s'agite, et se tord sous la dent de fer.

Ce qu'il y a de plus charmant dans cette pêche, c'est la fuite de la barque sur l'eau : elle glisse à la surface sans bruit, la rame prudente fend l'onde par un invisible mouvement; aucune parole, aucun geste ne troublent le silence du bord; on dirait une âme enflammée et muette qui flotte sur l'azur sombre et tranquille du lac. Puis, arrivé à l'endroit où la pêche doit commencer, l'esquif s'arrête; le flot paresseux le balance doucement, le pêcheur attentif veille à l'avant, tout auprès de la flamme qui rougit d'éclairs la surface glacée des eaux. C'est à peine si l'on entend, près du rivage, le léger clapotement des vagues qui expirent sur le sable, et dont le doux murmure monte dans la nuit comme la respiration du génie invisible du lac. Le vent, lui-même, ferme son aile et s'assoupit dans quelque grotte tapissée de mousse et de vigne vierge, comme jadis un faune indiscret sous l'arbre où sa course amoureuse attendait la nymphe au passage. Tout est calme, tout dort. Un point rouge brille seul au milieu du lac, ainsi qu'un feu follet un instant arrêté dans son vol errant. Tout à coup l'onde agitée se ride autour du bateau, le cercle de lumière se brise en s'élargissant, le dos éclatant d'une truite a fendu l'eau, elle fuit et reparaît, l'arme brille et l'atteint.

C'est un éclair, quelquefois suivi d'un cri; puis tout rentre, autour du bateau, dans le silence et l'immobilité.

Mais cette pêche romantique ne plaît pas à tout le monde. Combien d'amateurs ne voit-on pas, au bord du lac, sur quelque roche entourée d'eau, tenir une ligne d'une main patiente, comme les pêcheurs classiques du Pont-Neuf ou de l'île Saint-Denis!

Le caille, la perdrix, le lièvre, les grives abondent en Savoie, et de nombreux chasseurs les poursuivent sur les collines; le gibier d'eau ne manque pas non plus autour du lac et des marais; le long des ruisseaux, quand vient l'automne, on voit autour d'Aix, dans les prairies qui séparent la ville du lac, s'abattre des vols innombrables de canards, de sarcelles, de bécassines.

La situation particulière de ces terrains explique l'abondance du gibier. Les eaux chaudes des sources de soufre et d'alun se déversent dans ces prairies, et y entretiennent, même en hiver, une végétation vigoureuse où d'énormes masses d'insectes et de vermisseaux trouvent leur pâture. De là, ces nombreuses tribus d'oiseaux aquatiques. Déjà même en été, le long du rivage, parmi les joncs qui flottent au milieu des eaux, les halbrans se cachent et offrent aux chasseurs une proie facile à poursuivre.

Mais que sont des lièvres et des canards dans un pays qui peut montrer aux Nemrods parisiens des ours et des chamois ! Traquer un lièvre dans la plaine, poursuivre de coteaux en coteaux un vol de perdrix effarouchées, attendre au guet les canards qui cherchent la solitude et l'eau, est-ce un plaisir à comparer aux émotions d'une chasse dans les plus âpres montagnes? Franchir des torrents, gravir de roche en roche jusqu'aux pics les plus élevés des Alpes, descendre au cœur des abîmes pour remonter le long des pentes les plus abruptes, hasarder un pied téméraire sur les glaciers, braver l'avalanche et la tempête, voilà quels périls attendent le chasseur de chamois; mais ces périls mêmes ne sont-ils pas des plaisirs et les plus charmants pour l'indomptable aventurier qui cherche dans la chasse les secrètes joies de la lutte et des difficultés vaincues?

Quant aux ours, ils commencent à disparaître. Quelques individus de cette race vivent encore, pareils à des solitaires, dans les montagnes les plus sauvages de la Maurienne, dans les gorges de la Tarentaise; mais, si la tradition en parle souvent, les chasseurs ne ne les rencontrent presque jamais. Encore dix ou vingt ans, et l'ours ne sera plus qu'une illusion.

Mais se peut-il qu'on parle de la Savoie et qu'on oublie la marmotte, ce doux et pacifique animal que la touchante mendicité des petits Savoyards promène de ville en ville?

La marmotte est un des animaux les plus fantastiques de la création; il habite la Savoie et on ne le voit jamais qu'à Paris; Dieu, en le créant, lui a dit : Tu dormiras! et sa vie est une longue contredanse; il est né mélancolique comme un petit-fils d'Héraclite, et l'homme le condamne à une gaieté perpétuelle. La marmotte, fille des Alpes, a pour patrie le pavé des rues, et pour domicile une boîte de sapin. Ce n'est plus un mammifère de l'espèce des rongeurs, c'est un capital.

La marmotte est l'espoir, la consolation, la fortune d'un tas de pauvres petits Savoyards, qui ne sauraient comment faire leur tour de France si Dieu ne leur avait envoyé ce petit animal, leur compagnon de route et leur gagne-pain de tous les jours.

Voilà plusieurs siècles déjà que l'émigration enlève chaque année à la Savoie un nombre considérable de ses enfants; aux premiers beaux jours, les enfants que la pauvreté et la tradition, plus forte encore que l'indigence, chassent de leurs vallées, se réunissent en troupes vagabondes et s'éloignent par les chemins. Les uns ont des marmottes; les autres, les plus riches, ont des vielles ; beaucoup n'ont que l'espérance. Tous ensemble, avec la gaieté naïve et la sublime insouciance de l'enfance, vont demander aux cités voisines un peu de pain pour la journée, un peu de paille pour la nuit.

Comme les hirondelles cherchent le midi, les petits Savoyards cherchent la France; ceux qui reviennent au pays indiquent le chemin aux autres. Ils vivent au hasard le long de la route, tendent leurs petites mains aux passants, dorment sous les hangars et dans les granges, et se fient à Dieu, semblables aux petits oiseaux. Mais laissez-les grandir, et tous s'emploieront à quelque métier utile; ils sont nés probes, fidèles, actifs, laborieux, et quand ils auront amassé quelques économies, vous les verrez retourner en Savoie pour vivre et mourir à l'ombre du toit qui les a vus naître.

On connaît de quel amour infatigable les montagnards entourent leur patrie. C'est un fait que les philosophes ont pu observer en Écosse comme en Norvége, dans la Bohême comme en Biscaye; mais nulle part peut-être ce patriotisme n'éclate avec autant d'ardeur qu'en Savoie. Ce n'est pas de l'amour, c'est un culte, une adoration.

Nulle part, peut-être, la propriété n'est aussi divisée qu'en Savoie, dans la Maurienne et la Tarentaise surtout. Les habitants aiment le sol et s'y attachent comme des plantes; quelles provinces, pour si riches qu'elles soient, valent à leurs yeux les montagnes où s'abritent les chalets paternels! Quelque temps ils peuvent les quitter, mais ils y retournent toujours, et toute leur ambition est d'acquérir un coin de terre où ils puissent vivre en travaillant et mourir en priant.

La tour de Grésy.

Les buveurs.

L'ÉTABLISSEMENT DES BAINS.

On ne s'attend pas, nous l'espérons, à une discussion savante sur l'origine et le principe générateur de ces eaux. Beaucoup d'érudits, qui n'y comprennent rien, ont écrit là-dessus une foule de livres ingénieux qu'on peut consulter avec fruit. Quant à nous, notre intention n'est pas de suivre la science dans tous ses détours; un gros volume n'y suffirait pas, et, sans nous embarrasser de doctrines plus ou moins neuves, nous dirons aux malades : Venez et voyez.

Qu'importe aux voyageurs que la chaleur des eaux d'Aix-les-Bains provienne de la décomposition d'une masse énorme de pyrites, ou qu'elle ait pour cause la présence du feu dans les entrailles de la terre? La chaleur est, cela suffit. Cette chaleur est communément, toujours même, de 36 à 37° centigrades; la masse des eaux varie à peine; telle elle coulait pour les patriciennes de Rome et les proconsuls, telle elle coule encore pour les reines de la mode et les ambassadeurs en voyage. Elle semble éternelle comme le temps, et mille générations viendront après mille générations qui la verront encore.

Les Romains avaient des thermes à Aix-les-Bains. Combien de fois, peut-être, les superbes vainqueurs des Allobroges n'ont-ils pas reposé leurs membres fatigués par les batailles dans ces eaux bienfaisantes! mais les barbares du Nord et ceux du Midi, les Vandales et les Sarrasins ont passé par là, et de ces constructions antiques il reste à peine quelques vestiges: les voûtes de la maison Cerroi, par exemple; le temple de Diane et l'arc de Campanus, qui, peut-être, servait d'entrée principale aux thermes d'Aix.

Les matériaux renversés de ces thermes gigantesques se retrouvent en immense quantité dans le château du marquis d'Aix et les constructions voisines. On n'a pas moins trouvé de dix-huit espèces de mar-

Etablissement royal des Bains.

bre précieux dans les fouilles qui ont été entreprises sur les terrains des thermes ; les mosaïques, les débris de statues, les amphores d'un modèle charmant, indiqueraient assez quelle magnificence avait présidé à ces constructions, si l'on ne savait déjà quel luxe et quelle somptuosité les Romains déployaient dans ces sortes d'établissements.

Mais les Romains avaient le goût des arts, aujourd'hui on a le goût de la philanthropie ; ils bâtissaient des monuments, à présent le progrès veut qu'on bâtisse des pénitenciers ; pauvre progrès !

Dans le moyen âge, et jusqu'en 1770, le lieu où l'on prenait les douches n'était qu'une espèce de grotte dans laquelle les malades des deux sexes s'asseyaient, séparés seulement par une muraille.

Mais en 1772, le roi Victor-Amédée III entreprit de construire, sur les plans du comte de Robilan, l'édifice que l'on voit aujourd'hui, et qui est connu sous le nom d'*Établissement royal*.

Cet établissement fut terminé en 1784.

De vieilles constructions écrasent cet édifice, qui ne manquerait pas d'une certaine élégance, s'il était dégagé. La façade est ornée de quatre colonnes d'ordre ionique, surmontées d'un fronton où sont gravées en relief les armes de la maison de Savoie.

L'inscription suivante rappelle la mémoire d'Amédée III :

VICTOR AMÆDEUS. III. REX. PIUS. FELIX. AUGUSTUS.
P. P. HASCE. THERMALES. AQUAS. A. ROMANIS.
OLIM. C. MONTIBUS. DERIVATAS. COMPLICATIS.
OPERIBUS. IN. NOVAM.
MELIOREMQUE. FORMAM. REDI G.
JUSSIT. APTIS. AD. ÆGRORUM. USUM.
ÆDIFICIIS. PUBLICÆ. SALUTIS. GRATIA.
EXTRUCTIS. ANNO. MDCCLXXXIII.

Aussitôt qu'on a dépassé le péristyle, où l'on arrive par quatre marches, ce ne sont partout que cabinets, étuves, baigneurs, robinets, bassins, piscines et tuyaux. L'eau va, vient, court, serpente, circule, jaillit, tombe en pluie, se précipite en jets, se répand en nappes, froide, chaude ou tempérée, au gré des malades et des médecins. Deux sources puissantes alimentent le service des eaux : la source d'alun et la source de soufre.

La source d'alun, ainsi nommée par quelque fantaisiste de l'art médical, ne contient pas une parcelle d'alun.

La source de soufre, plus sagement baptisée, présente dans son analyse chimique une notable quantité de cette substance.

Chaque cabinet de bain est pourvu de trois robinets : l'un pour l'eau d'alun, l'autre pour l'eau de soufre, et le troisième pour l'eau commune.

Les malades font usage des eaux thermales en douches, vapeurs, bains et boissons.

La colonne d'eau qui sert à l'application des douches a une élévation qui varie de deux pieds à vingt-sept. Cette élévation permet d'appliquer aux malades divers systèmes de douches; on en compte dix espèces principales : douche *générale*, douche *locale*, douche *d'alun*, douche *de soufre*, douche *ordinaire*, douche *à grande chute*, douche *mitigée*, douche *écossaise*, douche *ascendante*, douche *verticale*.

Les bains sont de deux espèces : les bains proprement dits ou d'immersion, les bains de vapeurs ou étuves. Les uns et les autres peuvent être généraux ou locaux.

Les bains d'immersion sont à volonté, à l'eau d'alun pure ou à l'eau de soufre, ou mélangés de soufre et d'alun, et tempérés au besoin avec de l'eau froide.

Une vaste piscine construite tout nouvellement permet aux baigneurs de prendre des bains prolongés à l'eau courante et l'exercice de la natation.

Deux salles d'attente accompagnent le péristyle à

droite et à gauche. On trouve dans la salle de droite, en entrant, une fontaine à deux robinets : l'un d'eau d'alun, l'autre d'eau de soufre.

Les buveurs sont en permanence autour de cette fontaine.

La science affirme que l'eau d'alun n'est pas désagréable à boire; mais elle convient que l'eau de soufre a l'odeur et le goût des œufs pourris.

Derrière cette salle s'ouvre une autre salle d'attente où coule une fontaine d'eau froide. — Deux inscriptions y rappellent la visite faite à l'établissement royal, en 1816, par S. M. Victor-Emmanuel et S. A. R. Monseigneur le duc d'Angoulême, et en 1824, par S. M. Charles-Félix et S. A. R. Madame la duchesse de Chablais.

Les cabinets des douches sont partagés en quatre divisions :

La division des princes,
La division des dames,
La division des hommes,
Et la division d'enfer.

La première division, destinée primitivement aux princes de la maison royale de Savoie, comme l'indique son nom, se compose de trois cabinets pour douches : le cabinet n° 1, destiné aux hommes, est approprié pour différents systèmes de douches; le n° 2, appelé *le bouillon des princes*, à cause d'un bouillonnement occasionné par un filet d'eau qui descend d'un bassin supérieur, à l'aide d'un tuyau en forme de siphon, sert alternativement aux hommes, aux femmes et aux enfants; le cabinet n° 3 est destiné à l'usage exclusif des femmes. Il est de la même dimension que celui des hommes.

Le cabinet des douches ascendantes est au fond du corridor.

La deuxième division se compose de trois cabinets dont l'usage est réservé aux femmes seulement.

Le cabinet n° 3, nommé *vapeur du bouillon*, permet de prendre à volonté des bains de vapeur et des douches.

La troisième division, qui compte deux cabinets, est dans la partie gauche de l'établissement; elle communique par un corridor à la source qui s'échappe du rocher par un canal de huit à dix pieds de longueur, qui la déverse dans une cuve en plomb, d'où elle est distribuée dans tout l'établissement.

La masse d'eau fournie par la source a été estimée par M. Francœur à douze hectolitres environ par minute. La cuve où tombe le courant est munie de trois vannes : l'une pour les première et deuxième divisions; l'autre pour les troisième et quatrième; la dernière sert à vider toute l'eau hors de l'établissement pour les cas de réparations.

La source fournit de l'eau constamment courante à vingt-huit robinets d'un pouce et plus de diamètre.

On arrive à la division de l'enfer par un escalier de seize marches, au fond duquel s'ouvrent deux cabinets, autrement dits l'enfer des hommes et l'enfer des femmes.

Dans ces cabinets, les malades sont soumis à l'action des eaux sulfureuses dans ce qu'elles ont de plus efficace et de plus violent.

Un troisième cabinet est situé sous la plate-forme de l'escalier. Il sert aux douches verticales, ainsi nommées de ce que le malade peut y être placé sous une colonne d'eau de douze pieds de chute.

L'élévation de la température n'est pas la même dans tous ces cabinets ; elle est de 19 à 20° Réaumur dans les cabinets des princes qui sont les plus vastes ; de 21 à 22° dans les cabinets de la deuxième et de la troisième division ; de 26° à 28° dans les cabinets appelés bouillons ; et dans les enfers la température peut s'élever à volonté jusqu'à 33 degrés.

Les eaux de la source d'Aix jaillissent d'un rocher au penchant d'une colline, et leur pente naturelle permet d'en accroître l'action par des chutes dont la hauteur et la rapidité peuvent être ménagées à volonté.

Leur chaleur est en moyenne de 34 à 37 degrés centigrades.

On croit généralement que les sources de soufre et d'alun traversent le grand rocher de Mouxy et descendent des Bauges. Celle d'alun sort d'un rocher calcaire et compacte; celle de soufre sort du même banc, mais on ne voit point, comme pour sa sœur la source d'alun, de soupiraux qui indiquent son cours souterrain. Les savants qui se sont occupés de l'origine de ces eaux pensent que le canal de la source sulfureuse est bien plus profond que celui de la source d'alun. Certains phénomènes semblent confirmer cette opinion; ainsi, par exemple, en temps de pluie et après de violents orages, on ne voit point croître le volume des eaux de la source de soufre dans les mêmes proportions que celles de la source d'alun; leur température ne s'abaisse pas non plus aussi vite; mais, au contraire, dans les cas de tremblements de terre, la source de soufre a éprouvé des perturbations qui n'ont pas été remarquées dans la source d'alun.

Quelques ouvertures peuvent indiquer en partie le cours souterrain de la source d'alun; la plus connue est la grotte des Serpents, qui doit son nom aux reptiles que la chaleur des émanations y attirait autrefois.

Cette grotte, murée à présent à deux pieds de hauteur du sol et fermée d'une grille en bois, est située à deux cent cinquante pas environ au-dessus de la fontaine d'alun. Elle se prolonge sur une étendue de huit à dix mètres. Du milieu de la galerie qui forme un plan incliné on entend le bruit d'un courant d'eau.

A quelque distance et en contre-bas de la Grotte des Serpents, on trouve une ouverture de deux pieds carrés, au-dessous de laquelle s'étendent des souterrains et des réservoirs qui étaient connus autrefois sous le nom de *Puits d'enfer*. Des expériences récentes ont prouvé que des communications souterraines unissaient le Puits d'enfer et la Grotte des Serpents.

On descend dans le Puits d'enfer à l'aide d'une échelle de huit à neuf pieds. Quand on est arrivé sur une saillie de rocher, on distingue deux ouvertures; on parvient au fond de la plus large, qui est à droite, par une seconde échelle longue à peu près de quinze à seize pieds. Là se présente une galerie inclinée qui conduit dans plusieurs autres souterrains. L'eau qui coule dans ces canaux n'a pas moins de 40 degrés Réaumur, et la vapeur qui s'en dégage 34 à 35. La chaleur est donc étouffante au fond de ces cavernes, où la pâle clarté d'une lampe, toujours prête à s'éteindre, suffit à peine à vous guider.

On a observé qu'au printemps, après la fonte des neiges, le volume des eaux de la source d'alun augmente considérablement, tandis que leur température s'abaisse. En 1846, la source d'alun était presque froide, et les eaux de la source de soufre ne marquaient pas plus de 24 à 25 degrés.

Si dans l'analyse chimique les eaux de soufre et d'alun présentent des différences notables, leurs propriétés sont à peu près les mêmes au point de vue médical.

Les eaux thermales d'Aix sont d'une efficacité constatée dans les maladies nerveuses, les sciatiques, les rhumatismes, les maladies de la peau, les affections strumeuses et lymphatiques, les paralysies, etc., etc.

Si l'on veut savoir quelle a été l'influence de l'Etablissement royal sur la prospérité d'Aix, les chiffres nous répondront. Aix-les-Bains comptait à peine mille habitants en 1814; en 1849, la population s'élevait à trois mille six cents âmes.

Le gouvernement a confié l'administration de l'Etablissement royal à l'intendant général du duché de Savoie, qui est représenté sur les lieux par une commission de sept membres. Les attributions de cette commission comprennent tout le service économique.

Le personnel des employés attachés à l'établissement compte un économe, un contrôleur, trois huissiers, un concierge, et un grand nombre de doucheurs, doucheuses, porteurs, sécheurs et sécheuses, coureurs et postillons.

Les médecins d'Aix jouissent d'une réputation justement acquise. Le service des eaux est fait par MM. Despine père et fils, médecins directeurs, qui dans ces délicates et laborieuses fonctions déploient autant de zèle que de connaissances.

M. Despine fils, médecin inspecteur, a eu l'heureuse idée de former, dans l'établissement thermal, un musée anatomique, composé de pièces artificielles, représentant, aussi exactement que possible, les cas de maladies les plus graves et les plus intéressants qui ont été traités à Aix; les uns avec un succès complet, les autres avec amélioration; les autres, enfin, sans aucune efficacité. Ce sont là des témoins précieux, réunis avec bonne foi; de véritables annales de la science, parlant aux yeux et qui seront toujours consultés avec fruit.

Ce musée, qui n'a d'analogue dans aucun autre établissement de bains, offre au médecin touriste le moyen de puiser des notions plus exactes sur l'action thérapeutique des eaux, et au malade celui de ranimer son espoir par l'inspection des cures déjà opérées.

Le service des bains commence ordinairement à l'aube du jour et se termine à la nuit tombante; mais quand l'affluence des malades est considérable, le service commence à deux heures du matin et dure jusqu'à neuf heures ou dix du soir.

Ce qui a manqué jusqu'ici aux eaux d'Aix ce n'est pas l'efficacité, c'est la notoriété. Elles guérissaient, mais à vrai dire on ne les connaissait pas. Les malades qui leur devaient le retour d'une santé compromise ou depuis longtemps perdue, en parlaient bien à leurs amis, à leurs familles, et de proche en proche la réputation d'Aix-les-Bains grandissait. Mais qu'elle était loin encore de celle que mérite l'Établissement royal où tant de cures merveilleuses ont été opérées, où tant de guérisons réputées impossibles ont été obtenues !

Nous terminerons cette courte description de l'Etablissement royal par le tableau des médecins qui font le service d'Aix-les-Bains pendant la saison des eaux ; ils sont au nombre de dix, dont voici les noms :

MM. Despine père, directeur honoraire.
Despine fils, directeur de l'Établissement.

MÉDECINS :

MM. Vidal père.	MM. Blanc.
Forestier.	Bertier.
Dardel.	Vidal fils.
Davat.	Guilland.
Veyrat.	Forestier fils.

La fontaine intermittente.

HAUTECOMBE.

L'abbaye d'Hautecombe a commencé presque en même temps que la Maison de Savoie ; comme cette maison elle a eu ses jours de grandeur et de décadence, ses gloires et ses infortunes. On dirait qu'une vie mystérieuse les unit par des liens invisibles et que toute chose leur est commune, la fortune et les revers.

Sur la rive occidentale du lac, au sommet d'une falaise, dont le pied tombe à pic dans le lac, s'élèvent la tour et le clocher d'Hautecombe. Des massifs de vieux arbres entourent l'abbaye et lui font un rempart de leur ombre et de leur fraîcheur. Un petit port tracé par une digue offre son abri aux bateaux, qui cherchent le rivage ; un chemin dont la pente s'incline au flanc de la falaise monte vers l'abbaye, et de légers ruisseaux fuyant sur l'herbe égaient la promenade de leur babil.

Rien ne trouble le silence et le calme de cette retraite placée entre le ciel et le lac, que les sons religieux de la cloche qui invite à la prière, et le frémissement de l'eau sur les rochers. Les vieux Pères de l'Église avaient le sentiment de cette harmonie secrète qui unit si étroitement la solitude et la religion. Un admirable instinct du beau les a conduits dans le choix des localités où ils ont, au temps de la ferveur catholique, jeté les premières pierres de leurs pieuses fondations. Que de monastères au fond des tranquilles vallées, au sommet des plus âpres montagnes, sur les rives mélancoliques des grands lacs ! Combien d'abbayes au penchant des collines, sous l'ombre des forêts augustes, près des sources qui font entendre leurs plaintes dans la nuit. Ainsi la religion se mêlait, tout ensemble imposante et douce, aux spectacles des beautés naturelles ; elle avait pour auxiliaire l'émotion indéfinissable que communique aux âmes le silence harmo-

Hautecombe.

nieux des hauteurs, le magique aspect des grèves battues par l'Océan, la voix des forêts où mugit le vent, et les tranquilles paysages des campagnes heureuses baignées par de fécondantes eaux.

Ce fut en l'année 1125 que l'abbaye d'Hautecombe fut fondée par Amédée III, comte de Savoie, à la prière de saint Bernard, abbé de Clairvaux, et de saint Guérin, son ami, abbé d'Aulps.

Voici à quelles circonstances l'abbaye d'Hautecombe doit sa fondation.

Vers la fin du onzième siècle, des religieux de l'abbaye de Molesme en Bourgogne qui suivaient la règle de Saint-Benoît, vinrent se fixer à quelques lieues de Thonon, dans une vallée du Chablais, et y élevèrent une abbaye bientôt fameuse dédiée à Sainte-Marie d'Aulps.

Elle subsistait encore en 1792; mais en 1793 elle ne subsistait plus.

L'abbaye de Sainte-Marie d'Aulps relevait primitivement de l'abbaye de Molesme, mais en 1120 saint Guérin obtint du pape Caliste II une bulle qui consacra l'indépendance de la nouvelle maison. A cette époque-là le nombre des religieux était même si considérable que plusieurs, abandonnant le monastère d'Aulps, fondèrent une colonie à Cessens.

Cette maison prit le nom d'Hautecombe, c'est-à-dire Haute-Vallée, du lieu où elle fut établie.

Sur ces entrefaites, saint Bernard, disciple de saint Robert, ayant réformé l'ordre de Citeaux dont il était supérieur, saint Guérin, abbé d'Aulps, adopta ces réformes et ordonna aux moines d'Hautecombe établis en anachorètes dans la vallée de Cessens de rentrer dans la vie cénobitique.

Les moines obéirent, et se transportant sur la rive opposée du lac, y fondèrent un couvent dans un lieu appelé *Charaga*.

Le nom de leur première résidence suivit les religieux, et Charaga devint Hautecombe.

La charte d'Amédée III, datée de 1125, en faveur d'Amédée d'Hauterive et de ses religieux de l'ordre de Citeaux, porte donation à perpétuité *de toutes les terres allodiales qu'il possédait et avait droit de posséder à Charaga, maintenant Hautecombe*, pour y établir un monastère en l'honneur *de Dieu et de la bienheureuse vierge Marie.*

La prospérité de cette maison ne tarda pas à répondre aux espérances de son fondateur ; déjà lorsque saint Bernard la visita peu d'années après sa création, elle comptait deux cents religieux. Elle ne tarda même pas à fonder à son tour des colonies et entre autres l'abbaye de Saint-Étienne de Fossa-Nuova, près de Terracine.

Mais telle était à cette époque la prospérité des ordres religieux, que l'ordre seul de Citeaux, fondé en 1098, comptait peu après 1,300 abbayes relevant de son supérieur, l'an 1200.

Le monastère d'Hautecombe, que les princes de la maison de Savoie affectionnaient particulièrement, et qu'ils avaient doté de droits, de fiefs et de priviléges féodaux, a donné à l'Église trois saints, deux papes, plusieurs cardinaux et prélats distingués par leurs lumières et leurs vertus.

Pour mieux faire connaître les noms et la vie de ces personnages illustres, nous croyons utile d'emprunter ici quelques pages à un excellent ouvrage : *Description historique de l'abbaye royale d'Hautecombe*, que M. le baron Joseph Jacquemond, sénateur du royaume de Sardaigne, a publié en 1843, et où l'on trouvera exposés, dans un cadre clair et précis, tous les faits curieux relatifs à l'histoire de cette antique maison.

« Saint Amédée d'Hauterive, dit M. le baron Jacquemond, fut le premier abbé d'Hautecombe. Issu d'une famille distinguée de la Côte-Saint-André, dans le Dauphiné, il avait passé ses premières années à la cour de l'empereur d'Allemagne Henri V ; il se retira dans l'abbaye de Clairvaux, où il acquit l'affection de saint Bernard, qui le choisit pour diriger les religieux d'Hautecombe. L'empereur Conrad II l'appela dans son conseil ; l'empereur Frédéric Ier en fit son chancelier ; il reçut du comte Amédée III de Savoie la plus grande preuve d'estime et de confiance : ce prince, en partant pour la Terre-Sainte, le chargea de la tutelle de son fils Humbert III, et lui remit l'administration de ses États. L'abbé d'Hauterive fut à la hauteur de cette importante mission, et l'on a vu les heureux résultats de l'éducation religieuse qu'il donna au jeune Humbert. Promu à l'évêché de Lausanne, l'an 1144, il y mourut en 1158, avec la réputation d'un saint. Il a composé huit homélies en l'honneur de la sainte Vierge, insérées dans la *Bibliothèque des Pères.*

Saint Vivian, disciple de saint Bernard, fut le successeur de l'illustre Amédée d'Hauterive dans la dignité d'abbé d'Hautecombe.

Le bienheureux Humbert III, comte de Savoie, fut élevé dans le monastère d'Hautecombe, où il revint souvent faire des retraites. Quelques jours avant sa mort, il y prit l'habit religieux.

Les souverains pontifes Célestin IV et Nicolas III sortirent l'un et l'autre du monastère d'Hautecombe. Le premier se nommait *Geoffroi de Châtillon*, et fut élu pape en 1241. Le second, *Jean-Gaétan Orsini*, fut appelé sur le trône pontifical l'an 1277.

Ce titre de gloire de l'abbaye royale d'Hautecombe

y était rappelé par les deux inscriptions suivantes, qu'il paraîtrait à propos de rétablir dans le cloître :

GAUDE . DOMUS . ALTÆ-CUMBÆ

PROLEM . NUTRISTI . ECCLESIÆ

ANTISTITEM . MAGNUM . QUARTUM

CÆLESTINUM . AC . FACUNDUM

ALTA-CUMBA

SABAUDIÆ . NATUM . GENUISTI . SAPIENTIÆ

NICOLAUM . TERTIUM . PONTIFICEM . MAGNUM

ATQUE . GENEROSUM.

Parmi les abbés d'Hautecombe élevés à la pourpre romaine ou à l'épiscopat, on compte :

Henri, célèbre par ses écrits contre les Albigeois et par les nombreuses ambassades dont il fut chargé auprès des principales cours de l'Europe. Appelé en 1179 au concile de Latran, le pape Alexandre III le nomma cardinal-évêque d'Albano.

Alexandre Farnèse (1538), cardinal et neveu du pape Paul III.

Le cardinal *de Saint-Georges*, qui vivait en 1550.

Pierre de Bolomieu, nommé évêque de Belley en 1444.

Perceval de la Baume, son successeur, évêque de Mondovi et ensuite patriarche de Grade.

Claude d'Estavayé, évêque de Belley en 1516.

Claude de la Guiche, ambassadeur de l'empereur

d'Allemagne (Henri II), en Portugal et à Rome, protonotaire apostolique en 1540, puis évêque d'Agde, d'où il fut transféré au siége de Mirepoix.

Alphonse del Bene, évêque d'Alby. Ce savant prélat s'est fait un nom par ses écrits littéraires et par ses relations avec les beaux esprits de son temps. Ronsard lui dédia son *Art poétique*, et Juste Lipse son célèbre ouvrage sur les anciennes inscriptions. Il était lié avec le président Favre et saint François de Sales, fondateurs de l'Académie Florimontane d'Annecy. Del Bene fut agrégé à cette académie. Enfin, il fut nommé historiographe du roi Charles-Emmanuel Ier, qui lui accorda, par patentes du 20 mars 1572, la dignité de sénateur dans le sénat de Savoie. Les bulles pontificales qui ont conféré à ce prélat l'abbaye d'Hautecombe sont sous la date du 1er octobre 1589. Le roi, par des patentes du 20 décembre suivant, le confirma dans les fonctions de sénateur.

Les abbés d'Hautecombe ont été honorés dès lors de cette dignité, non point en vertu d'une disposition générale, comme quelques auteurs l'ont affirmé, mais par des patentes qui leur étaient accordées personnellement, comme aux archevêques de Tarentaise.

L'abbé général de l'ordre de Citeaux portait, en France, le titre de premier conseiller-né du parlement de Bourgogne.

Nous citerons encore les noms de quelques autres abbés d'Hautecombe qui ont eu des titres particuliers à la célébrité :

Godefroy, qui vivait en 1180, a écrit plusieurs ouvrages estimés, et entre autres la vie de saint Pierre, archevêque de Tarentaise.

Guy, abbé en 1212. Ce fut par son conseil que le comte Thomas accorda des franchises à la ville de Yenne.

Robert, qui vivait en 1232, eut l'honneur d'être chargé par le pape Grégoire IX, de missions très-importantes auprès des cours d'Angleterre et de France.

Lambert, abbé en 1258. Béatrix de Savoie, comtesse de Provence, et Pierre le Petit-Charlemagne, lui confièrent l'exécution de leurs dernières volontés.

Conrad fut élu abbé de Clairvaux en 1313.

Sylvestre de Saluces, abbé en 1605, fut ambassadeur des ducs de Savoie Charles-Emmanuel Ier et Victor-Amédée Ier, en France et à Venise.

Adrien de Saluces fut élevé à la dignité de doyen dans le chapitre des comtes de Gex; il mourut dans cette ville en 1640. »

Nous croyons devoir ajouter à ces documents la liste des abbés réguliers et commendataires d'Hautecombe, par Besson, que M. le baron Jacquemond a complétée d'après Mauriquez, la Chronique d'Hautecombe et les registres ecclésiastiques du sénat :

ABBÉS RÉGULIERS.

1125. — Saint Amédée d'Hauterive.
1144. — Saint Vivian.
1155. — Rodolphe.
1161. — Henri, qui devint cardinal-évêque d'Albano.
1180. — Godefroi, disciple d'Abeilard.
1201. — Pierre.
1212. — Guy.
1229. — Rodolphe.
1230. — Humbert.
1232. — Robert.
1239. — Buchard.
1263. — Lambert.
1308. — Conrad, mort à Paris en 1313, abbé de Clairvaux.
1315. — Etienne de Verdet.
1327. — Jacques.
1349. — Humbert de Seyssel.
1374. — X......
1406. — Jean de Rochefort.
1412. — Jacques de Moiria, abbé de Saint-Sulpice en Bugey.

ABBÉS COMMENDATAIRES.

1431. — Pierre de Bolomieu.
1444. — Perceval de la Baume.
1473. — Sébastien d'Orlié.
1516. — Claude d'Estavayé, évêque de Belley.
1538. — Alexandre Farnèse, cardinal.
1540. — Claude de la Guiche, évêque de Mirepoix.
1550. — Le cardinal de Saint-George.

1589. — Alphonse del Bene, évêque d'Alby et sénateur.

1605. — Sylvestre de Saluce, sénateur.

1620. — Adrien de Saluce, sénateur.

1662. — Antoine de Savoie, gouverneur de Nice et conseiller d'État.

1688. — Jean-Baptiste Marelly, sénateur, et dernier abbé commendataire d'Hautecombe.

Depuis 1826, époque de la restauration de cette abbaye royale, le roi n'a pas nommé d'*abbé d'Hautecombe*. Le monastère a été administré successivement par dom Démarest, — dom Arcasio, — dom Comino, qui avaient le titre d'*abbé* dans l'ordre de Citeaux, sans avoir celui d'*abbé d'Hautecombe*, et ensuite par les révérends pères prieurs dom Hilarion Ronco, — dom Jean de la Croix, et dom Claude Curtet, maintenant en fonction.

Le couvent renferme actuellement neuf religieux prêtres : — dom Claude Curtet, prieur, — dom Hilarion Ronco, — dom Jean de la Croix, — dom Humbert Lacombe, — dom Charles Gotteland, — dom Pierre Bovagnet, — dom Camille Bouvier, — dom Paul Gagneux, — dom Joseph Tremay.

L'abbaye d'Hautecombe, enrichie par les dons et les priviléges que lui avaient accordés les princes de la Maison de Savoie, et notamment Humbert III, Thomas Ier, Thomas II, Amédée IV, Sibylle de Baugé, Édouard-Aimon-Louis II, baron de Vaud ; Bonne de

Bourbon, femme d'Amédée VI; Humbert, comte de Romon; Yolande de France, femme d'Amédée IX, dit le Bienheureux, etc., etc., vit sa prospérité s'affaiblir dès les premières années du dix-septième siècle ; et quand éclata la révolution française, l'invasion des armées républicaines, commandées par le général Montesquiou, acheva l'œuvre commencée par le temps et les guerres.

Le 22 septembre 1792, après la fatale journée du 10 août, les troupes françaises franchirent la frontière, et, le 26 octobre suivant, un décret de la Convention déclara propriété nationale *les biens du clergé de Savoie, tant séculier que régulier*.

En vertu de ce décret, deux officiers municipaux se rendirent à Hautecombe le 4 novembre, et procédèrent à l'inventaire des immeubles et du mobilier de l'abbaye. Bientôt les moines furent contraints d'abandonner leur retraite séculaire, et plus tard, en 1796, les commissaires du gouvernement français firent vendre aux enchères publiques l'abbaye, l'église, et tous les biens qui en dépendaient.

Les sépulcres des princes de la maison de Savoie ne furent pas plus épargnés que ne l'avaient été les caveaux de Saint-Denis. La république portait la spoliation et le sacrilége en pays conquis; partout où elle entrait, ses principes entraient avec elle. On fouilla les tombeaux pour en tirer les objets précieux qui pouvaient s'y trouver; tout fut emporté, et notamment la couronne ducale qu'on voyait dans le caveau de la chapelle des princes, sur le tombeau du duc Philibert.

Peu d'années après ces actes de vandalisme, une fabrique de faïence succédait à l'abbaye.

Les traités de 1815 replacèrent les provinces de la Savoie sous la domination royale de l'antique Maison de Savoie, représentée alors sur le trône de Sardaigne par le roi Victor-Emmanuel. L'abbaye, l'église, les bâtiments qui en dépendaient, n'offraient plus au regard qu'un amas de décombres d'herbes sauvages; mais le roi Charles-Félix, qui avait succédé à la couronne le 19 avril 1821, par l'abdication de son frère, fit, le 23 août de la même année, l'acquisition de toutes les terres d'Hautecombe, et ordonna que l'église et l'abbaye seraient réédifiées aux frais de la cassette royale.

C'était un pieux hommage de piété filiale qu'il voulait rendre à la mémoire de ses ancêtres.

Le chevalier Ernest Melano, architecte de S. M., fut chargé de diriger les travaux de la nouvelle église, dont il avait donné les dessins. Ses collaborateurs dans cette œuvre ont été :

Le chevalier Benoît Cacciatore, de Milan, pour les statues et les bas-reliefs, à l'exception toutefois de la statue et du bas-relief qui décorent les autels dédiés aux bienheureux Humbert et Boniface;

Louis Cacciatore pour les ornements;

François Gonin et les frères Vacca, pour les peintures; Hothgassner, de Vienne en Autriche, pour les vitraux;

Les frères Agati, de Pistoie, pour les orgues;

Et enfin les frères Borione, pour les ornements en stuc et le buffet d'orgue sculpté en bois.

L'église a la forme d'une croix latine; l'abside incline un peu à gauche en souvenir du Christ que la tradition fait mourir la tête penchée à gauche sur la croix; elle a pour vestibule la chapelle du roi ou *de Belley*, où sont les tombeaux du roi Charles-Félix et de Claude d'Estavayé. L'église est partagée en trois nefs, celle du milieu présente de chaque côté six pilastres supportant six arcs en ogive. Le portail, tourné vers l'occident, est du style gothique fleuri. On en doit la construction à S. M. la reine Marie-Christine, femme de Charles-Félix.

L'église d'Hautecombe, ainsi réédifiée et restaurée, renferme un grand nombre de statues, de bas-reliefs, d'ornements qui ajoutent une grande magnificence à l'aspect imposant du lieu.

Les ossements des princes de la Maison de Savoie, trouvés dans les caveaux de l'église, reposent dans les monuments funèbres que l'auguste piété de Charles-Félix leur a fait élever.

Les tombeaux sont ceux d'Amédée V, dit *le Grand;* d'Amédée VI, dit *le Comte-Vert;* de Louis II, baron de Vaud; de Louis, fils de Philippe II; d'Edouard le Libéral; d'Amédée VII, dit *le Comte-Rouge;* de Thomas Ier; de Philibert Ier, dit *le Chasseur;* de Philippe II, surnommé Sans-Terre; de Jean, fils d'Amédée V; de Philippe Ier; d'Agnès, fille d'Amédée V; de Béatrix, fille de Thomas Ier; d'Yolande, fille du duc Charles; d'Humbert III, dit le Saint; de Pierre de Savoie, dit le Petit-Charlemagne; de Louis Ier et de Jeanne de Montfort sa femme; d'Aimon et d'Yolande de Montferrat sa femme; d'Amédée IV; de Thomas II; de Sibylle de Baugé; de Marguerite, fille de Thomas V.

On voit en outre les cénotaphes de Claude d'Estavayé, évêque de Belley; de dom Antoine de Savoie, abbé d'Hautecombe; de Guillaume de Savoie, évêque; du bienheureux Boniface, évêque de Cantorbéry; de Germain de Zœringen.

Le cloître touche à l'église; de grands jardins admirablement entretenus l'entourent, et du milieu des fleurs et des arbustes entretenus par la main des religieux, le regard embrasse la profondeur du lac, le rocher de Châtillon, les sommets déserts de Saint-Germain, et toute la ligne accidenté des montagnes qui fait une ceinture au bassin d'Aix et se mêle aux nuages.

Les antiquités curieuses qui ont échappé au marteau des révolutionnaires ont été recueillies avec soin et réunies dans une des galeries du cloître : débris de statues et de chapiteaux, inscriptions rompues, bas-reliefs ébréchés, décombres de toutes sortes, pierres tumulaires en éclats, disent assez quelle était la splendeur d'Hautecombe, et quelle fut sa ruine avant que la main pieuse de Charles-Félix en eût relevé les antiques murailles.

Cette courte description ne saurait donner une idée exacte de ce magnifique monument et de son histoire; mais nous renverrons les plus curieux au beau travail de M. le baron Joseph Jacquemond; nous en avons donné le titre. Ce remarquable ouvrage, écrit avec élégance et plein de recherches, ne laisse rien à désirer. C'est une justice que nous aimons à rendre à l'un des hommes les plus éclairés de la Savoie.

Mais à côté de ces tranquilles jardins suspendus au-dessus des flots, auprès de l'imposante abbaye arrachée aux ruines, une des merveilles de la nature attire encore une foule de curieux : nous voulons parler de la fontaine intermittente.

Qu'on se figure, au pied d'une colline, un étroit bassin de rochers, d'où s'échappe, à intervalles inégaux, une masse d'eau limpide qui coule à gros bouillons. Des marronniers énormes, comme ceux qu'on remarque aux Tuileries, des platanes aux troncs verts, couvrent de leur ombrage séculaire l'humide réservoir de la fontaine. L'eau, rejetée avec violence, s'écoule à travers les cailloux et les herbes; le bassin se vide; au bout de quelques minutes, ou d'un quart d'heure, suivant la saison, un bruit souterrain annonce le travail mystérieux de la fontaine; le bruit augmente, se précipite; c'est une plainte, un mugissement, et voilà soudain l'eau écumante qui jaillit et sort à flots pressés. Le bassin s'emplit en quelques secondes, et bientôt le jet capricieux s'arrête.

L'eau de la fontaine intermittente est d'une pureté de cristal et d'une fraîcheur délicieuse.

C'est autour de cette fontaine que les baigneurs d'Aix se donnent les uns aux autres des déjeuners dansants. La salle de bal est une pelouse; les arbres offrent leur tenture de feuillage; on a pour siéges de larges blocs de rochers semés çà et là, et si la nuit surprend les convives, on suspend des torches aux troncs superbes des marronniers.

Les déjeuners dansants se terminent quelquefois en media-noche. On était venu avec le soleil, on s'en retourne avec la lune.

Mais, dira-t-on, et les bons Pères d'Hautecombe!...

Les bons Pères ont trop d'expérience pour ne pas comprendre à quelles faiblesses la nature humaine est sujette. Ils lisent leur bréviaire, cultivent leurs fleurs et leurs fruits, prient Dieu pour tous les pécheurs, et méditent sous leurs beaux ombrages, les mains toutes pleines d'indulgences.

La grotte de Raphaël.

La maison du Diable.

LA MAISON DU DIABLE, — LE CHATEAU DE BONPORT, — LES COLLINES DE SAINT-INNOCENT, — SAINT-GERMAIN, — FONTAINE DE SAINT-SIMON, — FONTAINE DE MOUXY.

Si le titre est effrayant, la chose ne l'est pas. La Maison du Diable n'a vraiment rien de dangereux, même au clair de lune, et les promeneurs les plus timides la peuvent visiter à toute heure, sans craindre aucune apparition.

Quel assemblage de mots cependant pour faire tressaillir d'aise et d'épouvante les Anglaises amoureuses du fantastique! N'évoquent-ils pas en foule des souvenirs renouvelés des contes d'Hoffman, et ne vous semble-t-il pas voir, quand on parle de la Maison du Diable, une vieille tour branlante, à demi perdue dans une forêt de mélèzes, bâtie sur quelque âpre montagne et tout entourée de ruines, de broussailles épaisses et de pans de murs écroulés où crie et se blottit l'orfraie?

Au bord du Rhin, la Maison du Diable serait un donjon féodal; en Savoie, c'est presque une ferme.

Pour arriver à la Maison du Diable, on ne traverse ni sombres forêts ni torrents sauvages; point d'abîmes entre ses vieilles murailles un peu noircies et les terrasses blanches du Casino; point de gorges sinistres, point de ravins ni de bruyères où le vent pleure et se lamente; mais, en revanche, mille sentiers coquets, de petits ruisseaux causeurs, de fraîches haies où babillent à l'ombre des nichées d'oiseaux charmants, la linotte, le chardonneret, le pinson joyeux et la fauvette amoureuse; des bosquets d'acacias, de tilleuls, de platanes, de jolis chemins capricieux qui vont et viennent parmi les prés, entre de vertes ceintures de peupliers; des vignes pendues en festons de pommiers en pommiers, et parmi les pelouses où la source amie se fraye un lit de gazon, de grands châtaigniers versant leur ombre et leur fraîcheur.

Cette promenade est l'une des plus fréquentées qui soient aux environs d'Aix; il n'est pas un âne qui ne la connaisse pour l'avoir faite cent fois; on peut mettre la bride sur le cou au plus étourdi du troupeau, et une fois qu'il aura dépassé le Pont du Tillet, il ira tout droit et sans broncher jusqu'à la Maison du Diable.

Un banc de grès coupé à pic forme la crête de la colline sur laquelle la Maison du Diable est assise. On jouit de ce sommet de l'un des plus beaux points de vue qui soient dans la campagne d'Aix. Le lac du Bourget étend sa nappe d'azur au pied du spectateur; au nord se dressent l'abbaye d'Hautecombe, le rocher de Châtillon, et la montagne du Colombier, et commence le canal de Savières, qui met, par le Rhône, le lac du Bourget en communication directe avec la Méditerranée. A l'est, on découvre les coteaux de Saint-Innocent, et plus loin, le grand rocher de Saint-Germain dont les escarpements arides dominent les rives du lac. Au midi, s'étend le vaste et riche bassin de Chambéry.

Quant à la Maison du Diable, c'est un assez grand bâtiment rectangulaire à deux étages, quelque peu noir et sinistre, percé de fenêtres carrées où s'engouffre le vent, et construit de grosses pierres à l'épreuve du temps.

La maison n'est pas habitée ; à moins, toutefois, que son dernier locataire, le Diable, n'y tienne le sabbat à huis-clos. Une magnanerie est là tout auprès.

Autour de la maison, et sur la pente de la colline, le plus frais gazon étend son tapis ombragé par des bouquets de noyers et de châtaigniers. Des vaches paissent çà et là, le museau dans l'herbe, et quelque bergère en jupon rouge dort au bord d'une haie.

La pastorale l'emporte sur le fantastique.

Mais quand on a l'honneur d'appartenir au diable, tout au moins par l'étiquette, on a toujours quelques bouts de légendes à raconter aux curieux.

La Maison du Diable en a trois.

La première appartient au genre sentimental et bucolique. Elle relève essentiellement de Gessner.

La seconde touche au merveilleux. On la pourrait croire née aux bords du Rhin.

La troisième est philosophique par un côté. C'est la moins connue.

D'après M. le comte de Fortis et sur la foi de M. Rey, curé de Tresserve, on raconte qu'une jeune fille du nom de Toinette vivait, il y a quelque vingt-cinq ou trente ans, auprès de sa mère dans une chaumière voisine de la Maison du Diable.

Toinette était jolie et fraîche comme la fleur de l'églantier. Mais tout en cueillant de l'herbe pour ses brebis, Toinette rencontra un jour un beau chasseur qui abandonna pour ses beaux yeux les perdreaux et les lièvres de la colline. Le chasseur faisait la cour à la bergère, et la bergère faisait des bouquets pour le chasseur.

De promenades en promenades et de bouquets en bouquets, les voisins s'aperçurent des visites que les amoureux rendaient, au clair de lune, aux bocages les plus mystérieux de la colline.

Le curé s'émut à cette nouvelle et prit Toinette à part.

La bergère rougit un peu, pleura beaucoup, et finit par répondre en sanglotant :

— Il est trop tard !

C'est le mot de toutes les situations critiques.

Le curé voulut interroger le chasseur, mais il avait disparu.

Que faire alors? Une bonne dame s'attendrit au récit des infortunes de Toinette et la conduisit à Lyon, où la légende elle-même ignore ce que devint la jeune bergère.

La mère, interrogée sur le sort de Toinette, répondit avec non moins de douleur que d'hypocrisie : *Que le diable avait pris sa fille.*

Un diable de vingt ans, riche et joli garçon !

Le diable ne sortit plus de la mémoire des bergères de Tresserve, et la maison qui avait protégé les amours de Toinette et du chasseur garda le nom de Maison du Diable.

Si M. de Marmontel avait connu cette histoire, il en aurait fait un conte moral; ne l'a-t-on pas vue dix fois déjà en opéra-comique?

Si les notaires du pays, gens médiocrement adonnés au merveilleux, assurent que la Maison du Diable a été bâtie par un propriétaire de Chambéry qui ne put en achever la construction, de malheureuses spéculations l'ayant ruiné, la tradition affirme que le diable est le véritable architecte de cette maison.

Un homme — quelque sorcier ou quelque misanthrope sans doute — avait entrepris d'élever, il y a longtemps, une maison à l'endroit le plus désert de la colline. C'était un lieu sauvage tout couvert de vieux arbres. Les pierres qu'il employait à l'édification de son ermitage étaient énormes, si grosses même que Samson et Goliath en réunissant leurs muscles n'eussent pas pu remuer la plus petite d'entre elles.

Mais ce que Samson n'aurait pas pu faire, le diable le faisait, l'homme à la maison l'ayant pris à son service.

Satan, qui ne travaille jamais pour rien, avait stipulé par contrat que l'âme du propriétaire lui appartiendrait après sa mort.

Le sorcier, qui se croyait très-fort en grimoire, espérait se moquer de son associé pendant un siècle ou deux et appeler ensuite quelque saint à son aide pour lui éviter les désagréments de l'article fatal.

Chacune des parties contractantes se proposait honnêtement de voler son associé. De diable à sorcier il n'y a que la main.

Mais la maison étant achevée, le diable, qui avait affaire ailleurs, tua le sorcier d'un coup de griffe et emporta son âme.

Mademoiselle Jenny Bernard, qui est l'Amable Tastu de la Savoie, a raconté cette légende dans son *Luth des Alpes*.

Après avoir parlé du travailleur et de son projet, on raconte, ajoute-t-elle :

> Qu'un diable était la nuit son aide épouvantable ;
> Que du fond de l'enfer il apportait la chaux,
> Et d'un souffle de flamme allumait les fourneaux ;
> Et même on l'entendait compter les grains de sable
> Qu'il retirait des bords de l'eau
> Quand le vent tournoyait à l'entour du coteau.

Notre homme travailla sans relâche pendant quarante ans,

> Sans quelqu'un pour l'aider, seul, sans auxiliaire,
> Sans perdre en vains discours une heure, un seul moment ;
> Lui seul taillait la pierre et broyait le ciment.

Enfin, la maison était construite, et l'architecte allait en prendre possession,

> Quand un hôte effrayant vint frapper à la porte :
> C'était la Mort!...

On ne dit plus, depuis cette fin tragique, que les Savoyards aient consenti à employer le diable en qualité de maître maçon.

Voici maintenant la troisième légende, la légende philosophique :

A une époque fort éloignée, mais dont la légende ne précise pas la date, vivait aux environs d'Aix un jeune seigneur beau, magnifique et vaillant, qu'on appelait le comte Berthold.

Tout le monde a le droit d'être beau et brave, mais le comte Berthold abusait de ce droit, et les jolies filles du pays le savaient bien. Il les courtisait toutes, et toutes se laissaient courtiser. Un peu cousin par alliance de Robert-le-Diable, le comte Berthold était l'effroi de tous les maris; c'était à qui cacherait sa femme au plus profond de sa maison aussitôt qu'on le voyait passer. Les choses en vinrent à ce point, que les familles du canton prirent le parti d'émigrer en masse; les borgnes, les idiotes et les bossues restèrent seules dans le pays. Mais le comte Berthold ne se découragea pas pour si peu.

Le matin il montait à cheval, battait la campagne de Genève à Chambéry, et le soir venu, on le voyait rentrer au château, menant en croupe quelque jolie femme, fille ou mariée, prise on ne sait où.

Chaque matin c'était nouveau cheval, et chaque soir nouvelle femme.

Un jour que le comte Berthold était à la chasse,

Sans épée et sans cuirasse,

comme dit la ballade, il rencontra une pèlerine qui s'en allait par le chemin.

Jamais si charmant visage n'avait frappé les regards du comte Berthold, qui cependant se connaissait en beauté. On aurait dit la déesse des amours.

La pèlerine semblait fatiguée. Le comte Berthold mit pied à terre et lui offrit son cheval; elle l'accepta.

Il prit l'animal par la bride, et, suivi de ses pages et de ses écuyers, il se hâta de regagner le château; chemin faisant, il adressait à l'étrangère les plus doux compliments, à quoi elle répondait de manière à prouver qu'elle avait autant d'esprit que de beauté.

En arrivant au château, la belle s'évanouit; le comte la fit transporter dans la plus belle chambre et passa la nuit à la veiller, à genoux au pied du lit et baisant avec force soupirs sa main mignonne et blanche.

Au point du jour elle ouvrit les yeux. Le comte s'agenouilla.

— Madame, lui dit-il, pour être aimé de vous je donnerais tout ce que j'ai.

L'étrangère secoua la tête.

— Mon amour ne s'achète pas, dit-elle, il se gagne.

— Eh bien ! reprit le comte, pour le mériter je ferai tout ce que vous voudrez.

— Nous verrons bien, répondit-elle.

Le fait est qu'on vit des choses auxquelles personne ne s'attendait.

Le cheval qu'on apprêtait chaque matin pour les excursions amoureuses du comte rentrait à l'écurie sans que son maître eût mis seulement le pied à l'étrier.

Le comte Berthold, qui était naguère un franc compagnon, buvant sec et riant fort, ne chassait plus, ne chantait plus, ne courait plus ; mais en revanche, on le voyait quelquefois au bord du lac gémissant et soupirant comme un troubadour.

Un jour il rencontra, au détour d'un sentier, dame Berthe, la plus jolie châtelaine du pays. Elle trembla comme une colombe surprise par un autour et rougit fort. Il ne la regarda même pas.

— L'impertinent ! dit-elle en ramenant son voile sur ses yeux.

Et elle pressa son cheval, sans qu'il prît la peine de se retourner.

Grande fut la surprise des Savoyards à cette nouvelle. Petit à petit le pays se repeupla ; on se rapprocha un peu, beaucoup, tout à fait, les pères ramenant leurs filles et les maris leurs femmes.

— Quel changement! disaient-elles toutes en le suivant du regard quand il passait.

Et quelques-unes soupiraient.

Tous ces miracles c'était l'étrangère qui en était la cause ; et qu'elle se donnait peu de peine pour les obtenir !

C'était bien la plus charmante créature qui se pût voir, blonde avec des yeux bleus ; mais ses yeux, du plus bel azur et les plus ravissants du monde, brillaient d'un feu extraordinaire.

Quant à son caractère, c'était le plus fantasque qui se pût imaginer.

Tantôt gaie comme le mois de mai et tantôt triste comme un jour de pluie ; riant le matin, soupirant le soir, impénétrable comme un brouillard, expansive comme une source, tendre comme les premières fleurs, ou plus insensible que la neige ; mais au demeurant la plus adorable créature qui fût en Savoie.

C'était chaque jour mille caprices nouveaux auxquels le comte Berthold se soumettait. Il fallait une fois convier toute la noblesse du pays et passer la nuit en fête. Une autre fois on partait en pèlerinage pour quelque monastère fameux où l'on faisait pénitence, la robe de bure sur le dos et le rosaire à la main.

Le comte crevait ses meilleurs chevaux pour apporter à l'étrangère les étoffes précieuses, les fruits magnifiques ou les parfums rares qu'elle souhaitait, et lorsqu'à grand'peine et à grands frais il avait réussi à lui procurer ce qu'elle demandait, — il était trop payé s'il obtenait un petit *merci* bien dédaigneux.

En revanche, il est vrai, il arrivait souvent que l'étrangère pleurait à chaudes larmes quand elle rencontrait un petit Savoyard trottant pieds nus par les sentiers et tendant la main aux passants.

Dire que le comte Berthold l'adorait ce serait peu de chose, il en était fou.

Il y avait à l'extrémité de la colline de Tresserve un promontoire où elle aimait à se retirer pour rêver. Fantaisie lui prit de faire bâtir une résidence d'été dans ce lieu sauvage d'où la vue s'étendait sur tout le lac. Un beau soir elle en parla au comte.

Le comte donna ordre qu'on fît venir à l'instant cinquante maçons.

— Non pas, dit-elle, c'est vous qui bâtirez le pavillon.

— Moi! s'écria le comte.

— Oui, vous, et vous tout seul.

Le comte obéit.

Il se mit à l'œuvre dès le lendemain et travailla quarante semaines, taillant, creusant, et cimentant sans repos ni trêve.

Quand le pavillon fut terminé, l'étrangère s'y renferma sans permettre jamais que le comte Berthold y pénétrât.

Cependant le pauvre seigneur était si maigre que cela faisait pitié.

Le soir venu, après une promenade dans les bois, elle lui donnait sa main à baiser au travers des barreaux de la porte.

— C'est un ange! disait le comte les larmes aux yeux.

Mais les gens du pays, qui ne pouvaient rien comprendre à la puissance infinie qu'elle avait prise sur l'âme du comte, hochaient la tête et se signaient, disant :

— C'est le diable!

Une nuit d'hiver le comte tomba malade. Le médecin fut mandé et conseilla force drogues.

— Ah! mon Dieu! dit le malade, mais si je ne sors pas demain, je ne la verrai donc pas!

Et il voulut se lever, mais il retomba sans force dans son lit.

A minuit, l'étrangère parut dans la chambre sans qu'on pût savoir par où elle était entrée.

Le comte lui tendit les bras.

L'étrangère s'arrêta au milieu de la chambre; ses yeux brillaient comme des flammes.

— Seigneur comte, vous êtes mort, dit-elle, recommandez votre âme à Dieu.

— C'est possible, dit-il; et il me semble bien que ce sont vos rigueurs qui m'ont tué; mais si vous me dites que vous m'aimez, je m'en irai content.

A mesure que le comte parlait, le corps de l'étrangère devenait transparent.

— Vous n'avez plus qu'une heure à vivre, reprit-elle, repentez-vous. Je suis l'âme d'une pauvre fille que vous avez séduite. Le bon Dieu, à qui j'ai demandé votre grâce, m'a permis de vous faire faire pénitence sur la terre. Vous aviez péché par les femmes, c'est par une femme que vous avez souffert et pleuré. Adieu, soyez sauvé.

Quand vint le jour, on trouva le comte Berthold mort dans son lit; il était à genoux, les mains jointes comme un saint en prières.

L'étrangère avait disparu. Pendant la nuit un grand vent avait renversé les murailles du pavillon dont il ne reste plus que la masure à laquelle la tradition populaire a conservé le nom de Maison du Diable.

C'était un assez bon diable, comme on voit.

Mais si les fantômes et les esprits ne hantent pas la Maison du Diable, les apparitions y sont cependant quotidiennes.

Combien de fois, aux heures du soir, ne voit-on pas sous les noyers de la Maison du Diable des ombres errantes qui passent furtivement et sans bruit! Combien de fois, au clair de lune, n'aperçoit-on pas sur la pelouse muette de ces couples amoureux qui cherchent la solitude et le silence! Voyez-les! on dirait qu'un génie invisible écarte devant leurs pas la broussaille complaisante, l'herbe plus molle s'incline sous leurs pieds, la brise caressante leur apporte le parfum des fleurs, l'étoile de Vénus les suit d'un œil timide, et eux cependant, aux bras l'un de l'autre, ils suivent le sentier discret.

Se parlant bas, quoique tout seuls!

comme dit le poëte!

Le paysage y est bien pour quelque chose sans doute, les herbes sont si douces et si frais les ombrages, mais l'influence du locataire de la maison y est pour beaucoup. Le malin — comme on disait autrefois — y conduit les belles rêveuses; on y vient en riant, on en part en soupirant, mais on y retourne encore, et bien qu'il ait déménagé, le diable n'y perd rien.

Laissez donc passer ceux qui passent! d'autres viendront après, puis d'autres encore, et la colline de Tresserve aura toujours pour tous de doux ombrages et de frais asiles!

Le château de Bonport est situé sur la rive orientale du lac, au pied de la colline de Tresserve et presque en face du château de Bordeau.

C'est un des endroits que les pêcheurs ne manquent jamais de visiter, et quand ils l'ont visité ils s'y arrêtent. Mais, qu'on y vienne pour y chercher la truite et le lavaret, ou qu'on s'y rende pour s'y promener seulement, le paysage qui vous y attend n'en est pas moins beau.

Tout en face les ruines du château du Bourget et les vieilles murailles du château de Bordeau, la Dent-du-Chat et la ligne austère des montagnes; plus loin, vers le nord, l'abbaye d'Hautecombe, et au fond du tableau le rocher de Châtillon, que domine à l'horizon le mont du Colombier.

En revenant du côté d'Aix, le regard rencontre le village de Cornin et ses massifs d'arbres, à l'embouchure du Sierroz, et le port de Serès.

Vers le midi, la vue embrasse la profonde et large vallée où vingt châteaux s'abritent dans le silence des bois et que couronnent les hautes montagnes d'Aiguebelette et de la Grotte, derrière lesquelles s'élèvent les cimes blanches des Alpes.

La colline de Tresserve et une petite plaine d'une demi-lieue d'étendue séparent le château de Bonport de la colline de Saint-Innocent, où l'on arrive par l'avenue de peupliers qui sert de trait d'union entre le lac et Aix-les-Bains.

La colline de Saint-Innocent s'avance comme un promontoire dans le lac; ses deux versants chargés de vignobles ont une grande renommée dans le pays. Des milliers d'arbres fruitiers mêlés aux vignes qui courent de branches en branches présentent aux mains la cerise, la pêche, la châtaigne, l'abricot, la figue, la pomme, la noix, la poire et vingt autres fruits d'un goût et d'une saveur remarquables. Saint-Innocent est la serre d'Aix-les-Bains.

Les antiquaires, sur la foi de quelques inscriptions découvertes sur des morceaux de marbre, ont assuré qu'un temple romain d'une grande magnificence avait existé à Saint-Innocent. L'une de ces inscriptions, trouvée par un Anglais, porte les caractères que voici :

```
       .. G .. SACR..
     .... ICOS . EDICARM.
      .. STIQUA . CONSUE..
      .. NE . L . ARRIUS...
       INUS . EX . VOT . A . D .
```

Nous donnons ces hiéroglyphes latins à traduire aux savants de l'Académie des inscriptions et belles-lettres.

Il n'y a plus de temple à Saint-Innocent, mais il y a une église, un joli village où vous conduit une avenue d'érables et de cerisiers, et de charmantes villas dont l'aspect souriant réjouit le regard, et parmi lesquelles il nous faut citer celle de M. Blanchard, située à l'extrémité même du promontoire au-dessus du lac.

L'aspect de la nature change et varie à tout instant aux environs d'Aix. Nous avons vu les ombrages de Bonport, les solitudes de Bordeau, les jardins de Tresserve, voici maintenant les gorges de Saint-Germain. Là-bas les vignes, les plus doux fruits, les fleurs et la végétation la plus luxuriante ; ici les rochers arides et brûlés, la pierre desséchée, quelques rares broussailles ; là-bas l'été, ici l'hiver.

Qu'on se figure un chemin frayé entre deux pans de rochers, dont l'un tombe à pic et l'autre s'incline par une pente rapide. Au bout de ce chemin en talus et penché comme un toit s'ouvre la nappe étincelante du lac.

Ce miroir éclatant, où resplendissent tous les feux du soleil, semble couper brusquement le chemin ; l'œil le voit, la main va le toucher, et cependant une lieue tout au moins sépare la gorge du lac. L'illusion d'optique est saisissante.

Le paysage qui entoure la gorge de Saint-Germain est sauvage et d'un aspect désolé; la montagne est coupée d'escarpements taillés à pic; les rochers suspendus au-dessus du lac semblent menacer la route qui passe à leurs pieds, et les blocs répandus çà et là indiquent assez que sous l'effort du temps et des pluies leurs masses formidables s'écroulent quelquefois.

Une grande croix de bois s'élève au-dessus de ces rochers, plantée par les fidèles comme pour appeler la protection divine sur ces solitudes visitées par la tempête et la foudre.

Une légende transmise de père en fils rapporte que cette croix fut plantée dans l'origine par saint Germain lui-même. Le bon saint voyageant un jour en Savoie eut fantaisie de faire connaissance avec le pauvre village qui s'était placé sous son patronage. Les saints faisaient assez volontiers autrefois des visites pastorales. Il trouva les villageois fort affligés des avalanches de pierres qui tombaient de la montagne, et qui tuaient bon an mal an une douzaine de pauvres diables. Les uns voulaient bâtir un mur et les autres déménager.

— Venez avec moi, dit le saint.

Et il mena les bonnes gens au sommet de la montagne, où il planta lui-même deux grands bâtons liés en croix.

— Priez Dieu, dit-il ensuite, voilà qui vous protégera contre les avalanches.

Cela dit, le saint s'en alla.

Mais un esprit fort se trouvait parmi les auditeurs. Le saint parti, ce mauvais garnement se mit à le railler, et, poussé par le malin, il jeta bas la croix d'un coup de pied, disant :

— Je passerai bien et n'ai peur de personne.

Le soir venu il descendit la montagne et s'engagea sur le chemin. Une pierre roula tout à coup de la hauteur, l'atteignit à la tête et l'étendit roide mort.

Le lendemain le village tout entier monta pieds nus sur la montagne et réédifia la croix de saint Germain.

De profondes cavités, cavernes informes que la mythologie eût peuplées de géants, ouvrent leurs bouches béantes au flanc de la montagne; le vent qui souffle incessamment à ces hauteurs s'y engouffre avec des bruits terribles; on est aux bords du lac du Bourget et l'on pourrait se croire sur les grèves de la Bretagne.

Autrefois les Romains avaient une forteresse sur un plateau voisin qui porte encore le nom de *Château de Morian*, et où quelques tuiles antiques avec de rares vestiges de murailles rappellent seules la domination des maîtres du monde. De cette hauteur sauvage l'œil embrasse un horizon sans limite, toute l'étendue du lac, le bassin d'Aix, et un cercle bleuâtre de montagnes noyées dans la brume.

Il faudrait avoir la manie des chiffres comme la statistique pour compter le nombre des sources qui répandent leurs eaux dans le bassin d'Aix. Il y en a partout, il y en a encore, il y en a sans cesse. Au temps où les faunes curieux et les satyres errants peuplaient les vallons heureux de leurs tribus vagabondes, combien de naïades ne devaient-ils pas rencontrer en Savoie, celles-là dans les prés toujours verts et celles-ci plus timides dans les bois écartés, les unes bruyantes et fringantes, courant à travers mille détours et riant aux éclats sur les cailloux polis, et d'autres paresseuses, indolentes, et, comme charmées d'habiter de si beaux lieux, s'oubliant dans les prairies natales et sous les bocages mystérieux où traînait parmi les herbes un pan de leurs robes vertes. Au nombre de ces fontaines nous citerons celles de Saint-Simon et de Mouxy, l'une adonnée à la science comme une académie de médecine, et l'autre tout simplement fraîche et gracieuse comme une bergère.

La fontaine de Saint-Simon est située sur la route de Genève, au bord du torrent de la Baie, derrière un moulin. Tout auprès jaillit de terre une autre source que de gros arbres ombragent, qui ne guérit d'aucune maladie, mais qui rafraîchit les promeneurs, ce qui a bien aussi son avantage.

En termes de médecine, les eaux de la fontaine de Saint-Simon sont ferrugineuses, martiales et acidulées. Elles ont quelque analogie avec celles de la Charbonnière, aux environs de Lyon, et teignent d'une couleur rougeâtre le lit de sable et de gravier sur lequel elles coulent.

Cette source précieuse pour ses qualités était abandonnée et dans un état complet de dégradation; M. le docteur Despine fils n'ayant pu décider l'administration des bains à en faire l'acquisition, a lui-même acheté la fontaine de Saint-Simon, qu'il a ouverte au public après l'avoir restaurée.

Il est une autre fontaine que de récents travaux ne tarderont pas à rendre célèbre dans l'histoire des eaux médicales.

Autrefois la fontaine de Marlioz n'était qu'une fontaine, une fontaine versant une masse considérable d'eau sulfureuse, froide il est vrai, mais à laquelle on ne prenait pas garde; aujourd'hui c'est un jardin anglais avec tous les accessoires que comporte l'art de la décoration rustique : pavillon, bancs de gazon, kiosques, salons de repos, ombrages, sentiers et quinconces.

Le propriétaire de ces eaux, M. Regaud, a voulu inaugurer par une fête champêtre, le 21 juin 1850, la transformation de la fontaine de Marlioz. Une brillante

Marlioz.

compagnie, où l'on remarquait les personnages les plus notables d'Aix et de Chambéry, s'était rendue à son invitation; et dans un banquet où les toasts n'ont pas manqué, on a donné à l'une des sources le nom de *source d'Esculape*, et à l'autre celui de *source d'Adélaïde*.

Le nom d'Esculape s'explique de lui-même, celui d'Adélaïde provient d'une circonstance locale. Les convives ont voulu que l'une des sources portât le nom de l'aimable hôtesse qui entendait si bien les devoirs de l'hospitalité.

La source d'Esculape donne 3,630 litres d'eau par jour, celle d'Adélaïde 1,000 seulement.

Les deux sources jaillissent également de bas en haut; mais tandis que l'une, la première, marque 30° sulphydrométrique, la seconde n'en marque pas plus de 24°.

La fontaine de Mouxy est à trois quarts d'heure de la ville, sur une hauteur; celle de Marlioz est au niveau de la route d'Aix à Chambéry, à quinze minutes seulement du Casino.

Voilà bien des promenades, sans doute, mais il nous en reste une encore à indiquer : c'est la route qui conduit d'Aix à Chambéry par la vallée.

Qu'on se représente un fouilli charmant de haies, de bosquets, de prairies, de ruisseaux qui franchissent de petits ponts rustiques, de chaumières tapies sous les arbres avec de vieux toits moussus, de chalets groupés au bord des sentiers, de moulins babillards, de cascatelles gazouillant de toutes parts, de hameaux bâtis tout exprès pour le ravissement des peintres, de chemins creux d'où le regard se perd dans un labyrinthe de noyers, de châtaigniers, d'érables et de peupliers ! Ajoutez à ce paysage des vaches errant parmi les grandes herbes, des chèvres suspendues aux flancs des coteaux, des attelages de bœufs, des petites filles courant pieds nus dans la campagne, et çà et là dispersés dans les plus heureuses situations de somptueux châteaux pareils aux rois de la vallée, et quand vous aurez mêlé à ce tableau toute la fraîcheur et toute l'élégance des eaux, de la lumière et des arbres, c'est à peine si vous parviendrez à concevoir la grâce enchanteresse de ces beaux lieux.

Du Vivier peu distant de la colline de Tresserve jusqu'à la Cassine près de Chambéry, que de sites et que d'aspects variés ! Voici Voglan, Drumettaz, où la pioche soulève encore des poteries et des cercueils romains, plus loin apparaissent Saint-Ombre ou Chambéry-le-Vieux et le château de Candie; là commence une longue forêt de sapins que le hasard a plantés comme un artiste; plus bas dans la vallée se montrent les villages de Lamotte et de Bissy, que protégent les coteaux de Beauvoir, de Piochet et de Saint-Ombre. Encore un pas, c'est Caramagne, et après Caramagne Chambéry.

Parmi les châteaux dont les toits se dessinent dans la vallée, celui de La Motte est l'un des plus charmants. L'hospitalité prévenante de M. le comte Costa de Beauregard, auquel il appartient, en ouvre de tout temps les portes aux personnes qui parcourent la vallée.

Il ne faut pas chercher à La Motte les mâchicoulis, les donjons, les tourelles, les fossés, les ponts-levis, les oubliettes, et tout cet appareil de guerre qui rendait si formidables les vieilles demeures des seigneurs féodaux; mais, en revanche, on y trouvera de vastes appartements, des salons magnifiques, des galeries vitrées où fleurissent mille plantes exotiques, des meubles de la renaissance, sculptés, tordus, fouillés, en chêne et en ébène; des toiles des plus grands maîtres; une bibliothèque toute remplie des meilleurs livres français, anglais, italiens; des porcelaines rares, des albâtres et des bronzes précieux, et partout cet ameublement somptueux, ces tentures de soie, ces tapis et cette riche ornementation qui rappellent les plus magnifiques hôtels de Paris.

Le château de La Motte, né d'hier, est bâti au milieu d'un parc immense, où l'art a prodigué ses merveilles; les plus beaux ombrages l'entourent, les plus vertes pelouses lui font une parure de leurs tapis de velours, les plus charmants arbustes l'égaient de leurs feuillages et de leurs fleurs, et des campagnes rafraîchies par mille ruisseaux lui font une ceinture enchantée.

M. le comte Costa de Beauregard a réuni dans son château de précieuses collections d'oiseaux de toutes les latitudes et de toutes les espèces. L'histoire naturelle de l'ornithologie est là représentée par des milliers de sujets, depuis le grand aigle des Alpes jusqu'à l'invisible oiseau-mouche des Antilles. La collection des oiseaux-mouches et des colibris est surtout complète ; combien de musées ne possèdent pas les individus rares qui étalent au château de La Motte les diamants et les rubis de leurs parures.

On trouve encore dans d'autres salles de belles collections de minéralogie, qui renferment des échantillons de tous les minéraux qu'on rencontre dans les montagnes de la Savoie.

Mais M. le marquis Costa de Beauregard ne s'est pas borné à embellir sa résidence d'été ; il a voulu en outre que sa présence fût utile aux habitants de la vallée ; par ses soins, deux établissements, une école primaire pour les filles et un hospice pour les malades indigents, se sont élevés aux environs. Par ses connaissances variées, par sa grande fortune, par les habitudes studieuses de sa vie, par son nom, M. Costa de Beauregard était l'un des hommes les plus considérables de la Savoie ; il en est aussi l'un des bienfaiteurs.

C'est encore au zèle et à l'intervention de M. le marquis Costa que l'on doit le magnifique pensionnat, fondé à La Motte-Servolex, et dirigé par les Frères des écoles chrétiennes. Cet établissement, qui ne compte pas plus de cinq ou six ans d'existence, a déjà un très-grand nombre d'élèves.

A une distance à peu près égale d'Aix, mais dans une tout autre direction, les promeneurs vont admirer le soleil levant du côté de la tour de Cessens.

Cette tour, haute de 24 mètres, paraît être de construction romaine. Elle servait, dit-on, ainsi que sa compagne la tour de Grésy, aux signaux télégraphiques, que les garnisons romaines, et plus tard les barons féodaux, échangeaient à l'aide de feux.

Sous le régime féodal les signaux par le feu étaient fort usités. De la grande tour de Chambéry le signal était transmis successivement à la tour de Monterminod et à celle de Chignin, qui le communiquaient au château d'Apremont, d'où il arrivait dans les vallées de l'Isère et de l'Arq par les hautes tours de Montmayeur, de Miollans, de Montailleurs, de Chevron, de Conflans, de Charbonnières, etc.

La tour de Cessens, située entre la route de Genève et l'extrémité du lac du Bourget, sur la crête de la montagne, domine une immense étendue de pays. Son ombre gigantesque se projette au loin, quand descend ou monte le soleil; le château qu'elle accompagnait a disparu, et la tour elle-même a perdu la moitié de son diamètre, la partie occidentale ayant été démolie dans toute sa hauteur avec une incroyable et sauvage précision.

On raconte que c'est la vue de Cessens qui a inspiré à Jean-Jacques Rousseau cette page si connue sur le lever du soleil :

« On le voit (le soleil) s'annoncer de loin par les
» traits de feu qu'il lance au-devant de lui. L'incendie
» augmente ; l'orient paraît tout en flammes ; à leur
» éclat, on attend l'astre longtemps avant qu'il se
» montre : à chaque instant, on croit le voir paraître ;
» on le voit enfin. Un point brillant part comme un
» éclair, et remplit aussitôt tout l'espace ; le voile des
» ténèbres s'efface et tombe : l'homme reconnaît son
» séjour et le trouve embelli. La verdure a pris durant
» la nuit une vigueur nouvelle ; le jour naissant qui
» l'éclaire, les premiers rayons qui la dorent, la mon-
» trent couverte d'un brillant *réseau de rosée* qui ré-
» fléchit à l'œil la lumière et les couleurs. Les oiseaux
» en chœur se réunissent et saluent de concert le père
» de la vie ; en ce moment, pas un seul ne se tait.
» Leur gazouillement faible encore est plus lent et plus
» doux que dans le reste de la journée, il se sent de
» la langueur d'un paisible réveil. Le concours de
» tous ces objets porte aux sens une impression de
» fraîcheur, qui semble pénétrer jusqu'à l'âme. Il y a

» là un quart d'heure d'enchantement, auquel nul
» homme ne résiste : un spectacle si grand, si beau,
» si délicieux, n'en laisse aucun de sang-froid. »

D'autres affirment que cette page a été écrite sur ces hauteurs qui dominent les Charmettes; mais qu'importe!... Quand les Charmettes et la tour auront disparu, la page immortelle survivra.

Château de La Motte.

Bordeau.

LA CASCADE ET LA TOUR DE GRÉSY,
LA ROCHE DU ROI, — BORDEAU, — LE CHATEAU
DE CHATILLON, — LA GROTTE DE RAPHAEL.

Vingt sentiers verdoyants, vingt chemins entourés d'arbrisseaux et couverts d'ombrages, invitent le voyageur à suivre leurs méandres gracieux. On peut les suivre tous au hasard, et l'aventurier ne sera jamais puni de sa confiance. Ici une cascade, là une tour à moitié ruinée, plus loin un vieux château, ailleurs un merveilleux point de vue, partout enfin quelque surprise.

Sur la route de Genève, à une petite distance d'Aix, quarante-cinq minutes à peu près, au confluent du Sierroz et de la Daisse, voici la cascade de Grésy.

Le torrent, resserré dans un lit étroit, se précipite au travers de rochers énormes avec un épouvantable fracas; c'est moins une chute à pic qu'une longue suite de chutes. L'eau bondit de pierre en pierre, s'abîme dans des trous profonds, glisse sur des surfaces polies, se brise contre des obstacles qu'elle creuse lentement, s'ouvre un passage violent au milieu des blocs qui jonchent son cours, et couvre d'écume une scierie bâtie sur ces rives.

Cette scierie fait là un merveilleux effet; les tons bruns du bois humide s'opposent avec vigueur aux reflets brillants des chutes d'eau, aux blancheurs éclatantes de l'écume qui frémit, aux nuances vives des plantes vertes qui tapissent le rocher; la lumière se joue au travers des rameaux, pique d'étincelles les planches noires où tremblent des gouttes d'eau, et fait éclater, comme de l'acier, les surfaces luisantes de la pierre polie par les flots, tandis que les profondeurs de la cascade restent plongées dans l'ombre opaque et noire.

Cette cascade, couronnée d'arbres verts, et qui semble faite tout exprès, avec sa scierie, pour le plaisir d'un peintre en voyage, a été le témoin d'un accident terrible.

Une jeune femme, elle avait vingt-cinq ans, y périt tout d'un coup.

C'était en 1813; la reine Hortense visitait ces lieux, et madame la baronne de Broc, dame du palais, l'accompagnait. Une planche avait été jetée entre deux rochers au-dessus d'une chute : déjà la reine était passée; madame de Broc, confiante dans sa légèreté, pose le pied sur ce pont fragile, et repousse le bras d'un meunier complaisant. La planche était humide; soit que la vue du torrent qui grondait sous ses yeux, tout blanc d'écume, eût troublé madame de Broc, soit que le pied lui eût glissé, on la vit tout à coup chanceler, tomber et disparaître.

On crut que l'eau furieuse l'avait emportée dans son cours; on la chercha plus loin, et ce ne fut que plusieurs heures après que le corps de madame de Broc fut retrouvé dans un trou profond, situé à l'endroit même de sa chute.

La reine Hortense fit élever une pierre tumulaire sur le rocher qui vit la mort de son amie.

Voici l'inscription gravée sur cette pierre :

ICI

MADAME LA BARONNE DE BROC,

AGÉE DE XXV ANS, A PÉRI, SOUS LES YEUX DE SON AMIE,

LE X JUIN MDCCCXIII.

O VOUS QUI VISITEZ CES LIEUX !

N'AVANCEZ QU'AVEC PRÉCAUTION SUR CES ABIMES.

SONGEZ A CEUX QUI VOUS AIMENT !

Une rampe de fer, scellée dans le roc, rend aujourd'hui la descente facile, et permet de visiter la cascade sans danger.

A une demi-heure à peu près de la cascade on voit la vieille tour de Grésy, unique débris d'un grand château qui commandait le pays au temps de la féodalité. Cette tour, qui n'avait pas moins de cent cinquante pieds d'élévation dans l'origine, n'en a plus qu'une soixantaine à peu près aujourd'hui; mais ces fortes murailles, épaisses de huit à neuf pieds et larges de vingt-cinq sur chacune des quatre faces, indiquent assez quelle fut l'importance de cette construction militaire.

La tour de Grésy correspondait avec la tour de Cessens, mise elle-même en communication par des postes intermédiaires avec les tours qu'on voit encore dans le bassin de Chambéry.

La Cascade de Grésy.

Quelques antiquaires font remonter la tour de Grésy jusqu'à l'époque de la domination romaine. Les pierres qui la composent sont, il est vrai, de la même taille et de la même grosseur que celles du temple de Diane à Aix-les-Bains.

La tour de Grésy est située sur une éminence d'où la vue s'étend sur des campagnes chargées d'arbres et semées de chaumières pittoresques.

Le château, ou, pour mieux dire, ce qui reste du château de Bordeau, est situé sur la rive occidentale du lac. Les mariniers du port de Puer sont là pour vous y transporter.

Du promontoire escarpé sur lequel il était construit, la vue domine toute l'étendue du lac, et va des collines de Tresserve jusqu'aux rochers de Mouxy. Un sentier tortueux rampe au flanc du promontoire et conduit le voyageur des bords du lac au château, maintenant en ruine. De grands et beaux arbres ombragent cette pente couverte d'un gazon épais. De petits ruisseaux, qu'on voit à peine, mais qu'on entend, frétillant sous l'herbe, comme des couleuvres d'argent, courent vers le lac, et s'y précipitent en gazouillant. Ce sont de petites cascades en miniature, des torrents microscopiques qu'un buisson voile au regard. Il n'est pas rare de rencontrer dans ces lieux des troupeaux paissant le gazon frais, tandis qu'un berger dort à l'ombre d'un hêtre, comme le Tityre de Virgile. L'idylle est en permanence en Savoie, et vous accoste au détour de tous les sentiers.

Le château de Bordeau n'est plus ce qu'il était autrefois; le temps et la révolution ont passé sur ses vieilles murailles et les ont abattues. Les quatre tourelles qui s'élevaient aux angles du bâtiment ont été rasées au niveau du sol; des figuiers croissent sur la terrasse; le château est une ferme.

Quelques masures et une pauvre auberge forment le village.

Les antiquaires assurent que Bordeau, qui était un fief dépendant de la maison de Savoie, a été bâti vers le ixe siècle. En 1263, il appartenait à un seigneur, du nom d'Humbert, de la maison de Seyssel.

Une manufacture d'armes y avait été établie au xvie siècle; elle avait même une très-grande réputation dans le pays.

Mais ce qui rend le château de Bordeau célèbre, c'est la visite qu'y fit Montaigne, et dont il parle en ces termes dans le journal de ses voyages, en 1581 et 1582.

« De là, nous vînmes passer le Mont-du-Chat, haut, roide et pierreux, mais nullement dangereux ou mal aisé, au pied duquel se siet un grand lac, et le long d'iceluy un château nommé Bordeau, où se font des espées de grand bruit. »

C'est ordinairement par Bordeau que passent les voyageurs qui tentent l'ascension du Mont-du-Chat. On traverse le lac en bateau, en compagnie des ânes qui font partie de la caravane, et longtemps avant le jour on commence l'escalade. Une route nouvelle, construite par le gouvernement sarde il y a peu d'années, ouvre une communication facile jusqu'au sommet du col; mais, arrivé auprès de l'anfractuosité qui forme le pic le plus aigu, il faut abandonner la route et gravir un escarpement qui n'offre plus au pied du voyageur qu'un sentier difficile et dangereux.

Du sommet de cette élévation, l'œil embrasse le bassin de Chambéry, les montagnes du Grésivaudan, la chaîne blanche du Mont-Blanc, et plus loin encore le Dauphiné, la Suisse, et, dans cet entassement de plaines et de montagnes, des fleuves, des lacs, des villages, et mille paysages dont l'éloignement confond les masses et change les aspects.

Le Mont-du-Chat a maintes fois exercé la verve des savants. Est-ce par le Mont-du-Chat qu'Annibal, après avoir traversé le Rhône et la Gaule, a pénétré dans l'Italie? Telle est la question posée à la science, et la science a répondu oui et non. On sait que c'est trop souvent sa coutume.

Quatre opinions sont en présence, et chacune a ses savants armés en guerre pour la soutenir. Que de thèses, que de dissertations, que de conjectures! et toutes, à l'appui de la doctrine qu'elles défendent, invoquent l'autorité de Polybe et de Tite-Live.

Selon MM. Whitaker et Rivaz, Annibal, après avoir traversé Lyon et Genève, et gravi le grand Saint-Bernard, serait descendu en Italie par le val d'Aoste.

M. Letronne, et avec lui M. le chevalier de Folard, le marquis de Saint-Simon et le comte de Fortia d'Urban, prétendent que le général carthaginois et son armée, après avoir remonté l'Isère jusqu'à Grenoble, auraient pénétré en Italie par Corps-Champs, Saint-Bonnet, Briançon, le mont Genèvre, Fénestrelle et le Pas-de-Suze.

Mais voici M. Laranza qui conduit Annibal par la vallée du Grésivaudan, et le fait entrer en Italie par la Chavane et le mont Cenis, d'où il arriva à Turin par le Pas-de-Suze, le *saltus Taurinorum* des Latins.

Enfin, M. Dulac, repoussant la narration de Tite-Live, établit en principe que le grand capitaine, après avoir remonté le Rhône jusqu'à Vienne, s'en détourna pour s'avancer vers les Alpes, par Yenne et le Mont-du-Chat. C'est au Mont-du-Chat qu'il eut à lutter contre les Allobroges; après les avoir repoussés, il descendit vers Montmeillan, côtoya les bords de l'Isère, depuis Conflans jusqu'à Aiguebelle, gravit le petit Saint-Bernard, et pénétra dans l'Italie, en suivant le cours de la Doire-Baltée, par Ivrée, Chivas et Turin.

La science incline aujourd'hui du côté de l'opinion émise par M. Dulac; ce serait donc dans les défilés du Mont-du-Chat qu'Annibal se serait présenté à la tête d'une armée composée de 32,000 fantassins, 8,000 cavaliers et 30 éléphants, et qu'il aurait livré bataille aux montagnards.

Une voie romaine, unissant la Gaule à l'Italie, passait autrefois au-dessus du château de Bordeau, et les ouvriers en creusant la route nouvelle ont ramassé des médailles romaines en grand nombre.

C'est là aussi qu'un Anglais a découvert l'inscription suivante sur une pierre qu'on voit à présent dans la chapelle du Bourget :

MERCURIO AUGUSTO SACRUM. T. VERENTIUS. CATULUS.
V. S. I. T.

Cette inscription semblerait prouver que Mercure avait un temple sur cette montagne.

Une légende s'est attachée au Mont-du-Chat. Sur quelles ruines, sur quelles hauteurs la légende ne fait-elle pas croître ses fleurs poétiques! Comme la nature jette un manteau de verdure et de feuillage sur tout ce qui tombe, ainsi la légende enveloppe de sa poésie tout ce qui se cache dans la nuit de l'histoire ou dans les brumes du ciel.

Autrefois, il y a bien des siècles de cela, un animal féroce habitait la montagne. Bêtes et gens, il dévorait tout; il n'y avait de sécurité pour personne dans le pays, et si les troupeaux souffraient beaucoup, les bergers ne couraient pas moins de dangers.

Cette bête était sans doute l'aïeule en ligne directe de la bête de Gévaudan; ce devait être pour le moins un tigre, mais le populaire, qui ne se connaît point en histoire naturelle, l'appelait tout bonnement un chat.

En ce temps-là Arthus, roi de la Grande-Bretagne, passait par la Savoie. D'où venait-il et où allait-il? c'est ce que la légende ne nous dit pas. Peut-être était-il en train de faire quelque pèlerinage. Mais la légende, muette sur ce point, raconte que les habitants de la contrée se rendirent auprès du roi et le supplièrent de venir à leur secours.

Arthus avait l'âme compatissante; c'était d'ailleurs un homme vaillant qui se plaisait aux aventures où il y avait pour lui ou pour les siens des périls à braver et de l'honneur à recueillir.

Il écouta donc la prière de ces pauvres gens, et ayant lui-même une expédition à mener à bonne fin quelque part, il leur laissa pour tuer le chat deux de ses meilleurs chevaliers avec une troupe d'hommes d'armes.

La légende, plus soigneuse cette fois, a conservé les noms de ces deux chevaliers qui étaient frères; ils s'appelaient Bérius et Mélanius.

Nos deux chevaliers battirent donc le pays, traquèrent le chat, et ayant reconnu les sentiers par lesquels il passait le plus souvent, lui tendirent des piéges auxquels des agneaux vivants étaient attachés.

Bérius et Mélanius se firent dresser des tentes aux environs et attendirent.

Les mœurs chevaleresques et la tradition auraient exigé peut-être que Bérius et Mélanius courussent droit à la bête, le casque en tête et la lance au poing; mais il faut croire que nos deux chevaliers étaient de l'école d'Ulysse bien plus que de celle d'Ajax.

Les agneaux bêlant et se démenant, le chat arriva bientôt. Pareille aubaine ne lui avait pas été offerte depuis longtemps. Mais tandis qu'il dévorait les agneaux, les chevaliers et leurs hommes d'armes firent pleuvoir sur lui une telle quantité de traits qu'il mourut sur place.

De là le nom de Mont-du-Chat.

Mais les étymologistes ne se payent pas avec des légendes, et il s'en est trouvé pour prétendre que les chats et la montagne n'ont rien à démêler ensemble.

Selon eux, ce nom vient de *Caturigus*, mot sous lequel quelques auteurs désignent le Mont-du-Chat. *Mons Caturigus* vient lui-même des peuples appelés *Caturiges*, qui habitèrent la Savoie, et de Caturigus la corruption aurait fait Mont-du-Chat.

Les voyageurs peuvent choisir entre la science et la poésie, la légende et l'étymologie.

Entre le Mont-du-Chat et la Roche-du-Roi s'étendent le lac du Bourget et la colline de Tresserve. Cette roche, malgré son nom poétique, — on ne dit pas encore, on ne dira jamais, il faut l'espérer, la Roche-de-la-République — n'a rien à démêler avec aucune légende.

La tradition a donné ce nom à un coin de rocher dépendant d'un vaste banc de pierre calcaire d'un blanc laiteux, qui domine Marlioz et d'où la vue plonge sur tout le bassin d'Aix. La carrière dont il fait partie, et de laquelle on peut tirer des blocs énormes, porte encore le nom de *Carrière des Romains*.

C'est en effet de cette carrière que les Romains ont extrait les blocs qu'on remarque dans l'arc de Campanus et ce qui reste des anciens Thermes.

La Roche-du-Roi, située à quinze minutes d'Aix, forme, entre le bois de Martinet et la colline des Côtes, un plateau auquel on arrive par le chemin de Mouxy.

Quand on veut jouir du panorama d'Aix, c'est à la Roche-du-Roi qu'il faut aller; de cette élévation la ville et son bassin apparaissent dans un ensemble charmant d'où se détachent le vieux château et l'enceinte blanche et finement découpée du Casino. On suit le cours des ruisseaux et des sentiers qui fuient dans la plaine, et le regard complaisant s'arrête sur mille détails gracieux qui invitent le pinceau des artistes.

Aux deux extrémités du lac s'élèvent les châteaux du Bourget et de Châtillon; celui-là tout en ruine, et l'autre à demi renversé par le passage du temps.

Autour du Bourget, qui a donné son nom au lac, s'étend un village assez considérable; des fragments de poteries, des inscriptions, des médailles, des cercueils en briques ont été trouvés aux environs du Bourget et semblent indiquer que ce lieu fut habité dans une haute antiquité.

Le château n'est plus qu'un monceau de ruines autour desquelles tourne une enceinte de fossés à peu près comblés. De grands arbres ont poussé leurs racines et leurs branches au travers des appartements; çà et là se dressent de larges pans de murailles percés de fenêtres où passe le vent; les tours en poudre sont renversées au niveau de l'herbe, et cependant c'est au Bourget que naquit, le 2 septembre 1272,

Amédée V, dit le Comte-Vert, l'un des plus glorieux ancêtres de la maison de Savoie.

Le Comte-Vert l'affectionnait particulièrement, il en fit sa résidence habituelle, appela pour l'orner les meilleurs artistes de l'Italie et même, dit-on, les disciples du Giotto, qui venait de rendre l'art de la peinture à l'Italie. Mais le Comte-Vert ayant acheté le château de Chambéry en 1288, ses successeurs cessèrent d'habiter le Bourget.

Le château était, à cette époque reculée, bâti au bord même du lac; mais la retraite des eaux qui reculent de siècle en siècle laisse à présent un espace de huit cents pas planté d'arbres entre les ruines du Bourget et le lac.

C'est à l'extrémité septentrionale du lac que s'élève le château de Châtillon, sur un promontoire escarpé qui saille au milieu des eaux.

Ses tours puissantes, solidement assises sur de larges blocs de pierres, d'épaisses murailles bâties pour résister à tous les assauts du temps, de grandes terrasses étagées au sommet du promontoire, un bâtiment noir dans lequel on pénètre par des portes voûtées, de beaux arbres qui ondulent comme des panaches au moindre vent, des escaliers rompus, et autour de cet amas de pierres des jardins descendant jusqu'au rivage, voilà Châtillon.

Châtillon

L'eau l'enferme de trois côtés ; un vaste marais où siffle le courlis le joint à la terre, plus loin c'est une plaine mélancolique, et plus loin encore un rideau de montagnes.

Sur ces fortes terrasses, que retiennent suspendues des murailles armées de contre-forts, se mêlent les rameaux flexibles de la vigne et du noisetier; le figuier enfonce ses racines tortueuses dans le ciment et se balance au front des créneaux démantelés ; un gazon silencieux tapisse les cours, l'une des tours sert de cellier; çà et là saillent hors des murs des crampons de fer ou les gonds rouillés des ponts-levis. Sous vos pieds, quand on regarde penché le long des parapets, le regard glisse du feuillage mouvant des châtaigniers aux flots bleus du lac ; les vagues vertes se mêlent aux vagues bleues. Mille beaux arbres s'attachent aux flancs du promontoire, grimpent de croupe en croupe, et les derniers expirent au pied du château qui sort noir et croulant d'un océan de verdure.

Mais ce que nulle description ne saurait rendre, c'est la magnificence du paysage qui s'étend au pied du château depuis les rives du lac jusqu'à l'horizon lointain.

Le lac, qui baigne le promontoire sur lequel le château est assis, creuse un golfe dans les terres, et semble mêler ses vagues expirantes aux grandes prairies qui déroulent leur manteau d'herbes jusqu'au pied des montagnes voisines. Un marais couvert de glaïeuls et de joncs, de larges plaines où la terre remuée oppose ses tons bruns et rouges aux teintes vertes des flaques d'eau, des champs de blé, les plans fugitifs des montagnes où pendent des touffes d'arbres, de longs rideaux de peupliers perdus dans l'espace, ces mille accidents de terrains qui associent l'ombre et la clarté, ces vapeurs dorées qui agrandissent l'horizon en le voilant et lui donnent quelque chose de l'infini, le jeu magnifique de la lumière dans ces campagnes charmantes où les grands bœufs sont semblables à des insectes tapis dans l'herbe; tout contribue à faire du paysage qui se déploie du haut de Châtillon l'un des plus beaux qui puissent inviter aux longues rêveries.

C'est surtout au soleil couchant que cette vue acquiert toute sa grâce. Une brume transparente s'étend comme une gaze sur la terre, et brise en les adoucissant toutes les lignes à demi confuses du paysage; une lumière rose l'enveloppe tout entier; l'eau stagnante du marais, où s'agite la chevelure verte des roseaux, étincelle par places; la surface du lac, frappée obliquement par les rayons du soleil, est semblable à une armure d'or; mais plus loin, près du rivage où les montagnes versent leur ombre noire, elle a la teinte opaque et lourde du plomb fondu ; l'horizon est écarlate avec de grandes flammes qui se perdent dans le ciel d'un bleu pâle ; des flocons de vapeurs pareils à du duvet rasent le flanc des montagnes et s'accrochent aux longues branches des sapins ; une harmonie magique de teintes et de contours embrasse tous les objets et leur prête une douceur infinie. La pensée vole avec le regard et s'élève. Et quand le crépuscule disparaît, il semble que ce soit comme un ami qui vous dit adieu.

Tout à l'heure c'était la lumière et la joie, et maintenant c'est la tristesse et la nuit.

Du côté du lac la vue a un autre caractère ; le miroir des eaux s'étend aussi loin que le regard peut aller ; des vapeurs grises, d'où jaillissent vers le ciel les pics chargés de neige des Alpes, ferment l'horizon ; les eaux lumineuses ou glacées comme une plaque d'acier selon la variété des ombres et de la lumière, frissonnent et semblent criblées de paillettes d'argent. Au pied même de Châtillon et sous les falaises d'Hautecombe, de grandes ombres couvrent le lac ; à droite, les montagnes de la Dent-du-Chat dessinent dans le ciel leurs arêtes finement sculptées, tandis que des nuages plus légers que la ouate rampent à leur base chassés par le vent du soir. Le flanc de cette longue chaîne âpre et sauvage est chargé de forêts épaisses d'où se détachent le clocher et les tours de l'antique abbaye; le rivage tombe à pic, l'eau profonde, immobile et noire, en efface les contours. A gauche, les hauteurs de Saint-Innocent, les coteaux tapissés de vignes et de châtaigniers, les humbles toits de dix villages ouvrant leurs portes hospitalières au plein soleil du couchant; des anses et des criques où la vague s'endort sur le sable fin, et, dans la profondeur du lac, des bateaux tendant leurs voiles blanches au vent léger qui les poursuit. Quel pinceau pourrait rendre la grâce et la clarté de ce paysage, où le jour et la nuit se marient, où la couleur change avec la chute rapide du soleil, où l'eau, verte ici comme la feuille, et là bleue comme du lapis-lazzuli en fusion, réfléchit dans leur vol les nuées blanches et roses qui fuient au travers du ciel couleur d'opale? Et les mille accidents du terrain que la roche déchire, que les noyers ombragent, que le gazon tapisse, que les ruisseaux égayent, que le ravin découpe, que les troupeaux animent; qui leur donnera la vie et l'expression? est-ce vous Camille Roqueplan, Jules Dupré, Diàz ou Rousseau? est-ce vous les maîtres charmants de la grâce et de la couleur?

C'est au château de Châtillon que le pape Célestin IV est né.

Le château est aujourd'hui une ferme et une maison de plaisance.

Sur la rive occidentale du lac, entre Hautecombe et Châtillon, à l'abri d'un rocher où pendent mille broussailles s'ouvre la grotte de Raphaël. Le lac meurt sur les cailloux et le sable qui entourent la grotte, et le murmure de l'eau qui clapote parmi les buissons et les pierres mêle sa plainte éternelle à la solitude profonde de cette retraite où la mélancolie semble habiter.

Hier, la grotte de Raphaël n'était connue que des hirondelles et des bateliers qui venaient parfois y chercher un refuge contre la pluie. Aujourd'hui elle est visitée par un peuple de curieux.

Il a fallu seulement quelques vers et quelques lignes, et l'immortalité de la poésie lui a été donnée.

Mais qu'on n'aille pas s'imaginer une grotte toute remplie de merveilles, avec d'éblouissantes stalactites et de mystérieuses fontaines filtrant leur eau limpide dans le rocher; ce n'est rien qu'une pièce souterraine avec quelques brins d'herbe attachés aux parois latérales, des buissons à l'entrée et tout autour, et du sable devant jusqu'au bord de l'eau. Ce sable, charrié par le lac, menace d'envahir la grotte; déjà il en obstrue le passage, et chaque nuit d'orage en augmente la masse.

Une convulsion de la nature l'avait créée, un peu de sable la fera périr.

Si Raphaël ne l'habite plus, il n'est pas de Saint-Preux en voyage avec sa Julie qui ne s'y rende en pèlerinage : on y va au soleil levant, on s'y égare durant le jour, et souvent il arrive que la lune indiscrète surprend les barques fugitives ramenant sur les flots immobiles du lac les amants ravis et silencieux.

Ruines du château du Bourget.

Les tours de Chignin.

CHAMBÉRY.

On voudra bien nous permettre de ne pas nous arrêter aux traditions plus ou moins fondées qui font remonter l'origine de Chambéry à Samathoès, fils de Japhet, ou à Bérius, lieutenant d'Arthus, roi de la Grande-Bretagne. L'une vaut l'autre. Nous ne chicanerons pas non plus sur l'étymologie du nom, que les uns font dériver de *Campus*, champ, et de Bérius, d'où *Campaberium*, et par corruption, Chambéry, et les autres de *Chamberez*, écrevisse en vieux français, à cause de la grande quantité de ces crustacés qui se trouvaient jadis sur l'emplacement de Chambéry.

Mais quelle que soit l'opinion des savants à ce sujet, et Dieu sait par combien de preuves chacun appuie la sienne, toujours est-il qu'on ne voit de trace certaine de Chambéry que vers le xii° siècle. C'était alors un bourg et un château indépendant des comtes de Savoie. — Mais Thomas Ier ayant acheté, en 1232, de Berlion, et moyennant 32,000 sols forts de Suze, — 85,000 francs environ, — plus la cession de Montfort, tous les droits de ce seigneur sur Chambéry, la ville qui devait être un jour la capitale du duché fut désormais comprise dans les possessions de la maison de Savoie.

Amédée V y fixa sa résidence après avoir quitté le château du Bourget. Le comte Edouard II accueille les juifs dans sa capitale en 1309 ; Aymon, son frère et son successeur, y fonde une chambre des comptes et un conseil suprême pour l'administration de la justice.

En 1344, Amédée VI, dit le Comte-Vert, à cause de la couleur qu'il avait adoptée pour lui et les siens dans les tournois, naît à Chambéry et entoure la ville en 1371 d'une enceinte nouvelle qui n'est terminée qu'en 1441.

Lorsque la Savoie fut érigée en duché, en 1416, par l'empereur Sigismond, Chambéry devint sous le

premier duc Amédée VIII le séjour d'une cour nombreuse.

Toute la pompe féodale fut déployée à cette occasion solennelle. Un grand dîner fut servi en public à l'empereur Sigismond dans l'une des salles du château. De jeunes seigneurs appartenant aux premières familles de la Savoie portaient les plats à cheval, et les mets servis à la table de l'empereur étaient dorés.

Des joutes et des tournois succédèrent à ces banquets.

C'est au duc Amédée VIII qu'on doit la construction de la chapelle qu'on admire encore de nos jours, et qui terminait alors une terrasse élégante couverte de pins. Le Saint-Suaire dont Marguerite de Charny, fille de Godefroy de Bouillon, passant à Chambéry en 1452, fit cadeau à la duchesse Anne de Chypre, femme du duc Louis, fut longtemps possédé par la chapelle, où il attirait un grand nombre de fidèles. Plus tard et pour éviter à saint Charles Borromée, qui venait lui rendre visite à pied, la peine de traverser les Alpes, il fut transporté en 1598 à Turin, où il est encore, dans une chapelle de l'église Saint-Jean.

Voici en quels termes M. de Capré raconte ce fait dans son *Histoire de la Chambre des Comptes* :

« Il est constant que la royale maison de Savoie a
» reçu le Saint-Suaire de Marguerite de Charny, fille

» de Godefroy et femme d'Humbert de Villarsexel,
» comme elle passait à Chambéry, à son retour de la
» Grèce ou en y allant. Elle fut reçue avec beaucoup
» de caresses et de civilité par le duc Louis et Anne
» de Chypre, son épouse, qui lui demandèrent la sainte
» relique. Marguerite de Charny dit qu'elle donnerait
» tous ses biens plutôt que ce trésor ; mais comme elle
» était sur son départ, le mulet qui portait ce divin
» fardeau ne put jamais passer les portes de la ville
» de Chambéry, que l'on tient assurément être celles
» de Maché. Sur quoi Marguerite ayant reconnu que
» cette résistance était un avertissement du ciel, crut
» qu'il fallait laisser ce précieux gage à la royale maison
» de Savoie, ce dont le duc Louis et sa femme furent
» si transportés, qu'ils ordonnèrent des prières publi-
» ques en actions de grâce d'un si grand présent.

» L'année suivante, le duc Louis fit battre monnaie
» avec l'effigie de cette relique, tenue par un ange à
» genoux en l'air, avec cette inscription autour : *Sancta*
» *Syndoni Domini nostri Jesu Christi*, M. CCCC. LIII ; et
» de l'autre côté : *Ludov. Dei gratia dux Sabaudiæ, mar-*
» *chio in Italia.* »

Le Saint-Suaire fut déposé dans la Sainte-Chapelle, où, parmi les nombreux et prodigieux miracles qu'il y opéra, « le plus grand, dit Besson, fut d'avoir été pré-
» servé des atteintes du feu pendant l'incendie qui em-

» brasa la Sainte-Chapelle le 4 décembre de l'an 1532,
» lequel fut si ardent qu'il fit fondre, à la vue de toute
» la cour et du peuple, la châsse d'argent donnée par
» Marguerite d'Autriche, dans laquelle la sainte relique
» était renfermée. »

Les princes de la maison de Savoie avaient une grande dévotion au Saint-Suaire. François Ier s'y rendit en pèlerinage, marchant à pied depuis Lyon, en 1516, et il attribua ses premières victoires dans le Milanais à cette marque de piété.

Mais la splendeur nouvelle de Chambéry ne détourna pas de ses murs les malheurs de la guerre. Elle fut occupée tour à tour par les Français en 1536, sous le règne du duc Charles III, dit le Bon; par Henri IV le 21 août 1600, par Louis XIII et Louis XIV, par les Espagnols en 1742, et enfin par les armées républicaines, qui en firent le chef-lieu du département du Mont-Blanc.

D'autres fléaux visitèrent Chambéry, la peste en 1525, 1564, 1572, 1585, 1593, 1630 et 1721; l'inondation en 1348, 1399, 1442, 1449, 1550, 1551, 1553, 1610 et 1808, et l'incendie à diverses fois.

Les fortifications furent abattues en 1793.

La population de Chambéry est aujourd'hui de 17,000 habitants.

Si maintenant on désire quelques-uns de ces

détails dont les dictionnaires de géographie sont si prodigues, nous pouvons ajouter que Chambéry est situé à 45° 20' de latitude nord, et à 3° 35' de longitude est, du méridien de Paris, et que son sol est élevé de 270 mètres au-dessus du niveau de la mer, et de 37 mètres au-dessus de celui du lac du Bourget. Nous dirons encore que la ville possède trois faubourgs, qui sont : le faubourg du Reclus, au nord, sur la route d'Aix; celui de Montmélian, à l'est, sur la route de Montmélian; et celui du Marché, à l'ouest; qu'on y arrive par quatre routes; — 1° la route du Pont-Beauvoisin; 2° celle du Mont-du-Chat, par Belley; 3° celle de Genève, qui passe à Aix; et 4° celle de Turin, qui est en même temps celle de Grenoble; que deux rivières l'arrosent, l'Aisse et l'Albanne, et qu'enfin Chambéry est à 148 lieues au sud-est de Paris, 22 lieues sud de Genève, 52 lieues nord-ouest de Turin, 29 lieues est de Lyon, et 14 lieues nord de Grenoble.

Peu de villes sont aussi riches que Chambéry en établissements de bienfaisance; on en jugera par le tableau suivant; Chambéry possède :

Un dépôt de mendicité, sous le nom de *Maison de Sainte-Hélène*, fondé par le général comte de Boigne, qui lui a donné ce nom en mémoire de sa mère;

Un hospice pour les vieillards;

Un hospice de charité pour les pauvres et les infirmes;

Un Hôtel-Dieu pour les malades;

Un hôpital pour les maladies chroniques, contagieuses et incurables;

Un hospice pour les filles en couches;

Une maison pour les orphelines;

Une maison pour les aliénés;

Une salle d'asile pour les enfants de trois à six ans;

Et enfin une fondation de quatre lits par jour pour les voyageurs pauvres.

Des vingt communautés religieuses qui existaient à Chambéry avant la révolution de 93, il ne reste plus qu'un petit nombre d'établissements utiles:

Les Jésuites, qui dirigent le Collége-Royal;

Les Frères de la doctrine chrétienne, chargés d'instruire les enfants;

Les capucins, qui fournissent des missionnaires pour propager la doctrine catholique;

Les religieuses de la Visitation et du Sacré-Cœur, qui tiennent des pensionnats pour les jeunes filles;

Les religieuses Carmélites, et celles enfin du Bon-Pasteur, pour les filles repenties.

Parmi les monuments qui embellissent la ville de Chambéry, nous devons citer la cathédrale, qui est du style gothique du xive siècle; l'église de Lemenc, où fut enterrée madame de Warens, et qui renferme aussi le tombeau de M. de Boigne ; l'église de Notre-Dame, où brille un Christ sur la croix, de Van Dyck ; la Bibliothèque et le Théâtre, la fontaine du général de Boigne, etc., etc.

L'antique château de Chambéry fut incendié en 1742, pendant l'occupation de la ville par les Espagnols ; réparé plus tard pour le mariage de Charles-Emmanuel avec madame Clotilde de France, il fut de nouveau la proie des flammes en 1798.

Il n'en reste plus aujourd'hui que l'aile qui donne sur la place du château, la tour dite de la Trésorerie, la Sainte-Chapelle et la tour isolée qui s'élève à l'entrée du Grand-Jardin.

Les murailles extérieures de cette tour, qui n'a pas moins de soixante-dix pieds d'élévation, ont pu seules résister à l'action des flammes.

Une promenade ombragée de gigantesques marronniers, fermée à l'est par une grille de fer, entourée d'un parapet à hauteur d'appui et connue sous le nom du *Grand-Jardin,* est située sur l'esplanade dans l'intérieur du château.

Un cercle de montagnes enveloppe Chambéry et l'enferme dans un bassin qui n'a que deux issues, l'une au nord et l'autre à l'est. Mais si les guerres, les révolutions, l'incendie ont fait disparaître de Chambéry la plupart des monuments antiques qui décoraient son étroite enceinte, si du vieux château royal embelli par le Comte-Vert il ne reste plus qu'une aile et deux

Le château de Chambéry.

tours d'un effet pittoresque, du moins l'étranger trouve-t-il aisément aux environs de la ville de quoi satisfaire sa curiosité. Qui n'a pas visité, en traversant Chambéry, la cascade du Bout-du-Monde, les abîmes de Myans, la dent de Nivolet, les tours de Chignin, Montmélian, les tours de Montmayeur, le château de Miolans, les cascades de Jacob, celle de Couz, la grotte des Echelles, etc., etc.

On arrive au Bout-du-Monde en suivant les bords de l'Aisse jusqu'à sa jonction avec la Doria. Là se trouve une papeterie, fondée en 1740 par un Vivarais, du nom de Claude Rosset. On traverse un corridor, et le spectacle le plus imposant se présente tout à coup aux regards.

Les montagnes de Nivolet et de Chaffardon dressent leurs falaises infranchissables à la distance d'un jet de pierre; du haut de cette enceinte de rochers, la Doria se précipite et tombe en poussière dans l'abîme. La solitude est profonde, on n'entend pas d'autre bruit que le fracas des eaux se brisant dans leur chute; un escarpement à pic barre la vue; c'est un de ces paysages terribles comme ceux qu'aimaient Salvator Rosa. Plus haut, quand on a gravi le sentier de la Planca, on rencontre les chutes supérieures de la Doria. Cascades sur cascades! merveilles sur merveilles!

Non loin de là se dresse dans le ciel la Dent-de-Nivolet, où, d'après une tradition locale, échoua l'arche de Noé. C'est un but de promenade pour tous les habitants de Chambéry, qui partent de nuit, en été, pour assister, du sommet de la Dent, au lever du soleil. Quand le ciel est clair, la vue s'étend jusqu'à la ville de Lyon, au delà des vallées fécondes du Dauphiné et des vastes plaines de la Bresse.

La Dent-de-Nivolet est à 1,438 mètres au-dessus du niveau de la mer.

Il était une fois une petite ville de deux mille âmes, qu'on appelait Saint-André; la montagne de Grenier s'écroula et la ville disparut. Elle périt tout entière avec cinq autres paroisses; une chapelle échappa seule à ce grand désastre qui marqua la nuit du 25 novembre 1248. C'est sur l'emplacement même où fut Saint-André qu'existent les abîmes de Myans; là, et dans un espace d'une lieue carrée, le sol est couvert de mamelons plus ou moins considérables que séparent de petits réservoirs d'eau. Les abîmes sont plantés de vignes.

La montagne de Grenier a 1,900 mètres au-dessus du niveau de la mer; la partie qui fait face à Chambéry a l'aspect rigide d'une muraille.

Voici maintenant sur une éminence située à peu de distance de Saint-Point, les tours de Chignin, derniers débris d'une enceinte fortifiée, qui reliait entre eux sept châteaux; et d'un autre côté, non loin du lac de Sainte-Hélène, sur le sommet du mont Naillant, deux tours noires, les tours de Montmayeur, où se passa l'un des drames les plus terribles des annales judiciaires de la Savoie.

Les comtes de Montmayeur — branche cadette de la maison de Miolans — portaient d'argent à l'aigle de gueule éployé avec cette devise : *unguibus et rostro*, et la décapitation du président Guignes de Feisigny, mis à mort dans la cour du château, prouve assez que ces puissants seigneurs prenaient leur devise au sérieux.

Cette histoire, qui rappelle les plus mauvais temps de la féodalité, mérite bien d'être rapportée.

Jacques de Montmayeur, grand maréchal de la Savoie et chevalier de l'ordre du Collier, avait eu un procès avec une nièce dont le nom ne fait rien à l'histoire. Le président de Feisigny avait pris parti contre le baron de Montmayeur dans ce procès.

Le baron jura de s'en venger, et ayant réussi à attirer, au mois de janvier 1465, le président Guignes de Feisigny dans son château d'Apremont, il l'y retint prisonnier ainsi qu'Aynard d'Entremont.

La Savoie tout entière poussa un cri d'indignation à cette nouvelle ; mais le sire de Montmayeur n'était pas homme à s'effrayer pour des cris. Il dépêcha quatre commissaires au château d'Apremont, et arguant de ce que Guignes de Feisigny était son vassal, il ordonna qu'il fût jugé d'après les lois féodales.

Amédée IX, qui se trouvait alors à Bourg en Bresse, et qui venait de succéder au duc Louis son père, instruit de ce qui se passait au château d'Apremont, envoya sur-le-champ au sire de Montmayeur des lettres d'inhibition qui lui intimaient l'ordre de suspendre toute procédure contre Guignes de Feisigny et de le faire transporter au château du Bourget ainsi qu'Aynard d'Entremont, sous peine de la confiscation de tous ses biens et de tous ceux qu'il tenait comme feudataire des comtes de Savoie.

Mais le procureur fiscal de la Savoie, Hugues Roffier, et le vice-châtelain de Chambéry, qui, accompagnés de deux hérauts d'armes, se présentèrent le 30 janvier devant le château d'Apremont, frappèrent vainement à la porte extérieure. — Personne n'ouvrit. Las d'attendre, ils firent proclamer à haute voix, par l'un des hérauts d'armes, l'ordre d'inhibition, qui fut aussi publié dans les rues de Chambéry.

Deux autres officiers du duc de Savoie s'étant présentés de nouveau quelques jours après devant la porte du château, le sire de Montmayeur les fit chasser par une bande de soldats.

Cette conduite disait assez quel sort le baron de Montmayeur réservait à son prisonnier.

Les commissaires du baron, Nicodo Passini, Étienne de Ceriti, Étienne Colis et Jacopo Monon, ayant rendu leur arrêt dicté d'avance, le président Guignes de Feisigny eut la tête tranchée dans la cour du château d'Apremont.

Cette exécution eut lieu dans les premiers jours de février, un valet du baron faisant l'office de bourreau.

La sentence rendue, le sire de Montmayeur monta à cheval, mit la tête du président dans un sac à procès suspendu à l'arçon de sa selle, courut à Chambéry, et la jeta sur la table des juges assemblés. Après quoi il prit la fuite.

Cependant la justice du prince devait suivre son cours. Une sentence du 23 février condamna le sire de Montmayeur par contumace à perdre tous ses biens *feudi et retrofeudi*. Cet arrêt fut cassé, pour vice de forme, le 6 septembre 1473.

Après que Charles le Guerrier eut succédé à Yolande de France, régente de Savoie, ce grand procès fut instruit de nouveau; et malgré les oppositions soulevées par le sire de Montmayeur en sa qualité de chevalier de l'ordre du Collier, et sur son refus de paraître à la barre, le tribunal passa outre, et le 23 juin 1486, un arrêt fut rendu en ces termes :

« Au nom du Père, du Fils et du Saint-Esprit, je » déclare le comte de Montmayeur, et nonobstant son

» absence, qui sera remplie par la présence du Sei-
» gneur (*quæ Dei præsentia repleatur*), avoir encouru
» les peines prononcées contre lui, c'est-à-dire la con-
» fiscation de tous ses biens, le condamnons en une
» amende de 500 francs d'or, réservant au duc de
» modérer cette sentence. »

Le sire de Montmayeur mourut peu de temps après ce jugement, et ce qui restait de ses biens passa dans la maison de Miolans, en 1489.

Au bord d'un torrent, près du château d'Apremont, s'élève une croix de bois appelée la *Croix de Plot*. La tradition raconte qu'elle fut plantée en souvenir du crime commis en ce lieu. Toutes les fois que cette croix tombe de vétusté, la piété des fidèles la remplace par une croix nouvelle.

Plot dans le patois du pays signifie *billot*.

Plus loin, près de Saint-Pierre d'Albigny, le voyageur rencontre sur la crête d'une falaise escarpée un amas de ruines, de ponts écroulés, de tours effondrées, de murailles abattues; c'est tout ce qui reste du château de Miolans, transformé en prison d'État par Charles III, en 1523.

Le fort de Miolans tient une large place dans les traditions féodales de la Savoie. Entre toutes les retraites que les barons bâtissaient au milieu des montagnes, c'était l'une des plus formidables; rien n'avait été épargné pour la rendre inexpugnable, ni les larges fossés, ni les donjons, ni les ponts-levis armés de herses. Des souterrains rampaient sous ses fondations profondes ; ses murailles épaisses recélaient des cachots ; des oubliettes s'ouvraient dans l'intérieur des tours. L'architecture militaire avait épuisé son art et ses secrets pour mettre le fort à l'abri de toute attaque.

C'était là que commandaient les sires de Miolans, dont il est déjà question dans les chroniques du neuvième siècle. Ils ne relevaient d'abord, ainsi que les barons de Montmayeur, que de l'empereur d'Allemagne, et ne reconnurent qu'à grand'peine la suprématie féodale des comtes de Maurienne. C'était une race d'hommes belliqueux et querelleurs, qui portait même sur le siége épiscopal son humeur altière et batailleuse. Ainsi un seigneur de la maison de Miolans, Aimon II, évêque de Maurienne, passa sa vie à se quereller avec ses diocésains, et fit si bien qu'ils le chassèrent deux fois de sa maison et brûlèrent l'église de Saint-Jean.

Le château de Miolans a eu son prisonnier historique.

Ce prisonnier était un jeune homme du nom de Lavin, employé, sous Charles-Emmanuel III, au secrétariat des finances. Il était appliqué et fort intelligent, mais il avait malheureusement le don de contrefaire toute espèce d'écritures avec une rare perfection.

Le ministre des finances lui proposa d'utiliser ce

don naturel par la fabrication de faux billets d'État. Le comte de Stertillan — c'était le nom de ce ministre — n'était pas, à ce qu'il paraît, très-scrupuleux sur les moyens de se procurer des ressources qui manquaient à son budget. Lavin refusa, bien que le ministre eût cherché à lui persuader que le roi consentait à ce petit arrangement.

Lavin céda et fit de faux billets. Bientôt découvert, il prit la fuite. Arrêté à Paris sur la réclamation du roi de Sardaigne, qui avait obtenu son extradition, il fut ramené à Miolans en 1762. Il avait alors vingt-cinq ans.

Quant au comte de Stertillan, il fut incarcéré, dit-on, dans une autre prison d'État.

Des ruines éparses sous la ronce et le lierre, et le souvenir de Lavin, voilà tout ce qui reste aujourd'hui du château de Miolans.

Est-ce assez pour les environs de Chambéry? Voici les cascades de Jacob dans un creux de montagnes d'où l'œil plonge dans la vallée de Cognin, et la cascade de Couz, dont Jean-Jacques Rousseau nous a laissé cette description dans le livre des *Confessions* :

« Le chemin passe au pied de la plus belle cascade
» que je vis de mes jours; la montagne est tellement
» escarpée, que l'eau se détache net, et tombe en
» arcade assez loin pour qu'on puisse passer entre la

» cascade et la roche quelquefois sans être mouillé ;
» mais si l'on ne prend pas ses précautions, l'on y
» est aisément trompé, comme je le fus ; car à cause
» de l'extrême hauteur, l'eau se divise et tombe en
» poussière, et lorsqu'on approche un peu trop près
» de ce nuage sans s'apercevoir d'abord que l'on se
» mouille, à l'instant on est tout trempé. »

C'est en suivant la route de Lyon, où se trouve à une heure un quart de Chambéry la cascade de Couz, qu'on arrive au paysage des Echelles, où s'ouvrait la fameuse grotte de ce nom.

Napoléon a fait tailler dans le roc vif une route qui facilite les communications entre la France et la Savoie. C'est là qu'on voit encore l'ouverture de la grotte où les voyageurs s'engageaient pour traverser cette partie des Alpes. Au fond de la grotte, un escarpement de près de cent pieds barrait le chemin, mais là se trouvaient de grandes échelles qui aidaient à monter et à descendre ce mur naturel.

Le bourg, situé dans la vallée, au-dessous de la grotte, tirait son nom de ces échelles.

Dès l'an 1670, Charles-Emmanuel II avait fait construire une route à côté de la caverne ; mais l'usage en est abandonné depuis l'ouverture de la galerie que Napoléon a fait percer dans le roc, à travers la montagne, et qui n'a pas moins de 308 mètres de long.

Une poignée de soldats français y donna en 1814 la preuve de ce que peuvent le courage et l'amour du pays. Barricadés dans la grotte au nombre de quatre-vingts, ils lassèrent par leur héroïque résistance les efforts de l'armée autrichienne, qui ne pouvant se rendre maîtresse du défilé, fut contrainte de passer par-dessus la montagne.

Victor-Emmanuel acheva, après 1824, le beau travail que la déchéance de Napoléon avait laissé incomplet.

La route qui conduit de Chambéry aux Echelles est admirablement pittoresque. Des masses énormes de rochers bordent la route, resserrée entre des montagnes abruptes, arides, sauvages, où frissonnent au vent de rares broussailles échevelées. On dirait un paysage de mélodrame, mais grâce au ciel les acteurs manquent à la décoration. Il n'y a jamais eu de brigands en Savoie, et on n'en rencontre plus en Italie que dans les collections de curiosités.

La belle route construite par Charles-Emmanuel II, et maintenant abandonnée, est décorée d'un monument qui porte une inscription latine due à l'abbé Tesoro, de Turin. En voici la traduction :

« Charles-Emmanuel II, duc de Savoie, prince de
» Piémont, roi de Chypre, après avoir assuré la féli-
» cité publique, s'être occupé de l'avantage de tous,

» renversant ici des barrières opposées par des rochers
» escarpés et menaçants, aplanissant les inégalités des
» monts, comblant les précipices sous les pieds des
» voyageurs, a ouvert cette voie royale, plus courte,
» plus sûre, fermée par la nature, vainement tentée
» par les Romains, désespérée après eux, et mainte-
» nant offrant à jamais un libre accès au commerce
» des peuples. L'an du Seigneur, 1670. »

Fontaine de M. de Boigne.

Les Charmettes.

LES CHARMETTES.

Savez-vous un nom plus charmant et plus doux dans l'histoire des lettres? Ne semble-t-il pas inventé à plaisir pour caresser l'oreille et plaire au cœur? N'est-ce pas une réunion de syllabes amoureuses et si tendres que la bouche en le prononçant semble donner un baiser? Et quels ravissants souvenirs ce nom n'évoque-t-il pas! C'est Jean-Jacques Rousseau tout jeune encore, farouche déjà et portant au cœur cette plaie vive dont il doit souffrir jusqu'à la mort, mais ouvrant son âme aux premières clartés de l'amour, aimant, aimé, et berçant ses jours entourés de tendresse et de soins, de prévenances et de caresses entre l'étude qui le captivait, la musique et la rêverie ! C'est aussi madame de Warens qui avait le cœur si bon qu'elle ne pouvait se défendre de pécher même sans amour, cœur de mère qui avait toutes les faiblesses de la femme, frivole et charmante créature à qui le refus en toute chose était impossible et qui se faisait pardonner ses fautes à cause même de leur naïveté !

Certes, on peut ne pas aimer Jean-Jacques Rousseau. Cette nature orgueilleuse et sauvage, inquiète et méfiante, est de celles qui peuvent n'inspirer aucune sympathie, mais quand on arrive aux Charmettes il est impossible de se défendre d'une vive et sincère émotion. Son nom est partout; c'est là qu'il a respiré, qu'il a vécu, qu'il a aimé. Ce n'était pas encore le grand Rousseau, le rival, l'ennemi de Voltaire, l'écrivain sublime, celui-là même que M. le prince de Conti et M. le duc de Luxembourg protégeaient contre le Parlement, qui tenait l'Europe attentive aux moindres cris de son âme, c'était Jean-Jacques, presque enfant, un pauvre jeune homme inconnu, malheureux, errant, et que la tendre amitié d'une femme défendait contre la misère et l'abandon. Son souvenir est resté partout; le verger a gardé l'empreinte de ses pas, voici le banc sur lequel il s'asseyait au soleil couchant, les pommiers qui lui prodiguaient leur ombre et leurs fruits, la chambre où il causait et riait avec madame de Warens, le rosier complaisant qui portait jusqu'à sa fenêtre ses parfums et ses fleurs; là était le jardin; ici la vigne rampe encore sur la colline; là-bas les grands noyers tordent leurs branches chargées de feuillage et de fraîcheur, le ruisseau coule sur son lit de cailloux, entre les buissons verdoyants où niche le rouge-gorge; la pervenche se cache au bords de l'eau comme au temps où la main curieuse de Rousseau la cherchait. La nature calme et sereine n'a point changé; elle abrite ces lieux où il a, ainsi qu'un voyageur qu'attend une longue route, reposé sa jeunesse craintive et déjà attristée, et comme une âme vigilante son souvenir erre autour des Charmettes et vous suit.

Tout le monde se souvient du VIe livre des *Confessions!* Qui n'a pas lu ces pages où palpite la plus ferme et la plus ardente éloquence? Des conquérants ivres de batailles se sont heurtés dans des campagnes que le sang des hommes a immortalisées; quelques gouttes d'encre ont coulé, et voilà que les Charmettes sont impérissables comme Pharsale et Fontenoy, Marengo, Austerlitz, Waterloo!

Jean-Jacques Rousseau n'a pas fait la description des

Charmettes, mais il a écrit quelques lignes sur cette habitation. Les voilà telles qu'on les trouve dans les *Confessions* :

« Après avoir un peu cherché, nous nous fixâmes
» aux Charmettes, terre de M. de *Conzié*, à la porte de
» Chambéry, mais retirée et solitaire comme si l'on
» était à cent lieues. Entre deux coteaux assez élevés
» est un petit vallon nord et sud au fond duquel coule
» une rigole entre des cailloux et des arbres. Le long
» de ce vallon, à mi-côte, sont quelques maisons
» éparses fort agréables pour quiconque aime un asile
» un peu sauvage et retiré. Après avoir essayé deux
» ou trois de ces maisons, nous choisîmes enfin la plus
» jolie, *appartenant à un gentilhomme qui était au ser-*
» *vice, appelé M. Noiret.* La maison était très-logeable.
» Au-devant un jardin en terrasse, une vigne au-
» dessus, un verger au-dessous, vis-à-vis un petit
» bois de châtaigniers, une fontaine à portée; plus
» haut, dans la montagne, des prés pour l'entretien
» du bétail; enfin tout ce qu'il fallait pour le petit
» ménage champêtre que nous y voulions établir.
» Autant que je puis me rappeler les temps et les dates,
» nous en prîmes possession vers la fin de l'été 1736.
» J'étais transporté le premier jour que nous y cou-
» châmes. O maman, dis-je à cette chère amie, en
» l'embrassant et l'inondant de larmes d'attendrisse-

» ment et de joie, ce séjour est celui du bonheur et de
» l'innocence; si nous ne le trouvons pas ici, il ne
» faut le chercher nulle part.

> » *Hoc erat in vobis: modus agri non ita magnus,*
> » *Hortus ubi, et tecto vicinus jugis aquæ fons,*
> » *Et paululum sylvæ super his foret;......*

» Je ne puis pas ajouter : *Auctius atque Di meliùs*
» *fecére;* mais n'importe, il ne m'en fallait pas davan-
» tage; il ne m'en fallait pas même la propriété : c'était
» assez de la jouissance. . . . .
. . . .
» A peine les neiges commençaient à fondre que nous
» quittâmes notre cachot, et nous fûmes assez tôt aux
» Charmettes pour y avoir les prémices du rossignol.
» Dès lors je ne crus plus mourir. . . . .
» Je me levais tous les matins avant le soleil. Je
» montais par un verger voisin dans un très-joli che-
» min qui était au-dessus de la vigne et suivait la côte
» jusqu'à Chambéry. Là, tout en me promenant, je
» faisais ma prière, qui ne consistait pas en un vain
» balbutiement des lèvres, mais dans une sincère élé-
» vation de cœur à l'Auteur de cette aimable nature
» dont les beautés étaient sous mes yeux. . . . . . .
» J'aime à le contempler dans ses œuvres, tandis que
» mon cœur s'élève à lui. Mes prières étaient pures,
» je puis le dire, et dignes par là d'être exaucées.

» Je ne demandais qu'une vie innocente et tranquille,
» exempte du vice, de la douleur, des pénibles be-
» soins, la mort des justes et leur sort dans l'avenir.
» Du reste cet acte se passait plus en admiration et en
» contemplation qu'en demandes, et je savais qu'au-
» près du dispensateur des biens, le meilleur moyen
» d'obtenir ceux qui nous sont nécessaires, est moins
» de les demander que de les mériter. Je revenais,
» en me promenant, par un assez grand tour, occupé
» à considérer avec intérêt et volupté les objets cham-
» pêtres dont j'étais environné, les seuls dont l'œil
» et le cœur ne se lassent jamais. . . . .
. . . .
» Deux ou trois fois la semaine, quand il faisait beau,
» nous allions derrière la maison prendre le café dans
» un cabinet frais et touffu que j'avais garni de hou-
» blon, et qui nous faisait grand plaisir durant la
» chaleur. Nous passions là une petite heure à visiter
» nos légumes, nos fleurs, à des entretiens relatifs à
» notre manière de vivre et qui nous en faisaient
» mieux goûter la douceur. J'avais une autre petite
» famille au bout du jardin : c'étaient des abeilles, » etc.

La vie de Jean-Jacques Rousseau fut assez longtemps agitée, on le sait, mais quelles que soient les positions où le sort et son humeur irritable l'aient jeté, il n'a pas cessé de se souvenir des lieux où s'écoulèrent les heureuses années de sa jeunesse. Voici en quels termes il parlait des Charmettes, peu d'années avant sa mort :

« Depuis que je m'étais, malgré moi, jeté dans le
» monde, je n'avais cessé de regretter mes chères
» Charmettes et la douce vie que j'y avais menée. Je
» me sentais fait pour la retraite et la campagne : il
» m'était impossible de vivre heureux ailleurs : à Ve-
» nise, dans le train des affaires publiques, dans la
» dignité d'une espèce de représentation, dans l'or-
» gueil des projets d'avancement; à Paris, dans le
» tourbillon de la grande société, dans la sensualité
» des soupers, dans l'éclat des spectacles, dans la
» fumée de la gloriole; toujours mes bosquets, mes
» ruisseaux, mes promenades solitaires venaient par
» leur souvenir me distraire, me contrister, m'arra-
» cher des soupirs et des désirs. »

Les Charmettes sont à quelques minutes, un quart d'heure à peine de Chambéry. Quand on a dépassé *le Bocage*, peu après la grande caserne de cavalerie, on quitte la plaine pour s'engager à droite dans un sentier qui gravit la montagne. Bientôt après on tourne au sud, et la vallée qui prend le nom des Charmettes s'ouvre devant les yeux.

C'est moins une vallée qu'une déchirure pratiquée entre deux coteaux chargés de pampres, de châtaigniers, de tilleuls et de moissons. Le sentier rampe au bord d'un ruisseau qui rit et babille parmi les cailloux, quelquefois caché sous une voûte tremblante de feuillage, quelquefois endormi sur un lit d'herbes. On vient à peine de quitter la capitale de la Savoie et déjà la solitude vous enveloppe; la mousse tapisse le flanc du rocher, la véronique balance sa petite fleur charmante sous le buisson qui la protége; la chèvre broute sur la colline, et le merle craintif s'envole en sifflant.

Quelques maisons coupent de leurs murailles blanches la pente verte du coteau; des vaches ruminent dans les prés; on marche encore le long du ruisseau qui murmure et fuit, et tout à coup, à mi-côte, la main du guide vous montre une maison assise entre une vigne et un verger.

Vous êtes aux Charmettes.

Si maintenant on est curieux de connaître la maison et les champs qui l'entourent, nous ne pourrons mieux faire que d'emprunter à M. Raymond, professeur de mathématiques à Chambéry, l'exacte et curieuse description qu'il en donne dans sa *Notice sur les Charmettes*. Les Charmettes sont à lui; son hospitalité bienveillante en ouvre les portes en tous temps aux étrangers, et il en parle avec le goût et le soin minutieux d'un propriétaire amoureux de sa propriété.

« La maison est un peu élevée au-dessus du chemin ; au-devant est une terrasse environnée d'un parapet à hauteur d'appui ; ce parapet est coupé par une grille de bois à deux battants qui ferme l'entrée de la terrasse, sur laquelle on monte par six marches de pierre. La face de la principale maison est tournée au levant et parallèle au chemin. C'est un petit bâtiment régulier, de forme rectangulaire ; il est couvert d'un toit rapide, en ardoises, à quatre pans et surmonté de deux aiguilles. Les rustiques sont au midi et attenants à la maison ; et le jardin est du côté du nord. La hauteur de la terrasse au-dessus du sol du Verney (promenade de Chambéry), est de 103 mètres 75 centimètres (53 toises 1 pied).

» Au-dessus de la porte d'entrée sont les armoiries des anciens propriétaires ; on les a mutilées, à l'exception de la date de 1660, qui est parfaitement conservée. Dans le même mur antérieur et sur la droite, est incrustée une pierre blanche portant l'inscription suivante, placée par *Hérault de Séchelles*, en 1792, lorsqu'il était commissaire de la Convention, avec l'abbé Simon et Jagot, dans le département du Mont-Blanc :

> Réduit par Jean-Jacque habité,
> Tu me rappelles son génie,
> Sa solitude, sa fierté,
> Et ses malheurs et sa folie.

> A la gloire, à la vérité
> Il osa consacrer sa vie,
> Et fut toujours persécuté
> Ou par lui-même ou par l'envie.

» Ces vers ont été attribués à madame d'Épinay.

» La chambre qu'a occupée Rousseau est au-dessus du vestibule ; elle est de même grandeur et n'a qu'une fenêtre ; c'est celle qui est directement au-dessus de la porte d'entrée. La chambre de madame de Warens occupe la face septentrionale, du côté du jardin.

» Le rez-de-chaussée est composé du vestibule, d'une petite cuisine à gauche, qui n'existait pas du temps de madame de Warens ; d'une première salle où était autrefois la cuisine, d'un salon communiquant directement au jardin, et de quelques autres petites pièces.

» L'escalier est intérieur ; il est construit en pierres de taille, et composé de deux rampes. Sur le premier palier est une porte extérieure qui s'ouvre sur une petite esplanade derrière la maison, où était le cabinet de houblon dont parle Jean-Jacques. Sur ce même palier est l'entrée d'une petite chambre et d'un cabinet pratiqués sur un caveau et sur la cuisine actuelle, et qui n'étaient pas autrefois dans cet état. La seconde rampe conduit à deux portes dont l'une, à droite, s'ouvre sur un corridor qui communique à la chambre de Rousseau, et qui la dégage par une porte de derrière. L'autre porte introduit dans un petit vestibule où l'on avait fait transporter la chapelle extérieure, dédiée à la Vierge, et qui y est encore en bon état. De là on passe dans une chambre carrée, assez grande, très-éclairée, qui remplit l'angle de la maison au nord-est, et dont les fenêtres s'ouvrant sur le jardin, présentent une vue étendue et fort agréable : c'était la chambre de madame de Warens. Tel est l'intérieur de la maison. Du reste, il est simple, fort commode, par sa distribution, pour loger un assez grand nombre de personnes, avec l'avantage de les rendre indépendantes les unes des autres.

» On a établi dans la maison un registre destiné à recevoir les noms des étrangers et des voyageurs, qui veulent ordinairement marquer la date de leur passage dans les lieux qu'ils ont visités. Les fermiers sont chargés de présenter le registre aux personnes dont ils satisfont la curiosité.

» J'ai trouvé dans la maison un portrait de J.-J. Rousseau, peint presque en pied, d'après quelqu'une des gravures connues. Le peintre a commis un léger anachronisme : il a représenté Rousseau travaillant au *Contrat social*, et l'on voit sur des tablettes deux volumes de l'*Emile;* or, on sait que ce dernier ouvrage n'a paru que deux mois après l'autre. On avait mis au bas de ce portrait, pour inscription, cette observation faite sur le philosophe de Genève par M. Lacretelle le jeune :

« Le nom d'un écrivain qui exalta si vivement les » âmes est réclamé par l'histoire. En s'occupant de » lui, elle perd son impassibilité ; et tour à tour elle » l'admire ou le plaint, le bénit ou l'accuse. »

» Pour aller au jardin, on passe sur une seconde petite terrasse, où Jean-Jacques cultivait des fleurs, et qui a encore la même destination. Le jardin est oblong, dirigé dans le sens du chemin ; il a été totalement négligé : pour le rétablir, j'ai d'abord achevé la clôture, qui n'était que commencée. Il est situé entre la vigne et le verger. C'est à son extrémité septentrionale qu'étaient placées les ruches de madame de Warens. »

Voilà les Charmettes. Une bonne vieille femme, qui trotte par le verger faisant de l'herbe pour quelque chèvre, ou qui file sur le pas de la porte, vous accueille et vous ouvre à toute heure le réduit de Jean-Jacques, pour parler le langage un peu prétentieux de madame d'Épinay. Une ferme est adossée à la maison ; les bœufs indolents ramènent le chariot chargé de foin fraîchement fauché, le bouvier passe, l'aiguillon sur l'épaule, quelque enfant demi-riant, demi-craintif, rampe derrière la haie, une fille chante en courant sur le sentier, sa cruche à la main. La ferme est active et bruyante ; la maison est silencieuse.

Quatre fenêtres à volets verts percent la muraille au premier étage, et le long de cette muraille égratignée par le temps grimpent les rameaux embaumés de quelques rosiers; sur la terrasse entourée d'un parapet un peu vieux, usé, écaillé, fendu çà et là, s'agite le feuillage léger de quelques acacias; une porte à claires-voies conduit au verger; les arbres y sont encore, il est vrai, mais moins beaux, moins nombreux, et des herbes parasites embarrassent les allées.

M. Raymond nous l'a dit : la cuisine primitive a disparu, mais dans la pièce qui l'a remplacée on voit encore la place où était l'âtre; c'est aujourd'hui la salle à manger.

Cette salle est carrelée; une table chargée du livre sur lequel les étrangers écrivent leurs pensées, ou, plus modestement, signent leur nom, en occupe le milieu; autour sont rangées quelques chaises. Trois ou quatre mauvaises toiles ornent le mur tapissé d'un vilain papier à fleurs; l'un de ces tableaux représente Jean-Jacques Rousseau. Une Omphale décolletée, aux pieds de laquelle gémit un Hercule, est, dit-on, le portrait de madame de Warens. Tant pis pour madame de Warens.

Deux bustes de plâtre, Jean-Jacques et Voltaire, posés à côté l'un de l'autre, contribuent encore à l'ornementation excentrique de cette pièce; conçoit-on

Voltaire et Rousseau, côte à côte sur deux tablettes, et séparés seulement par six pouces de tapisserie et dans la salle à manger de Rousseau!

On voit dans le salon qui suit cette première pièce un clavecin que la tradition dit avoir servi à Rousseau. L'état du clavier ne rend pas cette supposition impossible. Qu'il ait ou qu'il n'ait jamais appartenu à l'auteur du *Devin de village*, ce clavier n'en est pas moins le contemporain de Jean-Jacques.

Un autre objet est encore offert à la pieuse admiration des fidèles : c'est une montre, une grosse montre pendue à un clou et qui porte sur le cadran le nom de Jean-Jacques Rousseau gravé en relief dans un cartouche.

La montre est-elle historique? on l'assure, et l'on fait lire à l'appui de cette légende le nom qui orne le cadran; mais le nom ne fait rien à l'affaire! Ce qui nous étonne cependant, c'est qu'aucun amateur d'antiquités ne l'ait encore volée. Lorsque dix mille cannes *authentiques* de Voltaire ornent les châteaux des touristes anglais, se peut-il que la montre de Rousseau ait échappé au zèle d'un millionnaire en voyage!

Après la montre et le clavecin, faut-il parler de quelques tableaux d'église plus que médiocres, — des saints et des saintes chez le philosophe de Genève! — et d'une petite statuette de Napoléon, haute de deux ou trois pouces, qui croise ses bras verts, sur la cheminée, entre deux vases et quatre tasses?

Le guide vous ramène à Chambéry par le chemin de Jean-Jacques. Ce chemin traverse la vigne située derrière la maison et gagne le sommet de la colline qui sépare le vallon des Charmettes de celui de Belle-Combette.

Ici la vue s'étend et embrasse d'un seul coup le bassin où Chambéry éparpille ses maisons grises. Un vaste cercle de montagnes aux cimes neigeuses ferme l'horizon, des collines s'étagent de croupe en croupe jusqu'à leurs flancs lointains, semées de grands châteaux, de bois épais, de vertes prairies et de hameaux. Au pied même de l'étroit plateau où le voyageur s'arrête, des campagnes heureuses s'étendent, mêlant la vigne au mûrier, le sycomore au tilleul, et toutes coupées de ruisseaux qui baignent de leurs ondes timides les maisons, les prés et les champs. Plus loin les plans se confondent, les lignes s'effacent, et jusqu'aux Alpes à demi noyées dans les vapeurs de l'horizon, ce ne sont plus que des entassements de montagnes pressées et confondues comme les brebis d'un troupeau.

Deux routes serpentent au pied de ces montagnes : l'une qui va de Chambéry à Genève par Aix et Annecy, et l'autre qui court vers Grenoble.

Là-bas, entre la dent du Nivolet et le roc de Chaffardon, court et se précipite la Doria, et retentit au milieu des solitudes les plus sauvages cette cascade merveilleuse à laquelle on a donné le nom fantasque de *Bout-du-Monde*.

La papeterie d'Annonay.

La Cascade du Bout du Monde.

Le mont Blanc.

CHAMONIX.

En France on dit Chamouny ; en Savoie on écrit Chamonix. La plume peut un instant hésiter entre les deux. Chamouny est plus joli, mais Chamonix est plus vrai. — Nous avons choisi Chamonix.

Autrefois Chamonix était une vallée ; aujourd'hui c'est un hôtel. On y voit bien par-ci par-là quelques chalets et dix ou douze chaumières copiées d'après les décors de *Guillaume Tell*; mais ce qu'on y rencontre le plus ce sont des hôtels larges, pansus, hauts, superbes, plantureux comme aux bords du Rhin. On devine bientôt que cent cinquante mille Anglais ont passé par là.

Chacun de ces hôtels pourrait loger le village entier ; en y mettant un peu de complaisance, il logerait la province. Les spéculateurs inconnus qui les ont fait bâtir ont compris que l'Europe avec ses royaumes, ses empires et même ses républiques, passerait au travers de Chamonix.

L'Europe leur a donné raison. Elle y est allée, elle y retournera.

Mais tous ces hôtels ne suffisent pas à l'humeur hospitalière des montagnards savoisiens ou savoyards, car nous n'avons jamais su lequel de ces deux noms était le vrai ; on en construisait encore un l'été dernier, qui avait déjà, quoique inachevé, l'apparence aimable d'un caravansérail prédestiné au repos de caravanes innombrables. Genève et Chambéry pourront y demeurer sans se coudoyer. Et quand celui-là sera achevé on en bâtira d'autres.

Quand on arrive à Chamonix, le premier sentiment qu'on éprouve est celui de l'admiration, non pas tant pour la magnificence du spectacle qui frappe le regard, que pour la philosophie des habitants qui ont consenti à faire de cette vallée leur séjour accoutumé.

Que sont Aristote et Platon, Leibnitz et Spinosa,

Kant et Bacon, Sénèque et Lucien, M. Cousin et M. Jouffroy auprès de ces montagnards! Ils excellent dans la théorie, c'est possible, mais de combien ne sont-ils pas dépassés dans la pratique par ces modestes Savoyards! Tous les frimas de l'hiver, ils les bravent; toutes les contrariétés, toutes les privations, ils les subissent, et, comme les martyrs des premiers temps de l'Église, ils semblent se plaire au milieu des tourments que leur impose une patrie chère à leur cœur!

Ce n'est plus de la philosophie, c'est du dévouement.

Le calendrier menteur promet à Chamonix trois mois de printemps, trois mois d'été, trois mois d'automne et lui donne neuf mois d'hiver. Il abuse de la position que lui fait son voisin le mont Blanc. Mais, par exemple, la nature déploie une activité merveilleuse pendant les seuls mois qui lui soient accordés; la veille tout était blanc, le lendemain tout est vert; l'herbe pousse, le blé monte, la neige fond, la glace s'écroule, les fleurs éclosent, les fruits mûrissent; on dirait que la terre a conscience du peu de loisirs que lui laisse l'hiver. Elle travaille du matin au soir et fait en une saison l'ouvrage d'une année. Si elle ne se hâtait pas, l'hiver la surprendrait, et force lui serait de remettre les moissons à l'an prochain, ce qui serait trop tard.

La population de Chamonix se compose de guides.

Ces guides sont laboureurs à leurs moments perdus, et quelquefois chasseurs au printemps, lorsque les coqs de bruyère songent à faire leurs nids, et que la saison transforme les forêts de sapins en bosquets de Cythère à l'usage des volatiles. Chamonix possède encore deux ou trois chasseurs de chamois. — Mais ces rares chasseurs sont regardés par leurs compatriotes comme des esprits forts. Ces amants de la tradition mettent trois jours à tuer un quadrupède qu'ils vendent en moyenne dix à douze francs.

Jouer sa vie quotidiennement au prix fixe de quatre francs par jour, ce n'est pas cher.

Quelques voyageurs sceptiques estiment que ces chasseurs intrépides sont entretenus aux frais de la province, qui les subventionne secrètement pour faire plaisir aux Anglais, grands amateurs de couleur locale.

Dans un temps où l'on a fait *le Dernier des Abencerrages*, *le Dernier des Mohicans* et une foule d'autres *derniers*, on ne tardera pas à faire aussi le dernier des chasseurs de chamois.

En été, au mois de juillet surtout, Chamonix est habité par une population nomade mais considérable d'Anglais, d'Allemands, de Français, d'Espagnols, de Russes et d'Italiens. Bottes vernies et gants jaunes, robes de soie et ombrelles vertes, se promènent de compagnie un peu partout. Cependant il y a quelques montagnards qu'on reconnaît à leurs habits de bure. Ils sont ordinairement accompagnés de vaches.

Le soir venu, ces montagnards se retirent dans les quelques chaumières dissimulées entre les hôtels, où ils attendent le jour et s'endorment avec l'aisance d'hommes qui ont depuis la plus tendre enfance l'habitude du sommeil. A cette même heure, les voyageurs se réunissent silencieusement autour de tables gigantesques où tous les produits de l'art culinaire des deux mondes leur sont servis avec une prodigalité babylonienne.

Ces tables d'hôte s'étendent à perte de vue dans des salons ornés de produits manufacturés par les habitants du pays. Là s'asseyent pêle-mêle et dans un désordre solennel, des savants qui parlent un chinois si pur, que les habitants de Pékin eux-mêmes ne le comprennent pas, des magistrats en villégiature, des commis-voyageurs, des princes allemands plus ou moins médiatisés, de ces blondes aventurières qui ont toujours l'air de rêver à quelque mariage morganatique, des notaires ornés d'une cravate blanche et d'une femme, des professeurs d'esthétique en congé, et cent autres figures originales qui parleraient plus de langues qu'il n'y en a sur terre, si elles daignaient seulement ouvrir la bouche; mais le silence est à l'ordre du jour à Chamonix, et comme le dit presque un complet vaudeville :

> Il faut savoir y manger et se taire
> Sans murmurer.

Si par hasard on a quelque chose à dire à son voisin, on le dit tout bas à son oreille. Une question adressée à haute voix, d'un côté de la table à l'autre, exciterait une indignation générale. Le *shocking* anglais a pris racine à Chamonix.

Il y a deux services dans les hôtels de Chamonix, l'un à cinq heures, l'autre à huit. Ils sont également silencieux et confortables.

Quand on part d'Aix pour se rendre à Chamonix, on traverse Bonneville, Salanches et Cluse. La route côtoie les rives de l'Arve, qu'elle franchit une douzaine de fois, sur des ponts de pierre ou de bois.

Cette route, malgré sa réputation, est l'une des plus curieuses qui se puissent voir. C'est une de ces merveilles qui bravent les descriptions et se tiennent au niveau de l'exagération elle-même.

Elle rampe, monte, descend, se précipite, tombe, circule, gravit les plus superbes sommets, s'enfonce dans les plus horribles ravins, et découvre à chaque détour les points de vue les plus miraculeux. Parfois la route s'étrangle jusqu'à faire croire que le passage est intercepté; plus loin elle s'élargit et se glisse, semblable à une couleuvre, dans un vallon vert, frais et reposé; plus loin elle s'élance à l'assaut d'une montagne qui hérisse ses sapins autour d'elle, ou se suspend aux pentes d'un précipice que mille torrents déchirent de leurs eaux écumantes. C'est un panorama toujours varié, un paysage où Dieu a prodigué tous les miracles de la création.

A Cluse on abandonne les diligences et on prend les petits chars de montagne, qui vous font promener de côté.

Ces petits chars sont communs à la Suisse et à la Savoie; ils sont incommodes et laids. C'est peut-être pour cela qu'on les a adoptés.

Là où commencent les pèlerinages en char, la plume devrait s'arrêter. Ce sont des entassements de beautés à nulle autre pareilles, des surprises à vous faire pousser des cris involontaires. Le voyageur prend la tournure d'un point d'exclamation. On est au cœur des grandes Alpes et chaque pas vous rapproche du mont Blanc.

Il y a, entre autres merveilles, un paysage auprès duquel on voudrait s'arrêter tout un jour. Il est à quelques centaines de pas d'une auberge où les postillons s'arrêtent pour faire souffler leurs chevaux. La route se traîne au flanc d'une montagne, on franchit un petit fossé à droite, on descend une prairie dont la pente court vers la vallée, on traverse une haie de buissons, et tout à coup on découvre un paysage magique.

A vos pieds, l'Arve mugit dans un lit de rochers énormes, devant vous il se précipite des montagnes avec un fracas terrible. L'abîme où la rivière se brise est profond ; des forêts de sapins hérissant leurs crêtes aiguës le pressent de toutes parts et se perdent dans le ciel. Des escarpements de montagnes dominent l'Arve et lui font un amphithéâtre de croupes colossales au sommet desquelles, et comme perdu dans le firmament d'un bleu sombre, apparaît l'éclatant glacier des Bossons.

Un chalet autour duquel paissent quelques vaches est suspendu sur ces abîmes, où gronde éternellement la rivière en fureur.

L'Arve — et ce que nous disons de l'Arve on peut le dire de tous les torrents savoyards — l'Arve ne coule pas, il bondit. L'eau, furieuse, haletante, blanche de colère et d'écume, irritée et frémissante, se rue contre tous les obstacles, mord le rocher qui l'arrête, court, se précipite, fuit et disparaît à travers toutes les fentes et toutes les chutes avec des cris et des rugissements de bête fauve. On dirait qu'elle vit, qu'elle palpite, qu'elle est attendue, et qu'il lui tarde d'arriver par la route la plus courte et la plus hardie. Où la terre manque, elle saute; où le rocher se dresse, elle fait un trou et passe; où l'abîme s'ouvre, elle plonge.

Après qu'on a quitté les chutes de l'Arve, quelques pas plus loin, on rencontre un vallon où la nature bouleversée semble être au lendemain du chaos. Là était le lac de Chède; c'est une plaine hérissée de rochers qu'on dirait entassés par la main des Titans.

Une nuit, un pan de montagne s'écroula, et dans sa chute engloutit le lac. La forêt tomba avec la montagne, et une brèche indique seule la place où furent la montagne et la forêt.

Le village, ou pour mieux dire le hameau de Chamonix, auquel on arrive par la route la plus accidentée qui soit au monde, est situé tout au fond d'une vallée que ferment de tous côtés les montagnes les plus hautes du continent européen. Au-dessus de cet immense amphithéâtre de montagnes gigantesques s'élève la tête blanche du mont Blanc, tantôt perdue dans les nuages, tantôt illuminée par les rayons du soleil.

L'Arve traverse le village avec la furie d'une hyène cherchant une proie. Des ponts de bois unissent les deux rives où s'entremêlent les chalets et les hôtels. Au bout du village une multitude de petits ruisseaux descendant des hauteurs et courant vers l'Arve, sillonnent une plaine de sable semée de chênes et coupée de sentiers verts. C'est le parc de Chamonix.

Au soleil levant, le spectacle que présente cette vallée est indescriptible. La pure lumière du matin frappe les glaciers suspendus à d'incroyables hauteurs et les teint des couleurs changeantes du prisme ; les sommets chargés de neiges éternelles étincellent, le noir manteau des forêts s'éclaire, et sur leurs pentes humides glissent des nuées transparentes pareilles aux robes légères des fées. La clarté descend de croupe en croupe illuminant un des côtés de la vallée, tandis que l'autre reste encore plongé dans l'ombre. La pointe aiguë des dents de Dru et du Midi brille comme de l'acier, et leur base énorme se perd dans l'entassement noir et sauvage des montagnes voisines. Des cascades sans nombre apparaissent de toutes parts comme des rubans d'argent attachés aux flancs des rochers. Le ciel est bleu, rose, vert et doré, et tout éclairé des plus douces nuances.

C'est à cette heure charmante que commencent les ascensions. Chaque hôtel vient d'ouvrir ses portes aux caravanes bruyantes des voyageurs, on entend sonner sur les cailloux le pied retentissant des mulets, et de tous les côtés à la fois on s'éloigne gaiement.

Ceux-là vont au Montanvert, ceux-ci vont aux glaciers des Bossons, d'autres vont à la Tête-Noire, et d'autres encore au Col de Balme.

Les plus hardis partent pour le mont Blanc ; mais

pour un Argonaute intrépide qui parvient jusqu'au sommet de ce roi des Alpes, combien qui s'arrêtent aux Grands-Mulets! L'ascension du mont Blanc est le rêve des Anglais en voyage. Quel savant n'a pas voulu y monter depuis M. de Saussure! Mais voilà bien des années que cette ascension est tentée, et c'est à peine si quarante ou cinquante voyageurs en ont résolu le problème. Que d'ennemis n'a-t-on pas à combattre en route! Le brouillard, le froid, la pluie, la neige, les avalanches, la tempête! Ceux-là reculent devant la fatigue et d'autres devant les périls. Un orage vient, et voilà le sentier enseveli sous la neige ; une nuée passe, et l'obscurité vous enveloppe. Que de tourmentes à ces hauteurs et que d'abîmes autour de vous! On dirait que le génie invisible de la montagne, jaloux de son empire, suscite mille obstacles sur le chemin du voyageur, comme, au temps de la fable, les magiciens envoyaient mille chimères sur les pas des chevaliers qui violaient les mystères de leurs demeures enchantées.

Quelquefois on arrive jusqu'à la tête du géant ; trois ou quatre cents mètres tout au plus vous séparent de la cime, et voilà qu'un accident vous arrête tout à coup. C'est le vent, c'est l'orage, et il faut redescendre avant d'avoir triomphé.

Les voyageurs qui n'aiment pas à braver mille dangers, ceux-là même qui n'aiment pas à se fatiguer beaucoup, se contentent d'aller au Montanvert.

On y va à dos de mulet, tranquillement, posément, sous l'ombre des bois de sapins et de mélèzes, à petits pas et comme de bons curés en promenade. La route est verte, suffisamment sauvage, tracée au flanc de la montagne, coupée çà et là de torrents, étroite et tortueuse, ombragée de vieux arbres, et semée à chaque détour de points de vue merveilleux.

A mi-hauteur on rencontre la fontaine de Caillet; cette fontaine que Claudine a rendue célèbre. Le filet d'eau qui s'en échappe a la fraîcheur et la limpidité du cristal, un tronc d'arbre et quelques quartiers de pierre sont auprès, pour le repos des voyageurs; et dans la belle saison, de jolies petites Savoyardes de huit ou dix ans ne manquent pas de vous offrir du lait froid, des fraises parfumées, du pain blanc et du miel, des bouquets de fleurs sauvages et des cristaux ramassés par elles dans les rochers.

A mesure qu'on avance sur le sentier, on entend de plus en plus les mugissements de l'Arveyron qui tombe du haut des glaciers. Autrefois l'Arveyron sortait avec des bouillonnements furieux du milieu d'une caverne dont l'arche colossale s'élevait à cent mètres; un éboulement du glacier détruisit la grotte, et maintenant l'Arveyron se précipite du haut d'un escarpement presque vertical. C'était autrefois un lion sortant de son repaire, c'est à présent un tigre bondissant du haut d'un rocher. Il grondait alors, il rugit maintenant.

C'est au pied même de la Mer de glace, là où son plan inférieur touche à la vallée de Chamonix, que l'Arveyron s'écroule avec fracas. A quelques centaines de pas plus loin il mêle ses eaux blanchâtres aux eaux tumultueuses de l'Arve.

Partout, le long du pittoresque sentier qui conduit au Montanvert, entre les robustes troncs des mélèzes et des sapins, parmi les rochers et le gazon, fleurit en gros buissons une fleur éclatante, la plus fraîche et la plus charmante fleur des montagnes. La feuille est d'un vert luisant et foncé, la fleur est d'un rouge vif; la roche en est tapissée, et partout elle appelle et charme le regard.

Les savants lui ont donné le nom pompeux et dur de rhododendron; les ignorants l'appellent rose des Alpes. C'est moins scientifique et plus joli.

Enfin, après deux ou trois heures de marche on arrive au Montanvert, et la Mer de glace ouvre ses désolantes solitudes aux regards étonnés.

Le Montanvert est un pavillon bâti au sommet d'un étroit plateau qui domine la Mer de glace. De cette hauteur la vue embrasse la vallée de Chamonix et un vaste horizon de montagnes d'où s'élancent comme des flèches les aiguilles Rouges, les dents du Midi, du Dru, de Charmoz et du Couvercle. Le mont Blanc écrase cet amphithéâtre monstrueux de sa masse énorme.

Les voyageurs s'arrêtent ordinairement au Montanvert pour déjeuner. La salle où l'hospitalité leur est offerte, à prix fixe, est ornée de cartes topographiques, de têtes de chamois empaillées, d'un petit miroir et d'un établi où se trouvent rangées dans des cases toutes les curiosités minéralogiques du pays, cachets, bagues, croix, coupes en onyx, en agate, en cornaline, en cristal de roche, et cent objets travaillés dans le bois, couteaux, pinces, cuillers, de petits bonshommes et de petites bonnes bêtes.

Une longue table en bois de sapin occupe l'une des extrémités de cette grande pièce, tout auprès d'une cheminée où un bon feu brûle, au cœur de l'été. Et pour le dire en passant, le soleil qui brille à ces hauteurs a très-souvent besoin de cet auxiliaire domestique.

Le Montanvert possède un gros registre sur lequel les touristes écrivent dans toutes les langues du monde les réflexions que leur inspire la vue de ces lieux sauvages. C'est en parcourant ces feuilles noircies par une encre indiscrète que l'on est étonné de la quantité de sottises qui prennent leur source dans l'esprit humain!

Vers et prose, aphorismes et descriptions, acrostiches et pensées diverses, il y a de tout parmi ces pages. Cent mille phrases et pas un mot, si ce n'est par-ci par-là, à de longs intervalles, un trait vif par hasard, ou quelque heureuse expression.

Le texte est parfois orné d'illustrations dues à la plume d'artistes méconnus. Le dessin le dispute à la littérature pour le mérite.

Un sentier qui part du pavillon du Montanvert, descend par une pente abrupte à la Mer de glace.

C'est là qu'il est donné à l'homme de contempler un des spectacles les plus surprenants que la nature puisse offrir à son admiration. Du sommet des montagnes voisines jusqu'à la vallée, s'étend, comme un fleuve aux larges ondes, un manteau de glace qui commence au mont Blanc et s'arrête à Chamonix : un désert morne et désolé de dix-huit lieues d'étendue! La vie s'en est retirée; pas un brin d'herbe qui frissonne; pas un oiseau qui chante, pas un insecte qui murmure, mais les sourds craquements de la glace qui se fend, et le bruit des avalanches qui s'écroulent au loin.

La Mer de glace est semblable à un océan que la voix d'un Dieu irrité eût gelé tout à coup au moment d'une tempête. Des abîmes s'ouvrent parmi des monceaux de glace, et partout sur la surface immense du glacier se hérissent, comme des vagues en courroux, des blocs énormes mêlés et confondus.

Des rochers monstrueux dorment sur la Mer de glace qui les entraîne lentement dans sa marche et les précipite ensuite dans la vallée. Un mouvement insensible et continu fait descendre le glacier, qui glisse sur le flanc de la montagne comme sur un plan incliné. On a calculé que sa marche était de huit à dix pouces à peu près par jour. Dans un temps donné il aurait enseveli la vallée, si la fonte des glaces ne le maintenait au même niveau. Quelquefois il gagne une centaine de pieds, puis la saison suivante il les perd, et la vallée s'endort sans crainte aux pieds de ce formidable ennemi, auquel la voix d'en haut semble avoir dit : « Tu n'iras pas plus loin. »

Sur la lisière même de la Mer de glace, à quelques centaines de pas du Montanvert, les guides vous font remarquer un bloc de granit sur lequel on a gravé en creux cette inscription, peinte en rouge :

Pocock
et
Windham
1741.

Et tout auprès, une seconde inscription en creux également peinte en rouge, porte ces mots que nous copions textuellement et sans remplacer un *e* usurpateur par l'*a* que l'orthographe accorde à vandale :

UN VENDALE

AYANT DÉTRUIT

LA 1re

INSCRIPTION

EN 1848.

A côté du bloc de granit orné de ces deux inscriptions on remarque les débris d'un autre bloc, où l'œil retrouve les vestiges d'une inscription semblable à la première.

Voici l'histoire de ces diverses inscriptions.

En 1741, deux Anglais — il n'y a au monde que des Anglais pour ces sortes d'expéditions — curieux de visiter les contrées glaciales d'où l'Arve descendait, côtoyèrent la rivière, et d'abîmes en abîmes, de forêts en forêts, de défilés en défilés, après avoir vingt fois joué leur vie parmi les rochers, ils arrivèrent dans une vallée qui était totalement inconnue au reste du monde. MM. Pocock et Windham étaient à Chamonix.

Grande, on le comprend, fut la surprise des habitants, qui ne s'attendaient guère à voir de tels voyageurs. Nos deux Anglais ne sachant pas d'abord à qui ils avaient affaire, passèrent leur première nuit sous une excavation, formée par un bloc de granit tombé de la montagne au bord de la Mer de glace.

Le lendemain, le curé de Chamonix vint les chercher et les conduisit à son presbytère; MM. Pocock et Windham y demeurèrent quelques jours, parcoururent l'étrange contrée qu'ils avaient découverte, redescendirent dans le bas pays, et racontèrent ce qu'ils avaient vu.

Depuis ce jour-là l'Europe a pris le chemin de Chamonix.

La pierre sur laquelle on lisait l'inscription primitive, gravée en souvenir du voyage de MM. Pocock et Windham, a été détruite en 1848, par des voyageurs à qui l'épithète de Vandale a pu être justement appliquée. Le granit, on le sait, offre une résistance presque invincible au marteau; mais soumis à l'action du feu, et mouillé ensuite, il éclate au moindre choc. C'est à l'aide de ce procédé, et dans un but inexplicable, que des voyageurs inconnus ont brisé le bloc et l'inscription qui rappellent la découverte de Chamonix en 1741.

Parmi les touristes qui visitent le Montanvert, il en est quelques-uns qui poussent l'excursion jusqu'au Jardin.

Le Jardin est un plateau couvert de gazon, situé vers le côté nord du Talèfre. Il a la forme d'un triangle dont la base s'appuie au glacier et le sommet au pied des Aiguilles-Rouges. Ce triangle irrégulier peut avoir trois quarts de lieue de hauteur sur une demi-lieue de largeur.

Cette promenade, qu'il est impossible de faire autrement qu'à pied, présente quelques dangers. Il faut marcher longtemps sur les glaciers, et leur traversée, malgré les crampons et les bâtons ferrés dont les touristes se munissent, présente de grandes difficultés. Que de crevasses sans fond ouvertes au milieu de leurs solitudes! La surface des glaciers est luisante et polie, et leurs plans inclinés où miroite le soleil, aboutissent à des abîmes coupés verticalement.

Le chemin suit quelque temps la rive gauche de la Mer de glace, après quoi on traverse le passage des Ponts et on s'engage sur la Mer jusqu'au point où trois grands glaciers se joignent : celui de Tacul à droite ; un peu sur la gauche et en face du voyageur, celui de Techaud, et à gauche la chute du Talèfre.

Le Couvercle vous sépare encore du Jardin. On franchit en une heure cette vaste plaine semée de quartiers de rochers, on s'engage sur le Talèfre et au pied des Aiguilles-Rouges, on arrive enfin à la grande pelouse qui doit à l'herbe fraîche qui la tapisse son nom de Jardin.

Tout est aride, tout est désolé, tout est mort à

l'entour ; ici le gazon verdoie et fleurit sous les pieds. C'est une prairie dans un océan de glace. Il n'y a d'ailleurs au Jardin ni auberge ni chalet, et le froid y est toujours vif quel que soit le temps.

Il ne faut pas moins de sept heures pour se rendre de Chamonix au Jardin.

Le Montanvert est à 954 toises, vieux style, au-dessus du niveau de la mer ; le Jardin à 1414.

Les botanistes trouvent au Jardin un grand nombre de plantes rares ; les touristes y trouvent d'admirables points de vue.

Il est impossible de rien voir de plus terrible, de plus morne, de plus effrayant que la Mer de glace ; mais la nature inépuisable produit avec les mêmes éléments des spectacles toujours divers.

Le glacier des Bois ou la Mer de glace est d'un aspect désolé ; le glacier des Bossons est d'un aspect charmant et fantastique.

Sur toute sa surface, plus blanche que la neige et teintée d'azur, se dressent en mille endroits des pyramides de glace qui étincellent au soleil comme des blocs de cristal : ce sont des cônes sans nombre, des aiguilles, des obélisques ; un entassement merveilleux de formes prismatiques, dont les faces et les arêtes lancent mille éclairs. Çà et là au milieu des Bossons s'ouvrent des entonnoirs profonds auxquels on a donné le nom de *moulins* et où se précipitent les ruisseaux formés par la fonte intérieure des glaces. Les parois verticales de ces moulins sont bleuâtres et transparentes ; la lumière s'y joue en reflets charmants, et l'eau des cascatelles qui pleurent au fond a la limpidité brillante du diamant.

On arrive aux Bossons par une route pittoresque coupée de vingt torrents et percée au travers d'une forêt.

A mi-chemin entre Chamonix et les Bossons, les guides vous conduisent à la cascade des Pèlerins, une des plus curieuses qui soient en Savoie.

La gorge d'où le torrent se précipite est taillée à pic ; l'eau tombe dans une sorte de rigole qu'elle s'est ouverte au cœur du rocher, rencontre dans sa chute une saillie et bondit avec une force irrésistible sur les pierres entassées dans le bassin inférieur. La colonne d'eau lancée dans l'espace trace une arche sous laquelle on pourrait passer et entraîne avec une violence effrayante des cailloux qui vont se briser dans le lit rocailleux du torrent.

Tout à côté de la cascade des Pèlerins, sur une langue de terre, est bâti un chalet où deux jeunes Savoyardes, qui ont une grande réputation de beauté parmi les guides de Chamonix, offrent à tout venant du lait, du miel ou de l'eau-de-vie.

L'hiver venu, elles démontent leur cabane et redescendent dans le village.

Quel que soit le sentier sur lequel le hasard vous conduit, partout on rencontre les traces formidables d'une avalanche; là un pan de montagne s'est abattu écrasant une forêt dans sa chute; ici un flot de rochers monstrueux tombé des crêtes de la montagne a broyé mille sapins sur son passage; plus loin une aiguille s'est écroulée et couvre un ravin de ses débris énormes. Des troncs brisés saillent du milieu de ces ruines naturelles, qui ont mis à nu les entrailles des Alpes.

A quelques pas du village de Chamonix, on voit sur l'un des côtés de la route des chalets mis en pièces. Leurs habitants s'étaient endormis dans la paix, une avalanche tomba du haut des monts et les écrasa dans son élan. Sur cette même place d'autres chalets s'élèvent déjà.

Pour si peu qu'on connaisse l'amour des montagnards pour leur patrie, on ne sera pas surpris d'apprendre que la terre a une grande valeur dans la vallée de Chamonix; le moindre champ ne reste jamais sans acheteur. Presque tous les habitants de cette commune sont d'ailleurs propriétaires. Chaque famille domiciliée à Chamonix a le droit de couper un certain nombre de sapins pour sa consommation annuelle.

Il n'y a nulle part, peut-être, de richesse, mais il n'y a nulle part aussi de pauvreté.

On arrive à Chamonix par Cluse et Salanches ; on en sort par la Tête-Noire ou le Col de Balme.

Le défilé de la Tête-Noire a beaucoup d'analogie avec le chemin de la Grande Chartreuse de Grenoble. Ce sont les mêmes pentes roides couvertes de forêts impénétrables, les mêmes ravins profonds où coule un torrent furieux, les mêmes rochers éboulés où s'enlacent, comme des serpents, les racines des grands arbres, la même route escarpée et tortueuse où deux mulets ont peine à passer de front; les mêmes ruisseaux s'échappant de toutes les gorges, le même spectacle grandiose et sauvage; des sommets qui déchirent la nue, des aiguilles décharnées, des fourrés où le soleil n'a jamais pénétré, et dans tous les pâturages suspendus aux flancs des montagnes, des vaches qui paissent lentement en agitant leurs clochettes.

Il y a un endroit où la montagne se dresse si brusquement que la mine et le pétard ont pu seuls tailler une galerie au cœur même du rocher; n'ayant pas pu tourner l'obstacle, l'homme l'a percé.

La cascade de Barbeline est située sur cette route, qui rencontre en passant plusieurs villages et un grand nombre de chalets.

Le Col de la Tête-Noire conduit le voyageur en Suisse par Marigny.

Nous le quitterons aux frontières des deux pays, s'il vous plaît.

On peut aller facilement d'Aix-les-Bains à Chamonix en un jour. Et quelle plus curieuse promenade peut-on faire! Sait-on beaucoup de vallées au monde qui présentent réunies dans un rayon de quelques lieues tant de merveilles et si surprenantes! La Mer de glace, la cascade des Pèlerins, le mont Blanc, le glacier des Bossons, la chute de l'Arveyron, le Jardin, et tout autour la chaîne des grandes Alpes!

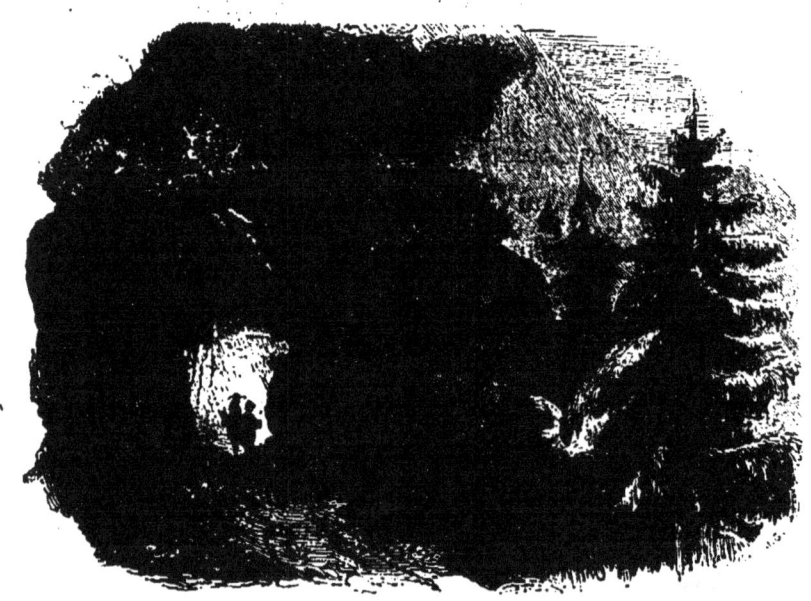

Passage de la Tête-Noire.

La grande Chartreuse.

LA GRANDE CHARTREUSE.

Pour cette fois, mais pour cette fois seulement, nous allons quitter la Savoie. Se pourrait-il qu'on se trouvât si près de la grande Chartreuse, et qu'on ne rendît pas visite à l'une des merveilles de la création, à l'un de ces prodiges qu'inspira jadis l'esprit de religion? D'Aix-les-Bains à Grenoble il n'y a qu'une journée. Il est facile même d'arriver à la Chartreuse sans passer par le chef-lieu de l'Isère. Quel touriste n'a pas fait cette excursion?

En partant d'Aix dans la matinée, on peut arriver à la Chartreuse longtemps avant le coucher du soleil, y passer la nuit, visiter les environs le lendemain, et retourner à Aix dans la soirée.

La route passe par Chambéry, Saint-Thibaut, les Echelles, où l'on quitte la Savoie pour entrer en France, et Saint-Laurent-du-Pont. C'est une promenade de huit heures par le pays le plus curieux et le plus accidenté.

A Saint-Laurent-du-Pont on abandonne les voitures et on prend les mulets et les guides.

Saint-Laurent-du-Pont est un joli village tout entouré d'arbres et de prés; trois ou quatre hôtels bien tenus y donnent l'hospitalité aux voyageurs qui généralement s'arrêtent là pour déjeuner ou dîner.

La première entrée du désert est située à une demi-heure de Saint-Laurent-du-Pont, à Fourvoirie, où le torrent du Guiers-Mort qu'on remonte fait tourner les roues bruyantes d'une scierie.

Une porte voûtée, percée entre deux rochers, ouvre l'entrée du désert.

La route côtoie la rive gauche de Guiers-Mort, dont les eaux donnent la vie à un grand nombre de scieries; tantôt elle suit le lit du torrent, et tantôt elle s'élève sur le flanc de la montagne à de telles hauteurs, que l'eau blanche semble immobile et comme scellée aux rochers qu'elle argente. Une impénétrable forêt de sapins et de frênes couvre les deux rives du Guiers, qui roule encaissé entre deux chaînes de montagnes escarpées. L'œil se fatigue à mesurer l'élancement de ces arbres gigantesques, qui s'élèvent d'un seul jet, et qui, pareils à des colonnes multipliées à l'infini, croissent dans les gorges inaccessibles, sur les pics les plus aigus, parmi les rochers arides, entre les fissures de la montagne, mêlant leurs ruines au milieu des pierres amoncelées, et couvrent toute la vallée de leur feuillage sombre et mouvant. Quelquefois la montagne dresse son flanc rigide comme une muraille qu'effleure en passant l'aile de l'oiseau, mais où ne s'aventurerait pas le pied du chamois; d'autres fois, elle s'incline doucement et ouvre sous les pieds du voyageur vingt sentiers charmants, qui semblent l'inviter à suivre leurs méandres verts. La hache du bûcheron sonne incessamment dans ces solitudes où bouillonnent les eaux farouches du torrent.

Un pont de pierre, le pont Pérant, jeté sur le Guiers-Mort, vous conduit de la rive gauche à la rive droite. Ici la route devient plus rapide et plus roide; mille rochers l'embarrassent et la déchirent; elle monte avec effort et semble s'accrocher aux parois verticales de la montagne, tandis que la rivière écumante gronde au fond de l'abîme.

Les ruines du château de l'Aiguillette ou de l'Aillette, qui fut construit pour s'opposer aux visites du célèbre Mandrin, coupent la route qui passe sous une porte encore debout entre mille débris renversés. La seconde entrée du désert est tout auprès, et l'on ne tarde pas à voir à travers les arbres les murs gris et silencieux du monastère.

Le premier aspect de la grande Chartreuse remplit le cœur d'une noire mélancolie. Bâti sur un plateau, entre de hautes montagnes chargées de forêts épaisses et dont les cimes décharnées déchirent la nue en l'appelant, le monastère semble, au milieu de cette solitude et de ce silence, l'asile du désespoir et de la mort.

Mais tel est l'empire de la religion, qu'elle plie l'homme à cette tristesse éternelle et lui fait trouver un charme singulier même au fond de cet isolement. Il habite avec la prière et la méditation, et s'abrite entre ces murs austères contre les orages et les passions du monde. La religion qui a planté la croix dans toutes les vallées les plus humbles, comme sur les plus âpres sommets, a seule la puissance de ces miracles devant lesquels s'incline l'orgueilleuse raison.

La masse des bâtiments se compose de deux corps de logis symétriques et entourés de murs. L'un d'eux, d'une longueur totale de 150 mètres, contient les salles communes, le réfectoire, la chapelle, la pharmacie, la bibliothèque et les autres attenances; l'autre corps de logis, long de 300 mètres, renferme les cellules des religieux avec leurs jardins. Ces cellules sont au nombre de trente-six; elles ne communiquent pas entre elles. De ce même côté est le cimetière du couvent. Une croix de pierre distingue seule les fosses des supérieurs de celles des religieux.

On trouve encore dans l'enceinte des murs les potagers, les magasins, les bûchers, les ateliers, les étables, etc., etc.

L'église est bâtie au centre et sépare les deux corps de logis; entre le bâtiment et le mur d'enceinte, après qu'on a franchi la porte d'entrée, s'étend une vaste cour où coulent dans de grands bassins de pierre deux fontaines toujours pleines d'une eau fraîche et limpide. L'église qui domine cette cour est d'un style simple et sévère, ainsi que la décoration intérieure; le chœur occupe les deux tiers de la longueur de la nef.

La salle du chapitre est ornée des portraits de tous les généraux de l'ordre; quelques-uns sont revêtus de la pourpre romaine.

La bibliothèque est riche en livres religieux et de science théologale. Elle possède aussi un certain nombre d'ouvrages de littérature. Tous ces livres sont délivrés, sur leur demande, aux religieux qui lisent dans leurs cellules.

Chaque cellule, élevée d'un étage sur rez-de-chaussée, et toutes identiquement pareilles, se compose d'une chambre, d'un oratoire, d'un cabinet de travail qui contient le tour et les divers outils du chartreux; un petit jardin clos de murs est attenant à la cellule. Les religieux assistent en corps à la célébration des offices divins, qui ont lieu de nuit aussi bien que de jour. Ils mangent seuls, excepté le dimanche et les jours fériés, où la communauté s'assemble au réfectoire, sous la direction et en présence du supérieur.

Ce réfectoire est une vaste pièce carrée garnie de longues tables, percée de hautes fenêtres, carrelée, glaciale et sans cheminée aucune.

Les religieux sont uniformément vêtus d'une robe de serge blanche à capuchon, serrée à la taille par une corde. Leur tête est rasée.

Les chartreux font en corps, et deux ou trois fois par semaine, de longues promenades dans le désert. Rien de plus étrange alors que de voir au milieu des forêts noires ces graves religieux, qui passent silencieux comme des fantômes et s'effacent parmi les futaies.

Quand on parle dans le monde des religieux ensevelis dans la solitude de ces monastères et pliés sous la règle austère de Saint-Bruno ou de la Trappe, on évoque par la pensée la figure triste et froide de malheureux engourdis par le silence et la pratique des plus dures privations. Rien de plus contraire à la vérité. Les religieux, que rien n'enchaîne sous l'empire des lois civiles, vivent dans ces pieux asiles parce que leur cœur les y convie; ils y trouvent la paix et le loisir de méditer. Leur visage est calme et tout empreint d'une sérénité qui touche et charme à la fois. Leur regard tranquille et bienveillant vous dit assez qu'ils ont rompu avec le monde et qu'ils ne regrettent rien des agitations qu'ils y ont laissées. Quant à ce silence éternel qu'on croit si lourd, il est léger à leur esprit. La prière n'est-elle pas son aliment impérissable, et ceux qui conversent avec Dieu ont-ils besoin de s'entretenir avec les hommes!

Les voyageurs peuvent coucher et dîner à la grande Chartreuse, où tout ce qui est nécessaire leur est fourni; mais les femmes ne sont jamais admises dans l'intérieur du couvent. Madame la duchesse de Berry a seule franchi les portes de ce lieu sacré.

Les femmes qui rendent visite à la grande Chartreuse s'arrêtent dans un bâtiment voisin, où une religieuse de l'ordre les accueille et où des cellules sont préparées pour les recevoir.

Un silence profond enveloppe le monastère où retentit seulement le son de la cloche. Le cloître immense, et d'un style sévère, et les longs corridors répercutent faiblement le bruit des pas qui touchent la dalle, et rien ne vient troubler dans cette solitude austère la gravité monacale des pieuses méditations et les délassements honnêtes du travail manuel.

La température est d'une rigueur extrême à la grande Chartreuse; dès les premiers jours du mois de septembre, les brouillards ensevelissent la montagne dans leur linceul gris, et l'humidité s'infiltre dans l'air rafraîchi; l'hiver accourt avec les pluies, et lente à quitter son domaine la neige tombe encore au mois d'avril ou de mai.

Le couvent est situé à 1045 mètres au-dessus du niveau de la mer.

Aucune description ne saurait rendre la désolante tristesse de ce paysage au coucher du soleil. L'ombre monte de la vallée et rampe le long des montagnes qu'elle estompe; les masses noires des sapins et les gorges profondes se mêlent lentement dans les ténèbres; le monastère gris s'endort entre ses murailles hautes et roides; la clarté tremble au sommet des monts et rougit encore le faîte de l'église; la cloche tinte lentement; puis, la lumière suspendue un instant à la crête des rochers, aux branches supérieures des grands arbres, s'éteint brusquement; tout s'efface au regard dans une obscurité vague et confuse, les contours, les lignes du monastère et les aspérités des terrains ; une immense tristesse descend du ciel avec la nuit, et le vent qui gémit dans les sapins tremblants semble la voix plaintive de la solitude qui pleure dans la forêt.

Plus haut que le monastère, on voit sur un rocher isolé, d'un effet pittoresque, la chapelle de Saint-Bruno, qui reste ensevelie sous la neige pendant la moitié de l'année ; plus haut encore, c'est la vacherie où le monastère nourrit en été un troupeau de cent vaches ; mais plus bas, c'est la chapelle de Notre-Dame-de-Cascalibus, d'un style charmant et coquet.

La vue qu'on découvre de la chapelle de Saint-Bruno est d'une rare magnificence.

La grande Chartreuse doit sa fondation à saint Bruno, qui en jeta les premières assises en 1084. Mais que d'événements depuis ces jours lointains et quelles vicissitudes ! Les avalanches l'engloutirent bien souvent, et l'incendie la dévora huit fois. Mais, comme si ce n'était pas assez de ces fléaux, les huguenots réduisirent la Chartreuse en cendres après l'avoir pillée ; et en 1611 et 1676, l'incendie en détruisit de nouveau tous les bâtiments.

Le monastère actuel date en grande partie de cette dernière époque ; vinrent les mauvais jours de 93, et la sainte maison, pillée derechef, vit les moines chassés et son église abandonnée.

La Restauration rendit, en 1816, le cloître, l'église et les bâtiments à leur ancienne et pieuse destination; mais la forêt et les dépendances appartenaient au domaine public qui ne les rendit pas.

Jean-Jacques Rousseau a visité la grande Chartreuse; et malgré la misanthropie de ce grand égoïste, il a écrit sur l'album des religieux ces quelques mots :

« J'ai trouvé dans ce désert des plantes rares et de plus rares vertus. »

Château de Thilot.

Annecy. — Vue générale.

ANNECY, — MONTMÉLIAN, — ÉVIAN, — LE CHATEAU DE RIPAILLE.

Une saison à Aix-les-Bains ne compte pas assez de jours pour qu'on puisse visiter toutes les merveilles dont abonde la Savoie; se peut-il cependant qu'on parte sans donner un coup d'œil tout au moins à ces châteaux, à ces villes que leurs beautés naturelles ou leur histoire recommandent aux touristes?

Et d'ailleurs les distances sont assez courtes pour qu'on puisse les franchir en un jour, et le but du voyage atteint, beaucoup de souvenirs dédommageront d'un peu de fatigue.

Nous allons donc parcourir ensemble quelques-unes des localités les plus célèbres de la Savoie.

Voici d'abord Montmélian, sur la frontière de France, au bord de l'Isère, qui court vers les riches vallées de Grésivaudan. Que de batailles sur son territoire, que d'assauts contre ses murs troués de mille boulets!

Montmélian est d'origine romaine : c'était une colonie protégée par une forteresse; mais à la chute de l'empire d'Occident, les Barbares la rasèrent avec cent autres villes envahies par leurs cohortes.

Plus tard, au sixième siècle, les Ostrogoths la rétablirent, et en 879 Boson se fit couronner dans ses murs roi d'Arles et de Provence. Passée sous la domination des comtes de Maurienne, la ville fut augmentée d'un château, que sa position sur un rocher escarpé rendait très-redoutable. Les dauphins du Viennois l'attaquèrent bien des fois, et toujours sans succès.

Cependant la trahison en ouvrit les portes à François Ier en 1535; les fortifications qu'il fit élever autour de Montmélian, ainsi que les travaux qu'on doit à Emmanuel-Philibert, donnèrent tant d'importance

à ce château qu'il passa bientôt pour imprenable.

Henri IV l'investit en 1600, alors qu'il était maître de toute la Savoie; mais la ville, qu'il appelait *une merveilleusement forte place et la meilleure qu'il vit jamais*, résistait à toutes ses attaques. La force ne pouvant rien, Sully eut recours à la ruse. Le gouverneur du fort, M. de Brandis, avait une femme, Sully en avait une aussi, les deux dames firent connaissance. Madame de Brandis était coquette, on lui fit voir des parures et des ornements qui l'éblouirent, et la fille d'Ève séduite amena la capitulation du fort.

Peu de temps avant la reddition de la place, un jour que le roi, en compagnie de son grand-maître d'artillerie, était allé voir l'effet que produisait une batterie nouvellement établie sur le plateau des *Calloudes*, une volée de boulets partie du fort le couvrit ainsi que sa suite de terre et de cailloux.

Le roi, surpris, fit brusquement le signe de la croix.

— Ah! pour cette fois, Sire, lui dit Sully, je reconnais que Votre Majesté est réellement bonne catholique.

L'ère des combats n'était pas finie pour Montmélian. Louis XIII l'assiégea vainement pendant treize mois en 1630; plus heureux, le maréchal de Catinat s'en rendit maître en 1690, après trente et un jours de tranchée ouverte et un siége qui ne dura pas moins d'un an.

Enfin, le 17 décembre 1705, les troupes du roi Louis XIV, après un siége de deux ans, et alors que les soldats de la garnison n'avaient plus ni vivres ni munitions, entrèrent dans le fort qu'elles démolirent entièrement.

Ce fort n'a plus été rétabli.

Aujourd'hui Montmélian ne fait plus la guerre, mais fait le commerce. Son territoire est célèbre en Savoie par les vins qu'il produit.

C'est aux environs de Montmélian, dans un château qu'on voit encore, que le chevalier Bayard est né. On dirait que la Providence, en le faisant naître sur l'extrême frontière de l'Italie, a voulu lui montrer dès ses premiers regards la terre sur laquelle il devait s'illustrer et mourir.

Plus loin que Chambéry, et du côté de la Suisse, le voyageur qui cherche Genève rencontre Annecy.

Annecy est une des plus coquettes et des plus gracieuses villes qui soient au monde. Bâtie aux bords d'un lac auquel le ciel semble emprunter son azur, entourée de riches campagnes, abritée contre les vents du nord par de hautes montagnes, on dirait qu'elle a ravi à la nature ses beautés les plus charmantes pour s'en faire un ornement. De fraîches promenades lui font une ceinture, une rivière bouillonnante la traverse, et dans son enceinte pittoresque elle garde encore les tours féodales du château des ducs de Nemours.

La tradition prête à Annecy une origine fabuleuse. Elle raconte qu'une colonie d'Égyptiens quitta les bords du Nil et transporta au pied des Alpes les mœurs, les lois et la religion des contemporains de Sésostris. Osiris, sous la forme d'un bœuf, fut adoré, dit-on, à Annecy, comme il l'était à Memphis.

Malgré l'autorité de la tradition et du Père Fodéré, qui affirme qu'Annecy, *dans son ancien paganisme, tallonnait les Égyptiens en toutes superstitions idolâtres*, il est permis de douter un peu de l'authenticité de cette origine africaine.

Ce qui paraît plus certain, c'est la splendeur d'Annecy sous la domination romaine. Les vainqueurs des Allobroges y portèrent leurs arts, leur luxe, les habitudes élégantes et fastueuses de leur vie; et les villas, les temples, les monuments d'Annecy s'étendirent dans la plaine du Petit-Brogny. Annecy, connu alors sous le nom de *Bautas*, était, à cette époque reculée, une des stations de la voie romaine qui partait de Conflans et aboutissait à Genève par Tamié, Faverges, le Pont-Saint-Clair et Les-Fins.

Annecy partagea le sort d'Aix et des villes voisines

lors de l'invasion des Barbares; Vandales, Bourguignons et Sarrasins n'y laissèrent tour à tour que des ruines; mais plus tard elle devint la capitale habituelle des comtes de Genève. C'est à eux que l'on doit la construction d'un formidable château où les ducs de Nemours fixèrent ensuite leur résidence, et que l'on voit encore au milieu de la ville.

Mais déjà la puissance de la maison de Savoie grandissait d'année en année, et en 1401 Annecy passa sous leur domination.

Annecy, qui, sous le gouvernement militaire de deux seigneurs de la maison de Sales, eut l'honneur de résister durant plusieurs jours aux troupes de LL. MM. Louis XIII et Louis XIV, compte dans ses annales, comme Messine, sa nuit de révolte et de carnage : Annecy a eu ses vêpres savoyardes; il ne s'agissait pas cette fois de Français, mais d'Espagnols.

C'était il y a trois siècles : une garnison de soldats espagnols avait commis de tels excès dans la ville que les habitants jurèrent de se venger.

Un soir, au son de la cloche nocturne qui sonnait l'heure de porter le pain au four, et au cri d'*empata*, les citadins armés jusqu'aux dents se précipitent sur les Espagnols surpris sans défense, et les massacrent tous. Un seul put s'échapper vivant: il dut son salut à l'amour d'une fille d'auberge qui le cacha. Molino, c'était le nom de ce soldat, épousa celle qui l'avait sauvé; et sa famille, qui habite encore un petit village connu sous le nom des *Espagnoux*, à peu de distance d'Annecy, conserve toujours la carabine qu'il portait dans cette nuit de vengeance.

Un souvenir plus doux se rattache à Annecy : c'est dans cette ville que J. J. Rousseau rencontra madame de Warens pour la première fois. Mais cette place où il la vit et qu'il aurait voulu entourer d'un balustre d'or, où est-elle? Où est aussi la vieille maison qu'il habitait et où il était si joyeux d'avoir du *verd devant ses fenêtres ?* La construction de l'évêché a tout fait disparaître.

Le lac d'Annecy, ce beau lac dont la ville est si fière, ce lac souriant, gai, peint du plus bel azur et familier aux barques légères qui en sillonnent la surface, a trois lieues de long sur trois quarts de lieue de large; sa profondeur n'a pas plus de soixante mètres, bien qu'un auteur du dix-septième siècle assure naïvement qu'il est impossible d'en trouver le fond.

Mais les bords charmants de ce lac où se mirent tant de coquettes villas, tant de bosquets, tant de chaumières tapissées de pampres, offrent à l'admiration pieuse du voyageur les débris féodaux du vieux château où naquit l'illustre et savant saint Bernard de Menthon, l'une des gloires de l'Eglise au dixième siècle.

Le château de Menthon, élevé à deux lieues d'Annecy, sur la rive orientale du lac, est dans une situation pittoresque, sur une petite éminence, au pied

Château de Menthon.

d'une montagne dont les dentelures hardies couronnent le paysage. La famille qui habitait le château est une des plus anciennes et des plus illustres de la province. On raconte même à ce sujet que dans l'une des anciennes tours du château on lisait l'inscription suivante :

ANTE NATUM CHRISTUM JAM BARO NATUS ERAM.

On comprend qu'il n'est pas de parchemin pour appuyer l'audace de cette inscription ; mais ce qui est moins douteux, c'est l'ardeur belliqueuse des barons et des comtes de Menthon à une époque où toutes les questions étaient tranchées par le fer. Pour agrandir leurs domaines et débarrasser leur voisinage, les seigneurs de Menthon, à ce que racontent les chroniques, n'ont pas détruit moins de douze châteaux.

Mais le héros de la famille, le grand homme qui a popularisé le nom de Menthon, n'est-ce pas surtout Bernard de Menthon, le saint Vincent de Paul du dixième siècle?

C'est en 923 que saint Bernard naquit au château de Menthon. Son père était Richard de Menthon, et sa mère Bernoline de Duing. Un moine du nom de Germain fut chargé de l'éducation du jeune Bernard, qu'il conduisit à Paris, où il devait étudier la théologie et le droit. C'est alors, et au milieu des premières ardeurs de l'étude, que le jeune Bernard, entraîné par une irrésistible vocation vers les joies mystiques de la vie monastique, fit vœu de chasteté perpétuelle.

Mais une missive de son père vint le tirer des rêves qu'il avait formés entre les livres et la prière. Rappelé à Menthon, il apprit que sa famille lui destinait pour femme Marguerite de Miolans, que la chronique pare de toutes les séductions de la vertu et de la beauté.

L'épreuve était terrible et d'autant plus redoutable que le père de Bernard n'était pas d'un caractère à admettre aucune observation ; avec lui, il fallait se marier, et se marier sur l'heure. Bernard essaya bien d'obtenir un délai qui aurait pu lui fournir le moyen de susciter quelque obstacle au projet de mariage conçu par le sire de Menthon ; mais, repoussé de ce côté, il ne songea plus qu'à la fuite. Les apprêts de la noce remplissaient le château de bruit et de confusion ; déjà la fiancée, parée de ses plus riches vêtements, n'attendait plus que l'heure de se diriger vers l'autel ; Bernard profite du moment, personne ne l'observe, il se glisse dans une pièce voisine de la chapelle, monte sur l'appui d'une fenêtre, saute à terre et disparaît. Quand on pensa à le chercher, il était déjà loin.

La fenêtre par laquelle saint Bernard échappa au danger de manquer à son vœu de chasteté, existe encore dans la partie la plus isolée du château ; elle est située à quatre mètres environ du sol, où longtemps la crédulité populaire a cru reconnaître l'empreinte du pied de Bernard imprimée dans le roc.

Libre d'obéir à sa vocation religieuse, le jeune Bernard se retira dans un couvent de la cité d'Aoste. C'est de cet asile que le grand saint partit pour créer au cœur même des Alpes ces pieuses retraites où la religion accueille et secourt le voyageur. Rien ne le rebuta dans sa périlleuse et sainte entreprise, ni l'indifférence des riches et des puissants, ni l'âpreté du climat, ni l'humeur farouche des habitants, ni la férocité des bandits qui infestaient ces défilés sauvages.

Sa première victoire fut la conversion des peuplades païennes qui sacrifiaient encore à Jupiter sur ces sommets désolés; et, les monuments du paganisme renversés, il édifia les hospices chrétiens.

Presque en face du château de Menthon, sur la rive opposée du lac, s'élève le château de Duing, dont l'architecture élégante rappelle les palais du lac de Côme.

On remarque à Annecy un haras où les amateurs peuvent admirer les plus beaux types de la race hongroise. C'est un établissement magnifique et admirablement tenu.

La statue en bronze de Berthollet, le savant chimiste, a été érigée sur la plus belle promenade d'Annecy, entre la ville et le lac.

Parmi les curiosités qui avoisinent Annecy, nous devons citer le château de Montrottier et le pont de La Caille.

Le château de Montrottier est situé sur les bords du Fier, entre Annecy et Remilly, au cœur d'une vallée étroite et sauvage où le torrent court entre des rochers coupés à pic, tourmentés et fendus par l'effort des eaux. Çà et là, de grands arbres couvrent la vallée; plus loin, le torrent se resserre entre deux hautes falaises dont l'étroite déchirure peut être franchie d'un bond. Les débris du manoir dominent le Fier; il n'en reste plus à présent que quelques salles et une haute tour au sommet de laquelle on trouve une forge établie sans doute par quelque alchimiste.

Le pont de La Caille est un pont suspendu jeté entre deux montagnes sur la route de Chambéry à Genève, entre Annecy et cette dernière ville.

C'est un travail des plus hardis et des plus superbes; le tablier du pont attaché à quatre tourelles gothiques franchit une vallée à d'effrayantes hauteurs et relie les deux tronçons de la route qui rampait autrefois sur les deux versants des montagnes.

Les ponts de Cubzac, sur la Dordogne, et de Fribourg peuvent seuls donner une idée du pont de La Caille.

On ne saurait passer une saison à Aix-les-Bains sans rendre tout au moins une visite au lac Léman; du même coup on traverse la province de Chablais, une des plus jolies et des plus curieuses contrées de la Savoie.

Evian, bâti au bord du lac, vous attend. Tout en face, comme un point blanc, vous voyez Lausanne; et le lac, comme un gigantesque saphir tombé de l'écrin du ciel, s'endort entre ses rives caressées par le plus doux soleil.

Evian est un bourg; mais les vues, les ombrages, les eaux, le paysage en tous lieux charmant et varié, prêtent aux moindres villages de cette heureuse contrée les plus frais aspects et les plus touchantes harmonies. Un petit port, protégé par une jetée, offre son abri tranquille aux barques surprises par le vent; à quelques pas de sa rade microscopique, Evian étage ses quelques rues où dix hôtels hospitaliers ouvrent leurs portes.

Le lac est à ses pieds, et les plus jolis bois du monde lui font une ceinture d'ombre et de fraîcheur.

A une petite distance d'Evian, dans une position merveilleuse et sur un promontoire qui s'avance au sein des eaux, s'élève le château de Ripaille, où si longtemps le duc de Savoie, Amédée VIII, abrita sa railleuse vieillesse. Au fond d'une large cour, entre les étables et les granges d'une vaste exploitation agricole, apparaît encore l'église où le pape Félix V officiait. L'église, un peu déchue de son antique splendeur, porte cependant à son fronton l'écu de saint Pierre avec les clefs en sautoir et la tiare au sommet. Mais la nef, coupée en deux dans sa hauteur par un solide plancher, sert de grange où les fermiers entassent la paille et le foin. Des charrettes et des instruments aratoires encombrent le chœur; des faux et des pioches sont suspendues aux murs délabrés; mais quand le regard se promène sous les voûtes, autour de la nef, dans le chœur dévasté, de fines sculptures, de riches ornements révèlent encore au passant quelle fut la magnificence de l'église à l'époque éloignée où la papauté y trouvait un asile.

Un vaste parc planté de chênes entoure le château. On se croirait en Bourgogne ou en Touraine; tout à l'extrémité de ces beaux ombrages où le merle jaseur sifflé et voltige, se dresse sur la pointe du promontoire un léger pavillon d'où la vue s'étend sur la nappe étincelante des eaux que ferme un cercle de montagnes lointaines.

La campagne qui entoure Evian a un caractère de grâce dont rien ne saurait rendre la douceur et l'harmonie; les vignes suspendues aux branches dépouillées de vieux troncs d'arbres, courent au-dessus des moissons et des vergers; mille bosquets ombragent les champs appropriés à tous les genres de culture; les maisons se groupent coquettement dans les plis des vallons; ce n'est plus la nature âpre et superbe des Alpes, c'est un paysage qui sollicite la rêverie et invite aux longues promenades.

Quelquefois au détour du chemin on rencontre des cavalcades de jeunes filles qui chevauchent en compagnie de jeunes gens. Ce sont des demoiselles qui se rendent en chantant à l'invitation d'une amie qui les a priées de venir danser au logis. La troupe charmante s'envole par les sentiers; de frais éclats de rire les signalent au laboureur paisible qui trace son sillon; elle se recrute en chemin d'autres jeunes filles, et la caravane augmentée à chaque étape arrive enfin sous la treille qui l'attend. Ces fêtes champêtres portent le nom de *potées* dans le Chablais.

Nous ne quitterons pas Aix-les-Bains sans rendre visite à la grotte de Banges, située non loin du château de Mont-Falcon-du-Cengle, ou Tour du Fanal, bâti comme une aire à la cime d'un rocher qui surplombe le mont Semnoz. On a traversé pour y arriver les *Gorges d'Enfer* où le Chéran se précipite et bouillonne; on a passé sur le *Puits des Pestiférés* où la tradition rapporte que les habitants de Cuzy précipitèrent les morts moissonnés par la peste noire de 1401, et on touche enfin à l'orifice de la grotte.

Deux entrées se présentent au voyageur : l'une vaste et superbe aboutit à une galerie de mince apparence; l'autre, située à 80 mètres de la première, a de moins belles proportions, mais conduit à une galerie plus large. Les deux galeries se réunissent enfin en une seule où l'on ne doit s'aventurer qu'un flambeau et un bâton ferré à la main.

De petits ruisseaux la parcourent se réunissant dans d'étroites rigoles qui se jettent ensuite dans le lac intérieur. De toutes parts brillent aux clartés de la flamme vacillante de grandes stalactites blanches qui affectent mille formes bizarres, et dans les parois de la grotte s'ouvrent les orifices béants de galeries inexplorées qui plongent dans les entrailles de la montagne. Au bout de la galerie, le lac se montre enfin et refléchit sur le miroir de ses eaux dormantes les éclairs de la flamme errante.

Le lac de la grotte de Banges n'a pas moins de cent mètres de circonférence, sans comprendre la partie du nord-est, que l'on n'a jamais visitée. La salle dont il occupe la profondeur a une élévation de 10 à 12 mètres.

La galerie qui conduit à cette salle a une largeur moyenne de 6 mètres sur une hauteur de 2 mètres et demi, l'inclinaison du sol est de 17 degrés, et l'étendue de la pente qui conduit au lac est d'environ 244 mètres jusqu'au bord de l'eau.

Le bateau qui permettait autrefois aux curieux de parcourir le lac n'existe plus ; et maintenant, quand on veut juger de son étendue, on assujettit des flambeaux sur des planchettes qu'on pousse en avant avec des bâtons sur la surface de l'eau.

Le lac se dégorge à 6000 mètres au midi dans le Chéran, au *Pont-de-l'Eau-morte*.

La grotte de Banges, en langue teutonique *rivage*, est à quatre lieues d'Aix-les-Bains.

Bien d'autres curiosités restent encore à visiter dans la Savoie, où mille surprises attendent le voyageur. Mais combien de pages ne nous faudrait-il pas pour décrire toutes celles qui s'offrent en foule dans la Maurienne et la Tarentaise, dans les Bauges pittoresques et sauvages, dans le Chablais voisin du lac Léman? Faut-il parler du Pont-Beauvoisin, qui unit la France à la Savoie et où avaient lieu les échanges d'usage lors des alliances si fréquentes entre les maisons souveraines des deux pays; de Sallanches, dévasté par l'incendie; de Bonneville et de Thonon, l'une au pied des montagnes, l'autre au bord du lac de Genève; de Talloires et de son abbaye; des vallées de l'Isère et de l'Arly, où s'élèvent les villes de Conflans et de l'Hôpital, celle-là fière de ses souvenirs de guerre, et l'autre déjà industrieuse et riche quoique née d'hier; Conflans qui vit le maréchal de Lesdiguières; l'Hôpital où, une dernière fois, après Waterloo, les soldats de Napoléon combattirent les Autrichiens? Faut-il parcourir, la plume et le crayon à la main, les vallées de Moutiers et d'Aigueblanche; Salins et les ruines de son château; le château de Fessen et la cascade de Glaize? Les traditions et les chroniques suivent pas à pas le voyageur. Chaque tour a sa légende, chaque paysage a sa merveille. Mais il faudrait des volumes, et nous sommes à la dernière page de notre livre!

Un mot en finissant. Les Espagnols disent en parlant de la perle de l'Andalousie :

> Quien no ha visto á Sevilla,
> No ha visto á maravilla.

Nous dirons nous : Qui n'a pas vu la Savoie ne connaît pas une des merveilles de la création, et qui l'a vue y retourne.

Pont de La Caille.

Bataille de Novare.

NOTICE

SUR LA BRIGADE DE SAVOIE [1].

Cette rapide esquisse terminée, nous n'avons pas voulu clore ce volume sans consacrer quelques pages à l'histoire de la brigade de Savoie, à cette vaillante troupe qui a toujours si noblement combattu sur tous

---

[1] Voir, pour de plus amples détails, l'*Histoire de la brigade de Savoie,* par M. le vicomte de Chaulat et Gabriel Ferrero, officiers distingués de la brigade de Savoie.

les champs de bataille où l'entraînait la fortune. Brave, fière et fidèle, cette phalange sacrée a conservé pieusement le dépôt des vertus héréditaires qui ont fait de la Savoie l'appui le plus ferme des rois du Piémont. Vaincue avec eux, elle n'a pas désespéré de l'avenir; victorieuse, elle les a suivis partout où il leur plaisait de conduire le drapeau de la Savoie. Elle avait sa place faite dans l'histoire militaire du monde; elle vient de l'agrandir et de lui donner un plus vif éclat par la part qu'elle a prise dans les dernières guerres de la Lombardie.

La Savoie s'est toujours fait remarquer par son courage et sa fidélité à ses souverains; c'est à son dévouement chevaleresque, à sa vaillance, que la maison de Savoie doit son élévation; c'est avec l'aide de cette province et de ses enfants que nous avons vu les princes de cette famille prendre part à toutes les luttes qui ont agité l'Europe.

Cela dit, arrivons à la brigade de Savoie :

On fixe à l'année 1639 l'origine du régiment de Savoie, plus tard divisé en deux régiments sous le nom de brigade de Savoie.

Ce fut don Carlo Umberto, marquis de Mulazzino, qui organisa un régiment de volontaires auquel il donna le nom de Savoie; ce personnage était gouverneur de Mondovi et fils naturel du duc de Savoie,

Charles-Emmanuel I". Ce corps, fondu en 1660 avec le régiment de Chablais (province de Savoie), que Charles-Emmanuel avait créé en 1660, fut le véritable noyau de l'ancien régiment formant aujourd'hui la brigade de Savoie, ou les 1ᵉʳ et 2ᵉ régiments d'infanterie de ligne (*V. de Chaulat et Ferrero*).

Le premier chef du régiment de Savoie fut le marquis Millet de Chablais, petit-fils du fameux chancelier de Savoie, Millet de Faverges.

Dès ses premières armes, ce régiment sut s'acquérir cette réputation de fidélité et de bravoure qu'il a conservée jusqu'à nos jours.

Présent à la bataille de Staffarde (16 août 1690), gagnée par le maréchal de Catinat sur Victor-Amédée, le régiment de Savoie éprouve des pertes considérables; il va défendre Nice, mais la place manquant de vivres et de munitions, elle capitule, et la garnison, de laquelle faisait partie le régiment de Savoie, sort avec les honneurs de la guerre, et se retire à Oneille et à Carmagnole, en prenant une part active à la défense de cette dernière ville.

Pendant la campagne de 1691, le régiment de Savoie se distingue dans plusieurs rencontres, et particulièrement devant Coni assiégé par le marquis de Feuquières. Le régiment de Savoie entre dans la place avec d'autres troupes, il se couvre de gloire dans plusieurs sorties et surtout dans l'assaut du 15 juin 1691, où les Français sont obligés d'abandonner la brèche jonchée de quatre cents cadavres. L'arrivée de nouveaux renforts fait lever le siége.

Le 5 août 1692, Victor-Amédée reprend la ville d'Embrun, attaque Gap et la réduit en cendres. Le régiment de Savoie continue de soutenir sa renommée.

En 1693, le maréchal de Catinat, à la tête de 40,000 Français, attaque le duc de Savoie qui n'en avait que 25,000, et le bat à la Marsaille. Le régiment de Savoie, en première ligne, enfonce l'ennemi, et cédant à un nombre supérieur laisse le champ de bataille couvert de morts.

Le siége de Casal, en 1695, offre encore au régiment de Savoie l'occasion de rendre des services signalés à son prince.

En 1706, les Français envahissent le Piémont et mettent le siége devant Turin. Le régiment de Savoie, sous les ordres de son colonel, le comte de Carluan, se distingue par son audace contre les assaillants; dans une rencontre, il laisse sur le carreau onze officiers, au milieu desquels le colonel tombe mortellement blessé.

Un des officiers du régiment de Savoie, le comte de La Roche d'Alery, défend la forteresse de Verrue pendant cinq mois consécutifs, et quand sa forteresse est

devenue un monceau de ruines, et ses munitions épuisées, ce brave gouverneur se fraye un passage l'épée à la main et va rejoindre son prince à Cresentino.

Le traité d'Utrecht donne la couronne de Sicile au roi Victor-Amédée. Le régiment de Savoie assiste à son couronnement. Une flotte espagnole vient attaquer l'île. Le comte Maffei, vice-roi, se voit obligé de se replier sur Syracuse.

Ce fut à l'attaque de cette ville, que Joseph de Faverges, lieutenant-colonel du régiment de Savoie, repoussa plusieurs fois l'ennemi. Le comte Maffei, accablé par le nombre, se vit obligé de capituler.

En 1734, le régiment de Savoie obtient une part brillante dans les succès de Parme et de Guastalla remportés par le roi Charles-Emmanuel sur les impériaux.

Dans cette dernière affaire, les impériaux perdirent cinq pièces de canon, des drapeaux, neuf officiers généraux et près de 8,000 hommes tués ou blessés. Le régiment de Savoie reste exposé pendant cinq heures consécutives à un feu meurtrier, et refuse constamment de céder son poste à d'autres troupes.

En 1743, Charles-Emmanuel signe un traité avec Marie-Thérèse, reine de Hongrie. Louis XV uni aux Espagnols lui déclare la guerre.

L'infant don Philippe envahit la Savoie.

Le régiment de Savoie défend Château-Dauphin et se distingue surtout au combat de Pierre-Longa, où le général-major, baron Du Verger, qui commandait, fut tué l'épée à la main, ainsi que son successeur, le chevalier de Seissel d'Aix, aide de camp du roi [1].

Presque tous les officiers de ce corps furent tués ou couverts de blessures; les soldats excités par leur exemple se laissaient percer de coups plutôt que de crier merci. Les seuls régiments de Savoie et de la Reine perdirent 40 officiers. De leur côté, les Français eurent 13 capitaines tués, 41 blessés; 16 lieutenants tués, 43 blessés; 782 soldats tués, 763 blessés. Cette bataille fut si glorieuse pour notre armée, que M. le prince de Conti dans son rapport qualifia les Français de héros pour avoir pu vaincre de telles troupes.

Dans le courant de la même année les Gallo-Espagnols assiégent Coni. Charles-Emmanuel veut couvrir cette place; il marche sur l'ennemi, et le 30 septembre 1744, il l'attaque dans sa position de Notre-Dame de l'Olmo.

Un accident imprévu déjoue ses efforts, des cais-

---

[1] C'est à l'obligeance d'un arrière-petit-fils du général Du Verger, le comte Charles Du Verger, lieutenant dans le régiment de Gênes-cavalerie, que nous devons ces détails sur la brigade de Savoie. Le comte Du Verger, un des officiers les plus distingués et les plus instruits de l'armée sarde, est déjà auteur de plusieurs écrits militaires justement remarqués.

sons prennent feu, les troupes françaises s'emparent des canons et les tournent contre les Austro-Sardes.

Le régiment de Savoie s'élance en avant, écrase l'ennemi, reprend les canons et un drapeau ; le combat se continue avec acharnement.

Malgré la bravoure des régiments de Savoie et d'Endibert qui pénètrent deux fois dans les retranchements, malgré le courage du roi, toujours au plus fort de la mêlée, l'armée piémontaise est obligée de se retirer sur Saluces.

En 1745, à Campo-Santo, dans une journée sanglante, où l'on se battit à la baïonnette, le régiment de Savoie fit prisonnier un bataillon espagnol du régiment de Guadalaxa. Le régiment prit part, en 1746, au siége d'Asti, où neuf bataillons français capitulèrent et abandonnèrent à l'armée sarde vingt-sept drapeaux et huit pièces de canon.

Au col de l'Assiette, le régiment de Savoie contribua puissamment à l'honneur de cette glorieuse journée ; il fut commandé tour à tour par le prince de Baden et le prince de Carignan.

En 1792, la France anarchique veut gagner la Savoie, l'armée donne la preuve d'une fidélité qui mérite les éloges de l'histoire. Le général Montesquiou pénètre en Savoie. L'armée sarde se défend vaillamment.

En 1793, le régiment en garnison à Alexandrie forme un bataillon de guerre commandé par le comte de Sannay.

A Alexandrie, les compagnies d'élite du régiment furent incorporées avec celles de Chablais, de Heller, Bernois, Turin et Novare, pour former un bataillon de grenadiers qui fit la campagne de Savoie, en 1793. Les compagnies de chasseurs avec d'autres compagnies formèrent un bataillon de chasseurs, qui, après la campagne de Savoie, se rendit à Toulon, où, sous la conduite du lieutenant-colonel de Farax, il se distingua à l'assaut du fort Pharon.

En 1793, M. de Loche, lieutenant colonel du régiment de Savoie, réunit plusieurs milices et entre en Faucigny, pendant que les alliés allaient au secours de Lyon.

En 1794, les Français parvinrent au sommet des Alpes après mille combats où le régiment de Savoie prit une glorieuse part.

Dans toutes ces occasions, les soldats et les officiers du régiment de Savoie ne démentirent jamais l'antique réputation de ce corps. Quoique leur pays fût déjà incorporé à la République française et qu'ils encourussent la peine de mort s'ils étaient pris, ils oubliaient tout pour se rappeler le serment prêté à leur roi.

Un bataillon savoyard du régiment de Maurienne

est congédié dans les montagnes des Beauges, d'après un ordre équivoque. Les officiers émigrent en Piémont après avoir donné à leurs soldats rendez-vous à Suze pour le premier mois de l'année suivante. Au jour fixé, ces fidèles montagnards arrivent par des sentiers détournés avec ce qu'ils avaient pu emporter de leurs armes.

C'est au dévouement de ces valeureuses troupes qui arrêtèrent si longtemps les Français avant la conquête de l'Italie, que le Piémont doit d'avoir été préservé de la Terreur dont la République menaçait ses voisins. Inutile de citer tous les traits de courage des soldats savoisiens pendant les guerres qui précédèrent la conquête d'Italie par Bonaparte. Les Républicains pénètrent par surprise dans Novare, contre la foi des traités.

Le général Victor fit appeler à son quartier général tous les officiers du régiment de Savoie; ils se rendent chez lui, mais sans épée. — « Ce n'est pas sans armes que je désire vous voir, dit le général français; j'espère que vous viendrez avec nous partager les lauriers que nous allons cueillir.... Veuillez donc reprendre vos épées. » Les officiers répondirent que d'après la manière dont on s'était emparé de la ville, ils ne marcheraient que sur un ordre du roi. « Eh bien, envoyez un courrier à votre roi pour savoir ses intentions. »

Telle fut la réponse du général Victor. La garnison fut conduite prisonnière à Milan. En 1793, on rendit les armes à Savoie, Aoste et Lombardie, et on forma sous les ordres du comte de Farax la première demi-brigade de ligne piémontaise dont deux bataillons allèrent en Toscane; le troisième bataillon au dépôt d'Alexandrie.

Au siège de Porto-Longone, contre le roi de Naples, la demi-brigade soutint avec honneur et constance la réputation de ses armes.

Après la défaite de Schérer, Sowarow appelle les Piémontais au nom de leur roi. On organise un bataillon commandé par M. de Loche de Rapilles.

Conjointement avec un régiment autrichien, ce corps défend le pont de Coupelles contre l'avant-garde de l'armée française qui descendait le Saint-Bernard sous les ordres du premier consul. Le bataillon se conduisit avec distinction tandis que les Autrichiens prenant la fuite, abandonnèrent le général Pelfi, qui, plutôt que de suivre leur exemple, vint se faire tuer au milieu des rangs des soldats de Savoie. Le bataillon se retire à Turin, où, après la victoire de Marengo, les soldats reçurent l'ordre de prêter serment à la République; mais ces braves militaires s'y refusèrent. M. de Loche emporta les cravates de son drapeau et licencia ses soldats.

Ici commence cette suite de victoires qui fonda la gloire de Napoléon, et auxquelles les Savoyards ne restèrent pas étrangers.

En 1814, les princes de Savoie rentrent dans leurs États. En 1815, l'ancien régiment de Savoie ne compte que quatre cents hommes. Lors de l'insurrection en 1821, le régiment de Savoie comprit que pour la troupe le premier devoir est la soumission aux ordres du gouvernement, et qu'il ne lui appartient pas de se mêler de changer les institutions du pays ; aussi, fidèle à ses serments, il rejette les suggestions de différents chefs et se rend à Turin sous les ordres des majors de Salins et de La Fléchère, dont les sentiments d'honneur et de fidélité avaient su mériter la confiance du soldat.

Il alla se reformer à Chambéry, et revint à Turin fort de 4,500 hommes sous les ordres du colonel de La Grave.

Après l'avénement du roi Charles-Albert, le régiment de Savoie forma deux régiments sous le nom de brigade de Savoie. Son Altesse Royale le duc de Savoie (aujourd'hui roi de Piémont sous le nom de Victor-Emmanuel II) servit successivement dans ce corps avec le grade de capitaine, de major, de lieutenant-colonel, de colonel et de général.

Justement fière de cette distinction, la brigade de Savoie continua à la mériter par ses services. Le temps était proche où elle allait montrer ce qu'elle pouvait sur les champs de bataille.

La révolution de 1848 venait d'éclater. Un vieux et noble roi qui n'avait eu d'autres torts que d'obéir aux lois et de gouverner son pays sagement, venait d'emporter dans l'exil la fortune et le repos de la France. Mille tempêtes agitaient l'Europe surprise par ce coup de foudre.

Le 18 mars 1848, Milan se soulève contre l'Autriche. Les révoltés envoient demander le secours de l'armée piémontaise, et le 29 mars, cédant aux cris de son peuple, Charles-Albert passe le Tésin avec son armée. Soldats, officiers, généraux, tous sont pleins d'ardeur; la brigade de Savoie n'est pas italienne, mais elle n'est pas la moins ardente, car elle comprend le but généreux que son roi veut atteindre et sa fidélité à ses princes lui impose le devoir de s'y dévouer tout entière.

Au moment où cette brave brigade s'élançait en Italie à la suite de ses princes, des perturbateurs tentent de réunir la Savoie à la France; la stupeur les laisse introduire dans Chambéry, mais la fidélité savoisienne n'était pas morte; la population se soulève, et le 4 avril les factieux sont faits prisonniers, et quelques-uns même payent de leur sang cette audacieuse tentative. Cette nouvelle, arrivée au camp de la brigade, est accueillie par les soldats aux cris de *Vive le Roi!!!*

Le lendemain du 8 avril, première journée signalée par la première victoire de Goïto, la division Broglie attaque Mozembono[1]. Le pont du Mincio est réparé par le génie, admirablement soutenu par un peloton de la brigade de Savoie commandé par le sous-lieutenant Jacquier.

La division quitte Mozembono pour aller à Villefranche, une vive fusillade s'engage entre les tirailleurs du 1ᵉʳ régiment de Savoie et les Tyroliens; on chasse l'ennemi. Dans cette escarmouche, le lieutenant Victor Richard se distingue par la manière hardie dont il poursuit l'ennemi.

Le 29 avril, à Santo-Justino, on prévient le major du bataillon de Savoie, M. Mudry, qu'une colonne de près de cinq mille hommes se dispose à l'assaillir. Aussitôt il envoie des tirailleurs en avant; le feu s'engage avec vigueur, la fusillade devenant plus vive, tout le 3ᵉ bataillon se précipite en avant, les Savoyards font des prodiges de valeur; le soldat Custelin, de la 2ᵉ compagnie de chasseurs, tombe aux pieds de son capitaine — le capitaine Ferrero, — et expire en s'é-

---

[1] Voir à la fin le tableau pour la force et la composition de l'armée sarde.

criant : *Ça ne me fait rien de mourir, j'ai tué deux Tudesques!*

Après six heures d'un combat acharné, deux autres bataillons viennent relever le 3ᵉ, et les Autrichiens ne tardent pas à battre en retraite.

A la bataille de Pastrengo, le 1ᵉʳ régiment de la brigade de Savoie, conduit par le chevalier de Bayl, son colonel, emporte rapidement plusieurs positions, et fraye le chemin à l'armée pour entrer dans Pastrengo. Le capitaine de La Venay, commandant de la 2ᵉ compagnie des grenadiers du 1ᵉʳ régiment, sur l'ordre du colonel, s'avance avec un peloton contre une compagnie autrichienne, qui avait surpris une des escouades dispersées en tirailleurs, et s'élançant hardiment vers l'ennemi, l'attaque à la baïonnette, le serre de près, saisit un officier, et lui ordonne, sous peine de mort, de lui remettre son épée et de faire déposer les armes à ses soldats. Frappés d'une terreur panique, les Autrichiens se rendent prisonniers; ils étaient au nombre de 149, y compris trois officiers. Le capitaine de La Venay fut habilement secondé dans cette entreprise par son lieutenant, M. Parfillat. Les tirailleurs du 1ᵉʳ régiment combattirent avec intrépidité et repoussèrent l'ennemi sur plusieurs points.

Parmi les Savoyards qui se distinguèrent à Sainte-Lucie, on cite le marquis d'Aix. Il combattit vaillamment à la tête de la brigade d'Aoste, qui souffrit le plus à cette journée.

Une escouade se disposait à pénétrer dans une ferme, où s'étaient réfugiés plusieurs Croates, lorsque le sous-lieutenant Cocatrix, officier plein d'intrépidité, s'avance le premier pour enfoncer la porte; aussitôt le soldat Perrier, du Pont-Bauvoisin, le retient et s'élance devant lui; au moment où la porte cède à ses efforts, il tombe frappé dans la poitrine de trois coups de feu, et expire en disant : « *Je suis content d'avoir sauvé la vie à mon officier.* »

De telles actions honorent à la fois ceux qui commandent et ceux qui obéissent.

Les capitaines de Cherbonneau, Perrier et le sergent Balzo ont montré autant de sang-froid que de courage.

Ici l'on peut faire une observation [1] : L'ordre du jour a toujours gardé le silence sur la brigade de Savoie, mais le roi Charles-Albert et l'armée lui rendaient parfaitement justice; lorsqu'on la voyait passer, tous les régiments la saluaient par des cris de *vive Savoie*, et le roi lui-même répondait par ces mêmes paroles aux vivat que la brigade lui adressait.

Au massacre de Sainte-Lucie, où douze cents hommes furent sacrifiés pour les menus plaisirs des avocats

---

[1] Voyez *Journal de la 1re campagne de Lombardie*, par Gabriel Ferrero, capitaine de la brigade de Savoie.

de la capitale, deux bataillons du second régiment et un du premier sous les ordres du colonel Mollard, furent envoyés pour assaillir le village de *Croce-Bianca*, qui était barricadé et défendu par l'artillerie. La compagnie Ferrero était à la tête. On traverse quelques champs plantés de mûriers, et coupés par des amas de pierres en forme de murs qu'il fallait escalader sans cesse; arrivés à un tir de pistolet de l'ennemi, on est reçu par une terrible décharge à mitraille : les soldats restent plus d'une heure sous le feu, calmes, impassibles, sans pouvoir avancer faute d'artillerie. Enfin arrive l'ordre de la retraite, sans lequel cette poignée de braves eût été anéantie. Le troisième bataillon du second régiment, placé à la garde d'une batterie sur la route de Côme à Peschiera, souffrit aussi beaucoup de pertes.

Parmi les blessés on compte MM. de Coucy, d'Ivaley, de Faverges, capitaines, et le lieutenant Orsier.

Le capitaine d'Ivaley, malgré une blessure grave, reste à son poste, et ne se laisse emporter que lorsqu'un second éclat de mitraille vient lui briser l'os de la jambe.

Ne faut-il pas regretter que cet officier aussi courageux que modeste, cité dans la brigade de Savoie pour sa conduite exemplaire, n'ait pas eu même une mention honorable à l'ordre du jour?

Un lieutenant du premier régiment, M. de Loc-Maria, voyant, au moment de la retraite, plusieurs blessés abandonnés dans un champ à la merci des Croates, brave de nouveau la mitraille, et va les sauver, aidé de quelques intrépides soldats exaltés par son exemple.

Au combat de Goïto, le duc de Savoie et le général d'Aviernoz se distinguèrent en soutenant le courage d'un régiment de la brigade de Coni.

Un bataillon de la brigade d'Aoste, commandé par l'intrépide major Mollard, attaque l'ennemi par une brillante charge à la baïonnette, et la victoire est emportée grâce à l'habileté des dispositions de cette division, commandée par le lieutenant général d'Arvilley; le marquis d'Aix montra sa valeur accoutumée à la tête de la brigade d'Aoste. Ce fut après cette affaire que le comte d'Aviernoz reçut le commandement de la brigade de Savoie.

Le chevalier de Bayl (Sarde) qui avait si bien commandé le premier régiment de Savoie, fut nommé général de la brigade Coni. A peine le général d'Aviernoz, eut-il pris le commandement de la brigade de Savoie, que cet officier, aussi capable que courageux, employait les jours où la brigade restait dans ses cantonnements pour exercer ses officiers à harceler l'ennemi. Deux officiers, un lieutenant du second régiment et le lieutenant Génie du premier, furent cités à l'ordre du jour de l'armée pour avoir amené un certain nombre de prisonniers.

Nous arrivons aux événements qui terminent la première campagne. Les Autrichiens ayant reçu des renforts, et étant supérieurs en nombre à l'armée sarde, veulent enfin la déloger de ses positions.

Le 1er régiment de Savoie occupe Palazzuolo, Santo-Justino et les fermes de la Colombara et Colomberolo jusqu'à l'Adige. Le 2e régiment était à Sona et à l'Osteria del Bosco.

Malgré la disproportion des forces, le 2e régiment défend ses positions avec le plus grand courage; à Sona, plusieurs compagnies de chasseurs chargèrent plusieurs fois l'ennemi en disputant le terrain pied à pied; la lutte durait depuis cinq heures, lorsque le général de division Broglie donne l'ordre de battre en retraite, ayant eu avis que les troupes de Somma-Campagna n'avaient pu tenir, et que l'ennemi tournait la droite; on sauve l'artillerie et les bagages. Ici l'on peut citer avec orgueil la belle conduite du général d'Aviernoz.

Pendant l'action, le général d'Aviernoz se dirigea lui-même sur une hauteur dite le *Monte del Pino*, entre Sona et la Madonne del Monte, afin de reconnaître l'ennemi. Il aperçoit une colonne autrichienne au débouché du vallon, avec un drapeau blanc en tête, criant *Vive l'Italie! vivent les Italiens nos frères!* Le général éprouva un instant d'hésitation; mais voyant l'officier de cette troupe embrasser l'officier du 2ᵉ régiment de Savoie qui gardait ce poste avec ses hommes, il ne doute plus de la loyauté de cette démonstration et accourt à la rencontre des impériaux; ceux-ci fraternisent avec les soldats savoyards; mais cet accord ne devait pas durer; ces traîtres changent d'attitude, arment leurs fusils, et au commandement de leur chef, font feu sur les braves qui viennent de les accueillir. Alors se renouvelle un combat du moyen âge. Le brave d'Aviernoz indigné, commande une charge à la baïonnette; la mêlée est sanglante, il ne lui reste plus qu'une trentaine d'hommes pour lutter contre deux cents. Les sous-lieutenants Blanc et Armand sont blessés auprès du général. Toutefois il ne perd pas courage, et tue de sa propre main trois de ses ennemis; mais enfin assailli de toutes parts, frappé d'un coup de baïonnette dans le ventre et d'une balle dans le genou, il est fait prisonnier. On lui demande son épée; transporté d'une noble indignation, il la jette à terre en disant : *Je ne rends pas mon épée à des traîtres!*

Les capitaines du Bellair et des Garets défendirent vaillamment le parc d'artillerie de la division, et contribuèrent à protéger la retraite avec leurs compagnies étendues en tirailleurs sur le flanc gauche de la colonne. Les sous-lieutenants Blanc et Barillard se firent remarquer par leur bravoure.

Le soldat Bal, du 2ᵉ régiment, voyant les tirailleurs ennemis diriger spécialement leur feu sur son officier, lui fait un rempart de son corps et reçoit à sa place deux graves blessures.

Le chasseur Blain, Antoine, après avoir tué quatre Autrichiens se voit poursuivi par un officier; il lui répond par un coup de fusil dans la poitrine et l'étend roide mort. Le chasseur Miége, fait prisonnier, se défend, tue un de ses gardiens et renverse les autres dans un fossé.

On perd dans ce combat un grand nombre de braves soldats, deux officiers, le capitaine Carle, Suisse, et le sous-lieutenant Cauvin.

Plusieurs officiers racontent que quand les troupes sardes se retiraient de Soria, plusieurs habitants du pays, cachés derrière les murailles, tiraient sur les soldats qui combattaient pour la Lombardie. Voilà la fraternité des Italiens !

Après la glorieuse bataille de Custozza, qui excita la plus grande admiration pour les troupes sardes, parmi les Autrichiens eux-mêmes, on se retire en bon ordre, et on arrive au pied de la colline de Volta.

La brigade de Savoie formait l'aile gauche, les autres corps l'aile droite.

L'artillerie commence, et les battries autrichiennes placées sur la hauteur lui répondent avec vivacité.

Le second régiment de Savoie, entraîné par l'exemple de ses officiers, s'élance le premier à l'assaut, et malgré la mitraille et la fusillade ennemie, gravit la pente escarpée de la colline et pénètre dans le village.

Le second bataillon du premier régiment entre aussi dans Volta, baïonnette croisée, par la route de Goïto.

Alors, par une nuit sombre, s'engage un combat terrible : chaque rue, chaque jardin, chaque maison offrent des scènes effrayantes de meurtre, de carnage, et d'incendie ; à la lueur des flammes, on distingue çà et là des cadavres. Les cris des blessés et des mourants sont couverts par le bruit du canon et de la fusillade. Le désordre et la confusion sont au comble, on ne se connaît plus ; un officier autrichien s'écrie en français : *A moi, Savoie!* Trompés par cet appel les soldats savoisiens accourent, croyant obéir à un de leurs officiers, et tombent percés de coups ; mais un si lâche stratagème ne reste pas impuni. Un grenadier entendant les cris de détresse de ses camarades se précipite avec une vingtaine d'hommes sur les assassins et les massacre avec leur officier.

Le chevalier de Villeneuve, major du second régiment, est tué à la tête de son bataillon ; le capitaine Joseph de Charbonneau le remplace, et tombe lui-même quelques instants après, criblé de blessures; assailli par trois Croates, il allait périr, lorsque le jeune sous-lieutenant comte de Loches, s'élançant à son secours, tue le plus acharné et blesse les deux autres, qui cherchent leur salut dans la fuite. Les capitaines Girard et Conti, du même régiment, sont blessés en chargeant à la tête de leurs compagnies. Le capitaine Roux, secondé par le lieutenant Cocatrix et le sous-lieutenant Louvatier, fait plus de 60 prisonniers. Le lieutenant Cathiard, ayant pénétré dans une maison, y est attaqué par quatre soldats autrichiens, dont il parvient à se débarasser malgré deux graves blessures.

Le soldat Aspard, du second régiment, reçoit trois coups de baïonnette, et continue à se battre toute la nuit, malgré la fatigue et la perte de son sang.

Le soldat Levrot, du 1er régiment, assailli par deux ennemis, en tue un et fait l'autre prisonnier. Le fourrier Rubin, du même régiment, fit un officier et douze soldats prisonniers.

Le capitaine Gaud, le lieutenant Génie et le sous-lieutenant Barillon s'aventurent intrépidement au milieu de l'ennemi, et le lieutenant Charles de Farax force un capitaine de Tyroliens à lui remettre son épée.

Au passage de l'Oglio, où l'armée battait en retraite, on annonce l'ennemi. Une partie de la 3ᵉ division se débande. Craignant la contagion d'un aussi funeste exemple, les officiers de la brigade de Savoie se groupent autour des drapeaux, rassemblent les soldats, qui accourent à la voix de leurs chefs, forment un carré de brigade, résolus à disputer le passage de la rivière aux impériaux, et à sacrifier leur vie pour sauver le reste du corps d'armée; l'artillerie et la cavalerie secondent ce mouvement.

Dans la lutte malheureuse qui s'engagea sous Milan, la brigade de Savoie, dirigée par le lieutenant général Broglie, a vaillamment défendu, pendant onze heures d'un combat continuel, les positions que le général en chef lui avait confiées, et fait même quelques prisonniers au trop présomptueux vainqueur.

Le major Mudry, commandant le 1ᵉʳ régiment, s'était montré plein de courage et de sang-froid. Les trois capitaines Louis Perrier, Roux et Orsier se distinguèrent dans les fonctions de chef de bataillon. Quatre officiers furent blessés : d'abord le sous-lieutenant Carron du Villards, qui faisait ses premières armes sous les ordres du brave lieutenant Génie, le sous-lieutenant Desciriers, les lieutenants Maréchal et de Loc-Maria.

Aussitôt que la nouvelle de l'émeute qui menaçait

la vie du roi Charles-Albert se répandit dans le camp, les officiers de la brigade de Savoie se réunirent pour délibérer sur les moyens de sauver le roi des mains de ces *très-chers frères* les *braves Milanais ;* ils députèrent le capitaine Ferrero et les lieutenants de Coucy et Léon de Cocatrix, pour faire part aux différents corps campés dans leur voisinage et de leur inquiétude et de leur détermination. Cette démarche des fidèles Savoyards excite partout le plus vif enthousiasme ; le roi, informé des dispositions de ses troupes fidèles, répondit avec cette magnanimité chevaleresque qui le caractérise : *Dût ce peuple m'assassiner, je ne permettrai jamais que mes soldats soient exposés à verser le sang italien.*

Le roi fut délivré par le brave et fidèle Alphonse de La Marmora, qui s'échappa à son insu et alla chercher une compagnie de bersagliers et un bataillon de Piémont, qui chassa la canaille milanaise à coups de crosse.

Où était alors cette nuée d'officiers lombards qui pendant toute la guerre avaient fait briller leurs épaulettes dans les cafés de Milan ? Plus tard ils reparurent, mais le danger était passé, et ils sollicitèrent dans l'armée sarde des grades qu'ils n'avaient pas mérités et que, malheureusement, plusieurs ont obtenus.

Quel ne fut pas le triomphe de la brave brigade de

Savoie lorsqu'elle fit son entrée à Turin. La garde nationale, rangée sur la place Emmanuel-Philibert, la reçut aux cris de : *Vive l'armée, vive l'intrépide brigade de Savoie !* Ce triomphe, par combien d'héroïsme ne l'avait-elle pas acheté !

Mais si la brigade de Savoie fut récompensée par la population, elle ne le fut pas à beaucoup près autant par le ministère qui allait bientôt pousser le royaume vers un abîme ; on cribla ses cadres d'officiers de toutes nations, étrangers au corps, et beaucoup de braves officiers virent donner à d'autres les avancements et les récompenses qu'ils avaient si bien mérités en servant, avec dévouement sans bornes, une cause qui n'était pas la leur. C'est ainsi que l'opposition qui dirigeait les conseils du gouvernement se préparait à une nouvelle campagne à la fin de l'hiver de 1849. On pensait à une nouvelle guerre, et cependant l'armée était mal organisée, on en avait détruit l'esprit par la masse d'étrangers qu'on y avait introduits ; la brigade de Savoie, comme les autres troupes, comme tous les militaires de bon sens, comprenait que recommencer la guerre, c'était courir à une défaite sûre et certaine. Mais les ordres étant donnés, elle partit de Turin pour aller prendre sa place sur le champ de bataille.

Le 11 mars, les compagnies de chasseurs du 2e régiment de Savoie soutiennent vigoureusement l'assaut du côté de la Sforcesca, tuent deux officiers supérieurs et font quelques prisonniers. Sur les quatre heures du soir, les Autrichiens firent une nouvelle tentative du côté de Gambolo, et là le 1ᵉʳ régiment de Savoie, avec huit pièces d'artillerie, résista seul à tous ces assauts, sans perdre un pouce de terrain.

Charles-Albert passe la nuit dans le camp de la brigade de Savoie.

Le 23, la 3ᵉ division, commandée par le lieutenant général Perron, se composait des brigades de Savoie et de Savone. — Savoie : général Mollard; premier colonel, Jaillet de Saint-Arques, et second, Mudry. — Savone (en garnison aujourd'hui à Chambéry) : général Ansaldi; colonels de Cavero et Cauda, était placée à la Bicoque.

Ainsi donc, le 23 mars, jour de la bataille de Novare, l'armée autrichienne, de 75,000 hommes, donna bataille définitive à l'armée piémontaise, qui n'était plus que de 45,000 hommes.

Le général d'Aspre attaque la Bicoque. Le feu est commencé par une compagnie de chasseurs du 1ᵉʳ régiment de Savoie commandée par le capitaine Richard, et le combat s'étend sur toute la ligne.

La brigade de Savoie, sous les ordres du major général Mollard, s'avance valeureusement jusqu'aux

Cassines Larinchi et prend plusieurs positions. Le premier régiment monte sur les collines malgré une pluie de mitraille et de boulets, au cri de : *Vive le roi!* Le second se comporte aussi vaillamment.

Les colonels Jaillet et Mudry, les trois majors du premier régiment, de Bosses et les deux Perrier, le major du deuxième régiment de Rolland, et beaucoup d'officiers de tous les grades firent preuve de courage, de capacité et de sang-froid.

Faut-il citer à présent tous les traits de courage qui signalèrent cette dernière action? Décimée par dix combats, la brigade de Savoie retrouvait encore, pour la défense de son général et de son roi, son ardeur première et son dévouement.

Un jeune lieutenant du premier régiment, M. de Cocatrix, qui s'était déjà distingué dans la première campagne, à Volta, se jette le premier pour chasser l'ennemi d'une caserne et tombe blessé mortellement d'une balle dans la poitrine, et dit aux soldats qui voulaient le transporter à l'ambulance : *Non, laissez-moi mourir sur le champ de bataille, c'est le plus beau lit de mort pour un militaire.* Le brave et intrépide lieutenant Génie, entouré par l'ennemi, se défend comme un lion et reste sur le champ de bataille couvert de blessures. Le chasseur Levrot, décoré à Volta, reçoit deux coups de fusil dans le bras, continue à se battre et fait un prisonnier.

Le capitaine Tardif, du deuxième régiment, reçoit une blessure ainsi que le sous-lieutenant Asserge, et tous deux refusent d'abandonner le champ de bataille.

Le caporal Roche, la mâchoire percée d'une balle, continue à se battre.

La brigade de Savoie, dans cette affaire, a fait plus de deux cents prisonniers, tant Hongrois qu'Italiens. Mais le Dieu des armées avait prononcé; le courage fut impuissant contre le nombre et la supériorité des dispositions militaires. Le roi se battit en héros pour une cause désespérée; ses fils l'imitèrent, la brigade de Savoie offrit son sang en holocauste à la patrie en deuil, et, le soir venu, le Piémont apprit que la bataille de Novare était perdue! Maintenant que le roi s'appuie sur cette brigade, à laquelle la Savoie tient par les liens du sang, et qu'il lui conserve sa nationalité; car c'est la Savoie qui préservera son trône de toutes les révolutions. Le Savoyard ne veut pas être Italien; qu'on le laisse Savoyard, il combattra volontiers pour l'Italie.

L'armée piémontaise appelée à soutenir l'insurrection de Milan en 1848, était composée ainsi qu'il suit :

TABLEAU DE L'ARMÉE SARDE EN 1848.

Général en chef, S. M.

1ᵉʳ corps d'armée, le général Bava.

1ʳᵉ division, le lieutenant général d'Arvillars.

Brigade de la Reine, 9ᵉ et 10ᵉ régiments, le général Trotté.

Brigade d'Aoste, 5ᵉ et 6ᵉ régiments, le général Marquis d'Aix

Cavalerie, Gênes-cavalerie.

Bataillon royal vaisseau.

Bataillon Bersagliers, 6ᵉ et 8ᵉ batteries d'artillerie.

2ᵉ division, lieutenant général Ferrero.

Brigade Casal, 11ᵉ et 12ᵉ rég., le général marquis Passalacqua.

Brigade Acqui, 17ᵉ et 18ᵉ régim., le général Villafatello.

Cavalerie, Nice-cavalerie.

Bataillon de Bersagliers.

2ᵉ batterie à cheval, et 2ᵉ batterie de position.

2ᵉ corps, le général de Sonnez.

3ᵉ division, le lieutenant général Broglie.

Brigade Serais, 1ᵉʳ et 2ᵉ régiments, d'Usillon.

Brigade Savone, 15ᵉ régiment resté en garnison en Savoie.

16ᵉ régiment.

Cavalerie, Novare-cavalerie.

1ʳᵉ batterie à cheval, 1ʳᵉ de position.

Bersagliers.

Par la suite, 1 bataillon de Parmesans et 1 de Modenais.

4ᵉ division, le lieutenant général Federici,

nommé gouverneur de Peschiera, et remplacé par Son Altesse Royale le duc de Gènes.

Brigade de Piémont, 3ᵉ et 4ᵉ régiments, le général Ber.

Brigade de Pignerol, 13ᵉ et 14ᵉ régiments, le général Maruco.

Régiment-royal cavalerie.

1ʳᵉ et 2ᵉ batteries de bataille, Bersagliers.

Division de réserve : lieutenant général, S. A. R. Victor Emmanuel, duc de Savoie.

Brigade aux gardes, le général comte Biscaretti.

Brigade Coni, 7ᵉ et 8ᵉ régiments, comte d'Aviernoz.

Aoste-cavalerie.

Savoie-cavalerie.

4ᵉ et 3ᵉ batteries à cheval.

A la fin de la campagne on a formé une seconde division de réserve.

Commandant, le lieutenant général Visconti.

Le général Faa di Bruno.

D'après l'*Indicateur militaire*, l'armée se compose aujourd'hui de :

1 maréchal ;

5 généraux d'armée ;

20 lieutenants généraux ;

52 majors généraux (généraux de brigade) ;

85 colonels ;

20 lieutenants-colonels ;

210 majors ;

813 capitaines ;

979 lieutenants ;

1,439 sous-lieutenants.

FIN.

TABLE DES MATIÈRES.

Préface.	1
La Savoie.	1
La Maison de Savoie.	17
Aix-les-Bains.	77
Le Casino.	101
Les Guides, — le Café Jacotot, — Baptiste, — le vieux Château, — la Pêche et la Chasse.	143
L'Établissement des Bains.	159
Hautecombe.	173
La Maison du Diable, — le Château de Bonfort, — les Collines de Saint-Innocent, — Saint-Germain, — Fontaine de Saint-Simon, — Fontaine de Mouxy.	194
La Cascade et la Tour de Grésy, — la Roche du Roi, — Bordeau, — le Château de Châtillon, — la Grotte de Raphaël.	224
Chambéry.	244
Les Charmettes.	259
Chamonix.	277
La Grande Chartreuse.	301
Annecy, — Montmélian, — Évian, — le Château de Ripaille..	314
Notice sur la Brigade de Savoie.	329

FIN DE LA TABLE.

UNE SAISON

À

AIX-LES-BAINS

PAR AMÉDÉE ACHARD

ILLUSTRÉE PAR

EUGÈNE GINAIN

PARIS
ERNEST BOURDIN, ÉDITEUR
51, RUE DE SEINE-SAINT-GERMAIN
1856

UNE SAISON

A

AIX-LES-BAINS

(SAVOIE)

PARIS. — IMP. SIMON RAÇON ET C⁹, RUE D'ERFURTH, 1

www.ingramcontent.com/pod-product-compliance
Lightning Source LLC
Chambersburg PA
CBHW050431170426
43201CB00008B/626